新时代大学素质教育系列教材

"湖北省高等学校人文社会科学重点研究基地——民办大学素质教育研究中心"资助出版

大学生劳动教育

■ 主　编　吴德明　董妍玲　何春涛
■ 副主编　耿帮才　宫　勋　刘　源　岳晓红

华中科技大学出版社
http://www.hustp.com
中国·武汉

图书在版编目（CIP）数据

大学生劳动教育/吴德明，董妍玲，何春涛主编．—武汉：华中科技大学出版社，2022.8
（2024.8重印）
ISBN 978-7-5680-8490-1

Ⅰ．①大… Ⅱ．①吴… ②董… ③何… Ⅲ．①大学生—劳动教育—教材 Ⅳ．① G40-015

中国版本图书馆 CIP 数据核字 (2022) 第 144470 号

大学生劳动教育
Daxuesheng Laodong Jiaoyu

吴德明　董妍玲　何春涛　主编

策划编辑：阮　钊　熊元勇
责任编辑：章　红　钱　坤
封面设计：孢　子
责任校对：刘　竣
责任监印：朱　玢
出版发行：华中科技大学出版社（中国·武汉）　　电话：（027）81321913
　　　　　武汉市东湖新技术开发区华工科技园　　邮编：430223
录　　排：华中科技大学惠友文印中心
印　　刷：武汉市洪林印务有限公司
开　　本：787 mm×1092 mm　1/16
印　　张：14.75
字　　数：341 千字
版　　次：2024 年 8 月第 1 版第 3 次印刷
定　　价：45.00 元

本书若有印装质量问题，请向出版社营销中心调换
全国免费服务热线：400-6679-118　竭诚为您服务
版权所有　侵权必究

"新时代大学素质教育系列教材"
编委会

主　任：赵作斌（武昌理工学院校长）

副主任：（以姓氏笔画为序）

　　　　方国平（武昌工学院党委书记）

　　　　朱　虹（湖北职业技术学院校长）

　　　　江　珩（武汉生物工程学院党委书记）

　　　　李崇光（武昌首义学院校长）

　　　　何慧刚（湖北经济学院副校长）

　　　　陈祖亮（武汉学院党委书记）

　　　　袁戴名（武汉文理学院董事长）

　　　　夏　力（湖北第二师范学院副校长）

　　　　涂方剑（武汉音乐学院纪委书记）

　　　　湛俊三（武汉东湖学院党委书记）

委　员：（以姓氏笔画为序）

　　　　丁成忠（武汉华夏理工学院副校长）

　　　　王　红（湖北经济学院法商学院院长）

　　　　王良钢（武汉商贸职业学院副校长）

　　　　朱继平（长江大学文理学院党委书记）

　　　　刘杰书（湖北恩施学院副校长）

　　　　李　利（武昌职业学院副校长）

　　　　李本义（湖北大学通识教育学院院长）

　　　　李明清（湖北工程学院新技术学院校长）

　　　　吴德明（武汉轻工大学学工部部长）

张　俊（武汉工商学院副校长）

金　鑫（荆州学院党委书记）

胡　柳（湖北商贸学院副校长）

耿帮才（湖北文理学院理工学院常务副校长）

徐拥华（武汉设计工程学院副校长）

董艳燕（黄冈科技职业技术学院副校长）

程　红（文华学院副校长）

颜　海（武昌理工学院校长助理兼素质教育研究院院长）

《大学生劳动教育》

主　　编：吴德明　董妍玲　何春涛
副 主 编：耿帮才　宫　勋　刘　源　岳晓红

编写人员：徐伟琦　柴小婷　陈星园（武汉轻工大学）
　　　　　田　野（武汉生物工程学院）
　　　　　黄爱妮　周万全　严碧云　史莉洁（武昌工学院）
　　　　　胡　阳（湖北文理学院理工学院）
　　　　　齐爱年（武汉设计工程学院）
　　　　　岳晓红（武昌理工学院）
　　　　　杨　琪（武汉华夏理工学院）

总　序

为深入学习贯彻党的十九大精神，落实立德树人根本任务，发展素质教育，推进教育公平，培养德智体美劳全面发展的社会主义建设者和接班人，湖北省素质教育研究会高等教育分会、湖北省高等教育学会民办教育分会于 2021 年 5 月在武昌理工学院民办大学素质教育研究中心举行了"新时代大学素质教育系列教材"编写座谈会。来自湖北省内近 30 所高校的领导、专家学者参加了座谈会。与会领导、专家学者围绕"如何落实立德树人根本任务，发展素质教育""新时代大学素质教育的内涵、路径与措施""素质教育对建设高等教育强国的意义"等主题进行交流。大家一致认为：发展素质教育，需要各高校在课程、教学等核心领域和教材、考试及评价等关键环节有新突破，并就"新时代大学素质教育系列教材"的"共编、共讲、共研"方案达成了重要共识。"新时代大学素质教育系列教材"计划出版 12 部，分三年出齐。其中 2022 年出版四部，包括《大学生劳动教育》《大学生美育》《大学生健康教育》《大学生职业生涯规划》。我们期许"新时代大学素质教育系列教材"能为发展素质教育，培养担当民族复兴大任的时代新人发挥应有的作用；我们有信心，通过坚持不懈的努力，为素质教育的进一步发展做出更多、更大的贡献。

"新时代大学素质教育系列教材"编委会

2022 年 3 月

前　言

加强和落实劳动教育已是当前一项紧迫而重要的教育任务。2018年9月，习近平总书记在全国教育大会上强调"培养德智体美劳全面发展的社会主义建设者和接班人"，要在学生中弘扬劳动精神，教育引导学生崇尚劳动、尊重劳动，懂得劳动最光荣、劳动最崇高、劳动最伟大、劳动最美丽的道理，长大后能够辛勤劳动、诚实劳动、创造性劳动。2020年，中共中央、国务院印发了《关于全面加强新时代大中小学劳动教育的意见》，教育部印发了《大中小学劳动教育指导纲要（试行）》，为全面加强新时代大中小学劳动教育提供了基本遵循。

为深入贯彻习近平总书记关于发展素质教育的指示精神，落实《关于全面加强新时代大中小学劳动教育的意见》和相关政策，湖北省高等学校人文社会科学重点研究基地民办大学素质教育研究中心联合湖北省素质教育研究会高等教育分会、湖北省高等教育学会民办教育分会共同发起了"新时代大学素质教育系列教材"编写出版工程，经过一年多的辛勤工作，《大学生劳动教育》等四部首批立项教材陆续面世。

《大学生劳动教育》定位于普通高等学校劳动教育必修课程教材，根据教育部《大中小学劳动教育指导纲要（试行）》编写，从劳动教育认知、弘扬劳动精神、日常生活劳动、劳动社会实践、职业体验劳动、创新创业劳动、劳动素养提升、劳动保障等八个方面来设计大学生劳动教育课程内容框架。本书内容与劳动教育课程改革实践相适应，吸收借鉴国内外劳动教育研究的新成果，对劳动与劳动教育的基本知识、劳动价值观、劳动情感与态度、劳动科学知识与能力、劳动实践、劳动与全面发展等方面进行了全面阐述。本书各章设有学习目标、导引案例、拓展训练、思考讨论及测试检验等模块，体现了理论与实践相结合、形式与内容相统一、可读性和适用性并存的原则。本书紧跟政策风向标，将时代性与思想性、社会性、实践性相结合，强化数字化内容建设，期望能为新时代大学生劳动教育教学提供有效参考。

本教材由湖北省内多所高校从事劳动教育理论研究和实践探索的工作者共同编写

而成。全书由吴德明、董妍玲、何春涛担任主编，其中，第一章由湖北文理学院理工学院胡阳负责编写，第二章和第三章由武昌工学院何春涛负责编写，第四章由武汉轻工大学吴德明负责编写，第五章由武汉设计工程学院宫勋负责编写，第六章由武汉生物工程学院董妍玲负责编写，第七章由武昌理工学院岳晓红负责编写，第八章由武汉华夏理工学院刘源负责编写。

在本书编写过程中，我们参阅了大量文献资料，并尽可能列明出处，但可能因疏忽未及全面，在此谨向所有作者表示诚挚谢意。湖北省素质教育研究会高等教育分会颜海教授为本教材确立了体例框架和写作提纲，华中科技大学出版社的领导和编辑对本教材的出版给予了大力支持和悉心指导，在此一并表示感谢！

由于时间紧，编者水平有限，加之多人分头执笔，书中难免存在不足和疏漏之处，敬请读者批评、指正。

《大学生劳动教育》编写组
2022 年 3 月

目 录

第一章 劳动教育认知　　001

第一节 劳动及劳动价值　　002
一、劳动的内涵　　002
二、劳动的分类　　003
三、劳动的价值　　005

第二节 劳动教育的时代内涵　　010
一、劳动教育的内涵　　010
二、劳动教育的内容　　011
三、劳动教育的形式　　014
四、劳动教育的意义　　016

第三节 劳动教育的原则与要求　　017
一、劳动教育的原则　　017
二、劳动教育的要求　　018

第二章 弘扬劳动精神　　023

第一节 劳动意识　　024
一、劳动观　　025
二、劳动态度　　026
三、劳动情感　　028

第二节 劳动精神　　029
一、劳动精神的形成基础　　030
二、新时代劳动精神的内涵　　031
三、新时代劳动精神的价值　　033

第三节　劳模精神　035
一、劳模精神的内涵及其特征　035
二、劳模精神的价值　038
三、践行劳模精神　039
第四节　工匠精神　039
一、工匠精神的内涵　040
二、工匠精神的时代价值　042
三、践行工匠精神　043

第三章　日常生活劳动　047
第一节　日常生活劳动概述　049
一、日常生活劳动的内涵与特征　050
二、日常生活劳动的意义　051
第二节　日常生活劳动技能训练　052
一、收纳整理　052
二、洗衣烹饪　056
三、清洁卫生　064
四、勤工助学　071

第四章　劳动社会实践　081
第一节　劳动社会实践概述　083
一、劳动社会实践的内涵与特征　083
二、劳动社会实践的作用　091
第二节　劳动社会实践的内容与实施　093
一、社会调查　093
二、绿化美化　097
三、志愿服务　103

第五章　职业体验劳动　109
第一节　职业体验劳动概述　110
一、劳动类型的划分　111
二、职业的基本概念　112

三、职业的分类　　112
　　四、职业劳动的特征　　113
　　五、职业劳动与职业技能的关系　　115
　　六、职业劳动的作用　　115
　第二节　职业体验劳动的形式与实施　　123
　　一、职业劳动体验的主要目的和意义　　123
　　二、职业劳动体验的基本要求　　126
　　三、职业劳动体验的主要形式和内容　　128
　　四、职业劳动体验所面临的问题　　132
　　五、职业劳动体验的完善措施　　134

第六章　创新创业劳动　　137

　第一节　创新创业劳动概述　　140
　　一、创新创业劳动的内涵与特征　　140
　　二、创新创业劳动的意义　　141
　第二节　创新创业劳动的形式与实施　　143
　　一、创新创业劳动类型及基本流程　　143
　　二、公益创业　　149
　　三、"互联网+"创业　　153
　　四、科技创业　　158

第七章　劳动素养提升　　165

　第一节　劳动素养构成　　167
　　一、劳动素养的内涵与特质　　168
　　二、劳动素养基本构成要素　　171
　第二节　强化劳动观念　　172
　　一、马克思主义劳动价值观　　173
　　二、新时代劳动价值观及其产生的时代背景　　178
　第三节　端正劳动态度　　185
　　一、劳动态度的内涵与特征　　185
　　二、劳动态度的功能　　187
　　三、转变劳动态度　　187

第四节　提高劳动技能　　190
　　一、劳动能力的内涵　　190
　　二、劳动能力的分类　　190
　　三、劳动能力的训练　　190

第八章　劳动保障　　197

第一节　劳动安全保障　　198
　　一、劳动安全概念及其重要性　　198
　　二、劳动安全保护的概念及其重要性　　199
　　三、劳动卫生规程　　200

第二节　劳动者权益维护　　201
　　一、劳动者基本权益　　201
　　二、劳动者权益保护的法律法规　　203
　　三、劳动合同　　204
　　四、劳动者福利　　207

第三节　劳动保障监察　　209
　　一、劳动保障监察体制　　209
　　二、劳动保障监察实施　　210

第一章
劳动教育认知

学习目标

了解劳动和劳动教育的内涵,掌握劳动的类别、劳动教育的原则及基本要求,理解劳动的价值和劳动的意义。

导引案例

1969年冬天,习近平和其他两万多名知青一起,踏上了西去的列车,开始了在陕北高原7年的知青生涯。在这里,他种地、拉煤、打坝、挑粪……和陕北的乡亲们同吃同住同劳动。来自城市的他不仅很快过了"劳动关",还成了"最壮的劳动力"。

据新华社《习近平在延安插队的日子》一文报道,习近平插队梁家河很长一段时间是在基建队劳动,主要任务是打坝淤地。梁家河村村民梁新荣那时只有十多岁,回忆起习近平在基建队干活的情景时,还是历历在目:"他是真干呢!穿一件蓝色的旧棉袄,腰里系一根点炮时用过的导火索,没有一点书生的架子。"

村民们用"吃苦耐劳"来形容习近平。在他们的印象中,习近平经常卷起裤管、光着脚,站在刺骨冰水里干活,当时社员都评价他是"好后生"。

1988年6月,习近平到福建宁德任职。在那里,他依然坚持劳动不忘本的良好习惯。宁德曾是全国十八个集中连片贫困地区之一,宁德靠海,但不是有沙滩的海,大部分海岸都是悬崖峭壁,往里走全是大山。习近平在宁德待了1年零11个月,基本走遍了所有的乡镇。当时没有通路的4个乡,他去了3个,都用了一天时间。

1989年7月,寿宁县下党乡发生灾情,在交通等各方面条件艰苦的情况下,时任宁德地委书记习近平坚持实地察看灾情,带领地直相关部门负责人头戴草帽,肩搭毛巾,顶着炎炎烈日,在崎岖山路上跋涉2个多小时,深入到乡政府所在的下党村。习近平后来用"异常艰苦、异常难忘"来形容此次下党之行。

一把锄头扛在肩上,笑容可掬,意气风发,大步走在田埂上……1989年12月2日,时任中共宁德地委书记习近平同志带领地直机关千余名干部到宁德县南漈水利工地参加清沟排障修整水渠劳动。这是他当年一点一滴为福建发展腾飞打下坚实基础的生动写照。

(人民网,2019年5月1日。有改动)

第一节 劳动及劳动价值

一、劳动的内涵

《中国大百科全书》将"劳动"定义为:人类特有的基本的社会实践活动,也是人类通过有目的的活动改造自然对象并在这一活动中改造人自身的过程。劳动体现了人与自然、人与人两方面关系的统一。

《教育大辞典》中"劳动"定义为：劳动力的使用和消费。人以自身活动来引起、调整和控制人和自然之间的物质变换过程。制造和使用生产工具，并在一定的社会关系中进行劳动，是人和动物的本质区别。

《辞海》认为"劳动"是人们改变劳动对象使之适合自己需要的有目的的活动，即劳动力的支出或使用，是人类社会存在和发展的最基本条件。

《50000词现代汉语词典》中"劳动"的解释为：人类创造物质或精神财富的活动。

马克思认为，"劳动首先是人和自然之间的过程，是人以自身的活动来引起、调整和控制人和自然之间的物质变换的过程"。

以上的几种表述虽有所不同，但基本内涵却是一致的，即可将劳动定义为：劳动是人类特有的为满足自身的物质和精神需要，有目的地调整和控制人和自然界之间的物质变换过程的一种改变自然物的社会实践活动。

扩展阅读

人与动物的区别

在恩格斯的思想中，劳动创造了人类自身，人类是从动物中经过长期的实践活动发展而来的，人类用劳动来认识自然和改造自然，从而使人类在自然属性基础上发展出社会属性，通过劳动使人成为区别于其他动物的真正的人。恩格斯在《自然辩证法》中指出："动物仅仅利用外部自然界，简单地通过自身的存在在自然界中引起变化；而人则通过他所作出的改变来使自然界为自己的目的服务，来支配自然界。这便是人同其他动物的最终的本质的差别，而造成这一差别的又是劳动。"人与动物都是自然界的一部分，人同动物一样需要从自然界中获取生存资料，从而来维系人的生存、繁衍和发展。人在依靠自然界生存过程中，逐渐通过劳动实践，使手得以解放出来，进而产生了语言，最终实现了从猿脑到人脑的过渡和意识的产生，使人能够发展下去。而动物依然维系着它们最基本的生存需要，通过利用自然界来使自身生存下去。

（《马克思恩格斯选集（第四卷）》，人民出版社，1995年）

二、劳动的分类

从不同的标准、不同的角度，可以将劳动分成不同的种类。

（一）脑力劳动、体力劳动和生理力劳动

人类劳动由体力劳动、脑力劳动与生理力劳动按照不同的比例组合而成。

体力劳动是指以人的肌肉与骨骼运动为主，以大脑和其他生理系统的消耗为辅的人类劳动。体力劳动按劳动强度指数大小分为Ⅰ级体力劳动（轻劳动）、Ⅱ级体力劳动（中等劳动）、Ⅲ级体力劳动（重劳动）、Ⅳ级体力劳动（极重劳动）四种。

脑力劳动是指以大脑神经系统的消耗为主，以其他生理系统的消耗为辅的人类劳动。其特征在于劳动者在生产中运用的是智力、科学文化知识和生产技能，故亦称"智力劳动"。脑力劳动分为四种基本形态：创造知识的脑力劳动、传授知识的脑力劳动、管理知识的脑力劳动和实现知识的脑力劳动。

生理力劳动是指除了体力劳动和脑力劳动以外的其他形式的人类劳动。生理力劳动分为恢复性生理力劳动、加强性生理力劳动、生育性生理力劳动三种。

📖 扩展阅读

脑力劳动四种形态

一是创造知识的脑力劳动。其职能是对自然科学和社会科学进行创造性的研究、探讨，劳动成果表现为精神产品，即应用自然科学、理论自然科学和理论社会科学知识。创造知识的脑力劳动是潜在的生产力，一般不直接形成价值，但科学技术会变为直接生产力。

二是传授知识的脑力劳动。其职能是从事传授知识和技术的教育工作，劳动成果表现为知识转移，使更多的人掌握更多的文化、科学技术，一般也不直接创造价值，而是通过培养人，提高劳动者的质量，从而间接创造价值。

三是管理知识的脑力劳动。其职能是进行宏观经济和微观经济管理及其他管理、组织生产、调节生产关系与生产力之间的矛盾，调节生产力内部的矛盾，劳动成果表现为国家、社会部门、企业管理水平的提高。这种形态的脑力劳动通过组织管理，将潜在的生产力转化为现实的生产力。

四是实现知识的脑力劳动。其职能是将人类创造的和学习到的知识技术付诸实践，变为现实的生产力。劳动成果表现为物质产品或劳务的增加，非物质生产的发展。这种类型的脑力劳动属于物质生产领域的部分，直接创造价值，属于非物质生产领域的部分，间接影响价值。

（顾明远：《教育大辞典》，上海教育出版社，1998年。有改动）

（二）具体劳动和抽象劳动

具体劳动是指在一定的具体形式下进行的劳动。具体劳动包括人们的劳动目的、劳动工具、劳动对象、操作方法和劳动者五个要素。由于劳动的目的、使用的工具、加工的物质对象和采用的操作方法不同，便可生产出具有不同使用价值的物品。比如：做饭是具体的劳动，需要用锅碗瓢盆等劳动工具对食材进行加工，其劳动结果是美食；农民耕地是具体劳动，需要用拖拉机等劳动工具进行翻地、播种、收割等活动，其劳动结果是农产品的收获；匠人制作家具是具体劳动，需要用斧、锯等劳动工具对木材进行加工，其劳动结果是各种家具。我们可以看到，由于生产出来的产品的使用价值众多，因此具体劳动方式也很多，具体劳动体现着人和自然的关系。

抽象劳动是撇开劳动的具体形式的一般人类劳动。尽管劳动具体形式千差万别，但它们都是人类劳动力的耗费，这是无差别的。不论是教书，还是做研究，都是人类劳动力的支出，即人的脑、肌肉、神经、手等的生产耗费。从这个意义上说，教书和做研究的劳动，不过是耗费人类劳动力的两种不同形式。这种抽去了具体形式的一般人类劳动，就是抽象劳动，它形成商品的价值。

（三）简单劳动和复杂劳动

简单劳动是指不需要经过特别训练、每个正常的劳动者都能从事的劳动。复杂劳动是需要经过专门训练、具有一定技术专长的劳动者才能从事的劳动，包含着较多的技巧和知识的运用，也是劳动者能力的体现。马克思指出：比社会平均劳动较高级较复杂的劳动，是这样一种劳动力表现，这种劳动力比普通劳动力需要较高的教育费用，它的生产要花费较多的劳动时间。因此它具有较高的价值。

（四）必要劳动和剩余劳动

必要劳动是劳动者为生产维持劳动力再生产所必需的那部分社会产品而耗费的劳动。劳动者为维持本人及其家属的生活、再生产劳动力，需要一定量的社会产品，这部分产品称为必要产品。生产必要产品所耗费的劳动称为必要劳动，从事这种劳动的时间称为必要劳动时间。必要劳动时间的长短一方面取决于必要产品的数量和范围，另一方面取决于劳动生产率的高低。在必要产品的数量和范围为既定的条件下，劳动生产率是决定必要劳动时间长短的主要因素。

剩余劳动是超过维持劳动力生产和再生产需要的劳动。在私有制社会中即为剥削者所占有的劳动。在社会主义社会中，剩余劳动仍将长期存在，但剩余劳动所创造的产品归社会支配，用以扩大再生产和提高劳动者的物质和文化生活水平。

三、劳动的价值

（一）劳动创造世界

马克思认为，构成人类赖以存在的现实世界的关键要素之一正是人的劳动，而且这种劳动是现实生活中的人的感性物质劳动，即作为人类实践活动最基本形式的"生产劳动"。马克思认为，这是区分人与动物的关键。"当人开始生产自己的生活资料，即迈出由他们的肉体组织所决定的这一步的时候，人本身就开始把自己和动物区别开来。人们生产自己的生活资料，同时间接地生产着自己的物质生活本身"。从这里可以看出，人类的生产劳动都是有意识、有目的的活动，试图创造出一个可以满足人类生活需要的物质世界。

但是，在马克思看来，从事生产劳动的个体"并不是处在某种虚幻的离群索居和固定不变状态中的人，而是处在现实的、可以通过经验观察到的、在一定条件下进行的发展过程中的人"。这使得劳动个体的生产劳动并不只是单一地生产出外部物质世界的现实性，而且生产出人类社会生活的现实性。因此，马克思历史唯物主义所理解的世界，本身是人类的现实生产劳动的结果，而不是与人类的现实生产劳动无关的抽象的外在实体。

也正是通过劳动，人类和外部世界的关系才发生了根本性的转变，原先自在意的自然世界逐渐成为自为意义的人类世界。在这一世界中，关键性的问题不再是通过劳动来解释或直观，而是改变或改造世界。作为人类最基本实践活动形式的劳动，也不再只是单纯地依靠人的感性活动，而是将感性活动转变为人的现实社会活动。由此，马克思正式揭示了劳动的社会规定性，并从人与人的社会关系层面来理解和把握劳动，从而实现了历史唯物主义对之前一切旧唯物主义的根本性超越。

扩展阅读

铁人王进喜："宁肯少活二十年，拼命也要拿下大油田"

"头顶蓝天、脚踏荒原，满怀爱国豪情，一举甩掉了我国'贫油落后'的帽子，高速度、高水平地拿下大油田，创造了我国石油工业发展史上的奇迹。"铁人王进喜纪念馆讲解员向游人的介绍，正是当时石油工人的真实写照。

头戴前进帽、身穿羊皮袄，手握刹把，目光刚毅，巍然挺立。记者走进坐落在黑龙江省大庆市的铁人王进喜纪念馆，铁人巨幅花岗岩雕像首先映入眼帘。讲解员告诉记者，这一经典形象已成为铁人精神的标志。

1923年10月8日，王进喜出生于甘肃省玉门赤金堡一个贫苦农民家里。1950年，王进喜进入玉门油矿，成为新中国第一代钻井工人，开始投身于祖国的石油事业。

1956年4月29日，王进喜加入中国共产党。入党不久，担任"贝乌5队"队长。1958年9月，王进喜带队创造了月进尺5009米的全国钻井最高纪录，被誉为"钢铁钻井队"。

1960年2月，中共中央批准了石油工业部关于组织大庆石油会战的报告，集中玉门、四川、新疆、青海等各石油厂、矿以及院校、科研部门共37个单位的精兵强将齐聚大庆。

3月25日，王进喜带领钻井队到达大庆。下了火车，他先问钻机到了没有，井位在哪里。4月2日，钻机终于到了。可他们遇到了前所未有的困难。一套钻井设备总重60多吨，在玉门拆散搬家，需要吊车、拖拉机各4辆，大型载重汽车10辆。然而，刚组建的萨中探区吊运设备非常少。王进喜告诉工人们："我们绝对不能等，就是人拉肩扛也要把钻机全都拉上井场。"

一场人与钢铁、力量与困难的较量开始了。三天三夜，王进喜带领队友撬杠撬、滚杠滚、大绳拉，硬是靠双手和双肩把钻机卸下火车，装上汽车，搬运到井场并安装就位。

在搬运中，王进喜被砸伤了右腿，可他不顾伤痛继续指挥。4月29日，他带伤参加了万人誓师大会。

由于地层压力太大，第二口井钻至700米浅气层时，突然发生井喷，如果不及时制止，就可能井毁人亡。

压井需要重晶石粉，可是现场没有。王进喜当机立断决定加水泥来提高泥浆比重，可水泥加进去就沉了底，不能融合。见此情况，王进喜穿着工服、拖着一条伤腿纵身跳进齐腰深的泥浆池，用身体搅拌泥浆。

1960年6月1日，大庆首列原油外运。

1963年11月17日，周恩来总理在二届全国人大四次会议上庄严宣布：中国石油基本实现自给。新中国石油工业由此进入一个新纪元。

"我是个普通工人，没啥本事，就是为国家打了几口井，一切成绩和荣誉都是党和人民的。我的小本本上只能记差距。"记者在铁人纪念馆里看到，王进喜的一页学习笔记上写着这样一句话。

"有条件要上，没有条件创造条件也要上""宁肯少活二十年，拼命也要拿下大油田"，铁人王进喜在石油大会战中发出的钢铁誓言，浓缩了铁人的终生实践和伟大人生。

（《铁人王进喜：宁肯少活二十年，拼命也要拿下大油田》，新华网客户端，2019年1月15日。有改动）

（二）劳动创造历史

在马克思看来，只有人类的生产劳动才真正构成人类历史的基础，才是解开人类历史发展秘密的钥匙。他说："人们为了能够创造历史，必须能够生活。但是，为了生活，首先就需要衣、食、住以及其他东西。因此，第一个历史活动就是生产满足这些需要的资料，即生产物质生活本身，而且，这是人们从几千年前直到今天单是为了维持生活就必须每日每时从事的历史活动，是一切历史的基本条件。"因此，只有立足于生产劳动才能真正理解人类历史的发展，只有劳动人民才是历史的创造者，而人类创造历史的行动蕴含在日常生产劳动之中。马克思由此批判了各种独立于人的生产劳动之外的唯心主义历史观，并将劳动看作建立历史唯物主义的基石，人类历史发展的一切现实性都离不开人的劳动过程。对于马克思的这一伟大发现，恩格斯曾经鲜明地指出："历史破天荒第一次被置于它的真正基础上；一个很明显的而以前完全被人忽略的事实，即人们首先必须吃、喝、住、穿，就是说首先必须劳动，然后才能争取统治，从事政治、宗教和哲学等等，——这一很明显的事实在历史上的应有之义此时终于获得了承认。"总的来看，在马克思的历史唯物主义中，劳动被看作"一切历史的基本条件"和"人类的第一个历史性活动"，既是人类历史发展的事实起点，也是整个历史唯物主义架构的逻辑起点。马克思正是通过劳动来揭示物质资料生产的作用，发现了人类社会关系发展的客观规律性；并由此肯定了人的主体地位，继而发现劳动人民在历史发展中的伟大作用。而这正是马克思全面建立历史唯物主义的两个理论准备。

扩展阅读

社会主义是干出来的，幸福是奋斗出来的

2020年6月8日至10日，全国"两会"胜利闭幕不久，习近平总书记专程到宁夏考察并发表重要讲话，强调要全面落实党中央决策部署，坚持稳中求进工作总基调，坚持新发展理念，落实全国"两会"工作部署，坚决打好三大攻坚战，扎实做好"六稳"工作，全面落实"六保"任务，努力克服新冠肺炎疫情带来的不利影响，优先稳就业保民生，决胜全面建成小康社会，决战脱贫攻坚。

在决胜全面建成小康社会、决战脱贫攻坚的关键时刻，习近平总书记的重要讲话，

极大鼓舞了广大干部群众万众一心、团结奋斗的信心志气，凝聚起亿万中华儿女"用自己的双手创造更加美好的新生活"的强大力量。

"社会主义是干出来的，幸福是奋斗出来的。"在宁夏吴忠市利通区金花园社区考察时，习近平总书记深刻阐明"奋斗"的重大意义，强调有党和政府持续努力，有各族群众不懈奋斗，今后的生活一定会更好更幸福。

四年前，也是在宁夏，习近平总书记在宁东能源化工基地考察时发出了"社会主义是干出来的"响亮号召，强调民族复兴事业前途光明，全面建成小康社会胜利在望，我们要埋头苦干、真抓实干，不断取得一个个丰硕成果。

"空谈误国，实干兴邦"，"幸福不会从天而降，梦想不会自动成真"，"中国人民是具有伟大奋斗精神的人民"，"新时代是奋斗者的时代"……党的十八大以来，习近平总书记多次用这些朴实而又深刻的话语激励广大干部群众艰苦奋斗、苦干实干，强调只要精诚团结、共同奋斗，就没有任何力量能够阻挡中国人民实现梦想的步伐。

回望历史，数千年来中国人民始终革故鼎新、自强不息，中国人民是靠自己的聪明才智、辛勤汗水和刻苦耐劳，创造了辉煌的人类文明成果。新中国成立以来、改革开放以来特别是党的十八大以来，中国共产党率领中国人民苦干实干拼命干，使中华民族迎来了从站起来、富起来到强起来的伟大飞跃。中国人民深知也更加深信：世界上没有坐享其成的好事，想发展就要靠自己苦干实干拼命干，要幸福就要奋斗，"社会主义是干出来的，新时代也是干出来的"。

2020年是第一个百年奋斗目标的决战决胜之年，现在已经到了"临门一脚"的关键时刻，又遭遇新冠肺炎疫情影响。越是任务重大，越是形势复杂，越是要用习近平新时代中国特色社会主义思想进一步武装起来，坚决贯彻落实以习近平同志为核心的党中央的重大决策部署，坚持用全面、辩证、长远的眼光看待当前形势，努力在危机中育新机、于变局中开新局，确保完成决胜全面建成小康社会、决战脱贫攻坚目标任务。

通过苦干实干拼命干，坚决推动高质量发展。新冠肺炎疫情尽管来势汹汹，但影响终归是有限的，不会改变我国经济稳中向好、长期向好的基本面，中国经济潜力足、韧性强、回旋空间大、政策工具多，推进高质量发展是挡不住的客观规律。要加快转变经济发展方式，加快产业转型升级，加快新旧动能转换，推动经济发展实现量的合理增长和质的稳步提升。要把握扩大内需这一战略基点，以供给侧结构性改革为主线，着力打通生产、分配、流通、消费各个环节，逐步形成以国内大循环为主体、国内国际双循环相互促进的新发展格局，培育新形势下我国参与国际合作和竞争新优势。

通过苦干实干拼命干，坚决推动改革开放取得新突破。改革开放只有进行时，没有完成时。发展环境严峻复杂，更须坚定不移深化促进改革开放。要坚持问题导向，有的放矢推进改革，加强对改革举措的评估问效，促进各项改革往深里走、往实里落，加快培育充分竞争的市场，不断激发各类市场主体活力。现在国际上保护主义思潮上升，我们要站在历史正确的一边，以更高水平开放促进更高质量发展。

通过苦干实干拼命干，坚决打赢脱贫攻坚战。到2020年确保我国现行标准下农村贫困人口实现脱贫、贫困县全部摘帽、解决区域性整体贫困问题，是我们党对人民、对历史的郑重承诺。目前，尚未脱贫的总量虽然不大，但都是贫中之贫、困中之困，是最难啃的硬骨头。要咬定青山不放松、咬紧牙关不懈怠，对标"两不愁三保障"，瞄准突出问题和薄弱环节，一鼓作气、尽锐出战，确保如期实现脱贫目标。脱贫摘帽不是终点，而是新生活、新奋斗的起点，要巩固提升脱贫成果，保持现有政策总体稳定，推进全面脱贫与乡村振兴战略有效衔接。

通过苦干实干拼命干，坚决切实解决好群众的操心事、烦心事、揪心事。让老百姓过上好日子是我们党一切工作的出发点和落脚点，推动经济社会发展，归根到底是为了不断满足人民群众对美好生活的需要。要坚持以人民为中心的发展思想，把为民造福作为最重要的政绩，扎实做好下岗失业人员、高校毕业生、农民工、退役军人等重点群体就业工作，牢固树立绿水青山就是金山银山的理念，继续打好蓝天、碧水、净土保卫战，让人民的生活更幸福更美好。

习近平总书记深刻指出："新中国成立70多年了，经历了各种艰难险阻，遇到了各种困难挑战，我们都走过来了，靠的就是不忘初心、牢记使命。"党的初心和使命是党的性质宗旨、理想信念、奋斗目标的集中体现，是激励我们苦干实干拼命干永远的力量源泉。全党同志特别是各级领导干部要不忘初心、牢记使命，始终保持清醒头脑和政治定力，坚持和加强党的领导不动摇，坚持和发展中国特色社会主义不动摇，坚持实现中华民族伟大复兴的宏伟目标不动摇，锲而不舍把革命先辈为之奋斗的伟大事业推向前进。要进一步激发奋斗精神，坚决反对形式主义、官僚主义，持之以恒正风肃纪，以行之有效的举措落实好党中央决策部署，做好改革发展稳定各项工作。

大道至简，实干为要。"社会主义是干出来的，幸福是奋斗出来的。"全党全国各族人民牢记习近平总书记的深情嘱托，苦干实干拼命干，就一定能跑好全面建成小康社会"最后一公里"，创造出属于新时代的光辉业绩。

（《求是》评论员：《社会主义是干出来的，幸福是奋斗出来的》，求是网，2020年6月15日。有改动）

（三）劳动创造人本身

马克思深刻指出，劳动不仅创造出人类的物质世界和社会历史，同时，创造了人类自己。"劳动首先是人与自然之间的过程，是人以自身的活动来引起、调整和控制人和自然之间的物质变换的过程。"为了能够在对自身生活有用的形式上占有自然物质，人类必须使身上的自然力——臂和腿、头和手运动起来，而当人类通过这种运动作用于自身外的自然并改变自然时，也就同时改变自身所处的社会生活及人类本身。因此，"劳动是整个人类生活的第一个基本条件，而且达到这样的程度，以致我们在某种意义上不得不说：劳动创造了人本身"。对此，恩格斯在《自然辩证法》一书中依据当时的科学研究成果，从人类起源的意义上论证了劳动在从猿到人的转变过程中具有决定性作用。这种决定性作用主要体现在两个方面：不仅在人类的起源意义上，是劳动创造了人本身，而且在人类的进化意义上，也是劳动创造了人本身。正是在改造世界的劳动过程中，人类才真正地证明自己是类存在物，而劳动就是人类能动的类生活。

人只有通过作为类生活的劳动，自然界才表现为他的作品和他的现实。因此，劳动的对象是人的类生活的对象化：人不仅像在意识中那样在精神上使自己二重化，而且能动地、现实地使自己二重化，从而在他所创造的世界中直观自身。总之，劳动不仅是人的本质规定，更是人类自身生产和再生产的创造过程。

📖 扩展阅读

人的全面发展

人的全面发展为马克思主义学说的重要组成部分，也是教育哲学研究的重要问题。马克思、恩格斯根据对社会、历史和资本主义生产的研究指出，在阶级社会，由于剥削阶级的剥削、压迫和社会分工造成人的片面发展和畸形发展，对人的发展造成极大的摧残和破坏；提出随着大工业生产的发展及剥削和阶级的消灭，实现人的全面发展的必然性与可能性。马克思主义指出，人的全面发展主要是人的体力和智力得到充分的全面的发展，使劳动者具有高度的文化水平和科学技术才能，能通晓整个生产系统，能自由选择而不至于终身受束缚于一种职业。实现人的全面发展需要多方面的条件和相当长的历史时期，不是一蹴而就的。这些条件是：生产力的高度发展、消灭阶级和剥削、教育的极大普及和提高、实施教育与生产劳动相结合等。实现人的全面发展，特别是实现全体人类的全面发展所需要的时间则更长。它是一个逐渐扩大、逐渐实现、逐渐提高的过程。教育本身不能单独完成实现人的全面发展的任务，但是教育对人的全面发展可以起重要的促进作用。教育工作者在教育过程中应为促进人的全面发展多做贡献。

（张焕庭主编：《教育辞典》，江苏教育出版社，1989年。有改动）

第二节　劳动教育的时代内涵

一、劳动教育的内涵

劳动教育内涵大体分为以下三类。

（一）将劳动教育视为德育的内容

《辞海》对劳动教育的定义是：劳动教育是德育的内容之一，对学生进行热爱劳动和劳动人民、珍惜劳动成果、树立正确的劳动观点和劳动态度，通过日常生活培养劳动习惯和技能的教育活动。《中国大百科全书》对劳动教育的定义为：使学生树立正确的劳动观点和劳动态度，热爱劳动和劳动人民，养成劳动习惯的教育，是德育的内容之一。这两个定义均强调劳动教育的德育属性，直接将劳动教育定义为德育的一部分，侧重热爱劳动和劳动人民的情感、正确的劳动观念和态度的培养，把劳动习惯和技能的培育看作日常生活培养的结果。

（二）将劳动教育视为智育的内容

《教师百科辞典》对劳动教育的定义是：劳动教育就是向受教育者传播现代生产的基本知识和技能，培养他们具有正确的劳动观点、劳动习惯和热爱劳动人民、劳动成果的感情，劳动教育十分重视劳动过程中的智力因素，把平凡的劳动同创造性劳动结合起来，把简单的劳动与富有知识的劳动结合起来。成有信在其《教育学原理》中更是直截了当地将劳动教育定义为：培养学生具有现代工农业生产的基本知识和基本技能的教育。这两个定义均强调劳动教育的智育属性，将劳动教育的主要价值定位为传播现代生产基本知识和技能，提高社会劳动生产的智力水平。

（三）将劳动教育视为德育和智育的综合体

《中国百科大辞典》的定义为：劳动教育是以劳动实践为主，结合进行思想教育。技术教育是使学生掌握一定的生产知识及技术和劳动技能。其实施有利于培养学生的劳动观点、劳动技能和劳动习惯，为普通教育和职业教育打下基础。可见，劳动教育更偏重德育，技术教育更偏重智育，二者相结合共同培养劳动观点、劳动技能和劳动习惯。

2020年3月，中共中央、国务院印发《关于全面加强新时代大中小学劳动教育的意见》中指出：劳动教育是国民教育体系的重要内容，是学生成长的必要途径，具有树德、增智、强体、育美的综合育人价值。实施劳动教育重点是在系统的文化知识学习之外，有目的、有计划地组织学生多参加日常生活劳动、生产劳动和服务性劳动，让学生动手实践、出力流汗，接受锻炼、磨炼意志，培养学生正确劳动价值观和良好劳动品质。

二、劳动教育的内容

（一）劳动观念

劳动观念是指人们对劳动的认识和看法，它主要通过对劳动进行多方面的综合了解，进而促使人们形成一种对劳动的总体认识。劳动观念是决定劳动行为的前提条件，积极向上的劳动观念，可以指导人们做出正确的劳动行为，而错误的观念则会导致很多问题的产生，不利于学生的身心健康成长。引导大学生树立正确的劳动观念，首先要确定劳动创造了人本身，创造了人类社会，并且推动了社会的发展的理念。劳动是人类所特有的、区别于动物的社会实践活动，是一切财富的源泉，是社会文明进步的动力。大学生只有树立正确的劳动观念才会热爱劳动和珍惜世界上的一切劳动成果，才会主动积极地接受劳动，才会真正尊重劳动和劳动者。

📖 扩展阅读

毛泽东参加延安大生产:"亲手干才算自己的劳动"

毛泽东出身于农家,一生简朴,以身作则。在延安时,他同指战员们一道,亲自动手,挖地、浇水、施肥、种地,不贪图个人享受,关心他人,尊老爱老,对孩子"约法三章"等故事,始终铭刻在人民的心中,成为我党树立良好形象当之无愧的楷模。而对于曾任中央军委机要科译电员、华北特种兵新建工厂政委的熊云而言,毛主席在延安参加大生产时的场景,至今令他记忆犹新。

1942年年底,轰轰烈烈的延安大生产运动开始后,毛主席更忙了。他有个习惯,喜欢晚上办公,有时一忙就是一个通宵。这样,毛主席的睡眠时间就越来越少了。大生产运动期间,他常常忙一晚,第二天下午照例还要和中央机关的同志们一块去参加劳动。

那时,熊云在中央机要科当译电员,他们跟主席一块住在枣园。枣园有一排窑洞,用两道墙隔成了三个院,主席住在北边的院内,机要科住在中间的一个院里。

机要科的同志们见主席工作那么忙,休息时间却那样少,很担心他累坏了身体。趁主席到地头去的当儿,他们几个机要员一合计,就抢着跑到主席面前,提出帮他挖地。主席慈祥地笑笑,望着他们这一帮十六七岁的小青年,摆手示意不让他们帮助,并说:"你们挖的地,不算我的劳动,亲手干才算自己的劳动。"

就这样,毛主席用了几个下午的时间,亲手挖了两亩多地,并在地上浇了水,上了肥,种上了西红柿、辣椒等蔬菜。绿油油的蔬菜、丰硕的果实缀在枝头上,把枣园的后山坡装点得更加美丽了。

(《中华魂》,2015年第6期。有改动)

(二)劳动价值观

人们的劳动认识和实践会受到劳动价值观的影响,在正确的价值观指导下人们才会做出正确的行为,因此,要对大学生进行劳动教育,需从劳动价值观的教育入手,让观念先行。劳动价值观是人们对劳动的价值、目的和意义等的观念认识,直接影响着人们的劳动态度、劳动价值取向、劳动目标的追求、劳动价值的评判。形成正确的劳动价值观是人们劳动认识和实践活动达到自觉的重要标志。大学生劳动价值观的教育首先是使大学生树立起"劳动光荣,劳动创造价值,劳动实现自身价值"的价值取向,培养起"热爱劳动、尊重劳动、珍惜劳动成果、消除劳动偏见"的态度和情感,实现"以辛勤劳动为荣,以好逸恶劳为耻"的内化。其次是使大学生结合自身实际树立正确的劳动目标,只有目标切合实际才不会让人感觉虚无缥缈,才能避免"眼高手低、好高骛远"现象的出现。

📖 扩展阅读

不曾停歇的"90后"

9月17日,国家主席习近平签署主席令,授予8人"共和国勋章"。袁隆平名列其中。就在这一天,距离北京1600多公里的湖南省衡东县,在一片稻田里,袁隆平拿着一株水稻仔细观察后,面带笑意地说道:"开花开得很好。"这片稻田是"第三代杂交水稻"试验田,目前处于扬花时期,田中的双季晚稻有望突破亩产1000公斤大关。

"荣誉是对我们成绩的肯定,但我们不能躺在功劳簿上,还得继续干活。只要能解决老百姓的吃饭问题,个人的荣辱得失又算得了什么。搞科研的人要有使命感,有胸襟。"在新中国成立70周年来临之际获得国家最高荣誉,袁隆平向记者表示,"这对我既是鼓舞也是鞭策,希望在原有的基础上更上一层楼。"

在获得"共和国勋章"的前一天,袁隆平出现在湖南农业大学2019级新生开学典礼上,引发全场沸腾,学生们激动不已地喊出:"袁院士才是我们该追的'星'!"

开学典礼上,袁隆平在讲话中再次提到了他多次谈及的两个梦想:"第一个梦是禾下乘凉梦,这是追求水稻的高产梦;第二个梦是杂交水稻覆盖全球梦,我始终都还在努力使梦想成真,也寄希望与你们共勉来共同实现这两个梦想。"

为了实现这两个梦想,袁隆平不曾停歇。

1974年,袁隆平科研小组培育的第一个强优势高产杂交稻破土而出。多年来,袁隆平领衔的科研团队通过形态改良和杂种优势利用相结合的技术路线,成功攻破水稻超高产育种难题,不断刷新亩产产量。目前,超级稻计划的五期目标已经全部完成,分别是亩产700公斤、800公斤、900公斤、1000公斤和1100公斤。

据统计,从1976年到2018年,杂交水稻在全国累计推广面积约85亿亩,增产稻谷8.5亿吨。每年因种植杂交水稻而增产的粮食,可以多养活约8000万人口。

"我们国家人口多、耕地少,保障国家粮食安全,唯一的办法就是提高单产。高产对于我来说,是一个永恒的主题。"袁隆平告诉记者。

不仅让中国人吃得饱,袁隆平还希望全世界人民都能够远离饥饿。他曾笑称,自己愿做太平洋上的海鸥,让杂交水稻技术越过重洋。

《杂交水稻简明教程》,这本袁隆平写于1985年的书,经联合国粮农组织出版后,目前已发行到40多个国家,成为全世界杂交水稻研究和生产的指导用书。据湖南省农业农村厅统计,截至2018年底,杂交水稻已在海外40多个国家成功试验示范,在10多个国家大面积推广。2018年,海外杂交水稻推广面积超过700万公顷。

"祝愿伟大祖国繁荣昌盛!"谈及即将到来的国庆时,见证了新中国成立70年来翻天巨变的袁隆平感慨万千,"在中国共产党的领导下,我们中国真正富强起来了,现在我们能够抬得起头,挺起了腰杆。"

在获得"共和国勋章"的10天前,袁隆平迎来了自己的90岁生日。他笑称,自己已经从"80后"升级为"90后",未来要健康快乐超百岁,就像超级稻攻关一样,不断超越新目标。他的生日愿望是希望今年的示范田实现亩产1200公斤,向中华人民共和国成立70周年献礼。

(《袁隆平:不曾停歇的"90后"》,《中国纪检监察报》,2019年9月20日。有改动)

(三)劳动习惯

大学生是备受社会关注、被寄予厚望的一个群体,但是近年来,大学生劳动习惯堪忧，需要引起我们的重视。一方面是生活自理能力的下降以及不良行为习惯的产生，如洗衣、做饭、打扫卫生等基本的个人劳动能力不足，公共卫生清洁意识差，体力劳动缺乏，生活懒散，浪费粮食，浪费各种资源等；另一方面体现在学业学习上的懒惰，如学业上不够勤勉和自律、缺乏刻苦钻研的精神、考试过程中作弊等。因此，大学生劳动教育应重视其劳动习惯的养成，使学生无论在体力劳动方面，还是在脑力劳动方面都能养成良好的习惯，并形成一种自觉行为。大学教育要培养的是全面发展的人，需要通过劳动教育使学生养成良好的个人生活习惯及勤奋严谨的学习风尚。

（四）劳动精神

劳动精神是人们所表现出来的对劳动的一种积极接受的态度，无惧于劳动过程中的苦累和各种困难，认为都可以通过自己的努力去克服，具体表现为一种对劳动热爱的坚定不移的意志力。热爱劳动是我国人民的一项传统美德，勤劳勇敢是我们的民族特征之一，我们国家面临着新的改革发展任务，大学生是国家建设的主力军，是国家的未来和希望，担负着建设社会主义、实现社会主义现代化、振兴中华民族的历史重任。因此，热爱劳动、勤劳勇敢、自强不息的传统美德和精神非但不能丢，还要在新的历史时期让它发扬光大，对大学生进行"辛勤劳动、无私奉献、吃苦耐劳、艰苦奋斗"的劳动精神和"自觉劳动、创新劳动"的劳动意识的教育就显得尤为重要。勤劳是我们一切事业成功的保证，是兴家立国之本。这种精神动力也将激励我们为实现自身价值、为社会进步而脚踏实地、辛勤劳动，在劳动中创造价值、实现价值。

（五）劳动技能

培养大学生的最终目的是要为社会输送品德与能力兼备的新型劳动者，然而大学课程的设置更偏重理论学习，这就导致了大学生劳动实践能力的不足，这显然不符合社会对人才的要求。因此，劳动教育就是要通过劳动实践活动使理论能够联系实际，使大学生的所学能够致用，使大学生能够掌握劳动实践的技能。大学生劳动技能教育大致包含两部分的内容：一部分是教学计划内的劳动教育，这需要结合大学生所学专业的特点具体安排，包括教学实验、课程设计、专业实习、毕业设计、生产见习等；另一部分是教学计划外的劳动教育，包括学校提供的科技文化服务、勤工助学活动、支教服务以及大学生自主参与、组织的社会公益劳动、生产劳动以及其他形式的社会实践活动等。

三、劳动教育的形式

劳动教育是中国特色社会主义教育制度的重要内容，直接决定社会主义建设者和接班人的劳动精神面貌、劳动价值取向和劳动技能水平。要加强政府统筹，整合学校、社会各方面力量拓宽劳动教育途径。学校劳动教育要规范化，社会劳动教育要多样化，形成协同育人格局。总体而言，高校劳动教育的形式包括校内劳动教育和校外劳动教育两种主要形式。

（一）校内劳动教育

1. 开展劳动教育课程

课程是教育思想、教育目标和教育内容的主要载体，集中体现国家意志和社会主义核心价值观，是学校教育教学活动的基本依据。高校应将劳动教育课程明确列入人才培养方案中并制定教学大纲。通过课程设置与教学创新，实现对学生劳动知识、劳动技能、劳动意识、劳动精神等方面的系统培养。课程教学需要体现实践化导向，因为劳动本身也是一种实践活动，需要每个人亲身参与、亲自体验，在参与中感悟，在体验中创新与创造，真正在劳动过程中锤炼意志品质，提高技术本领。

2. 明确劳动教育任务

明确劳动教育任务有助于避免教育过程中的盲目性，增强针对性和有效性。学校在劳动教育中可明确劳动教育任务，如：个人卫生劳动、校园清洁劳动等。有的学校为了让学生养成卫生习惯，每天组织学生自主检查学生宿舍、教室、停车区和清洁区，定期开展文明宿舍、文明班级评比活动，并把评比结果与学生品德考核挂钩，督促学生养成日常劳动习惯，教育学生学会珍惜自己的劳动，学会爱护幽雅的校园环境等。有的学校把校内劳动教育体现在学生每一天的校园生活中。每学年开学，学校将整个教学楼根据班级数量进行区片划分，每个班级分到属于本班的责任区域，从开学第一天起，学生每天固定在早读前、大课间、午休后、放学后打扫责任区的卫生，他们的每一天从劳动开始、以劳动结束，将"干净、有序、读书"的校风践行在每天的劳动中。

（二）校外劳动教育

高校作为劳动教育实施的责任主体，要内外兼顾，在做好校内劳动教育的同时，也应关注校外劳动教育。校外是一个广阔的天地，校外是一个大课堂，校外也是一个丰富多彩的世界，学校仅靠校内的资源环境条件则难以满足学生接受劳动教育的需求，需要充分利用校外大环境、大课堂、大世界这些丰富的资源，让学生更多地走进自然、亲近自然，走进社会、接触社会，体验农业生产活动、工业商业和服务业的实习实践活动。

1. 农业劳动实践

农村是个广阔的天地，农村的生产、生活都很值得学生去体验、去感受。学校可与当地村委会等机构签订劳动实践教育基地，专门安排时间让学生深入农村家庭，在农村农忙时节去体验和感受农业生产活动。学生可以在播种的季节体验播种、浇水、施肥；可以在收麦子的季节体验用镰刀收割麦子、脱粒等；可以在秋收的季节体验采收玉米、花生、黄豆、棉花等。

2. 企业劳动实践

学校在制定劳动教育教学大纲及实施方案时可考虑将劳动教育与专业实践有机结合，在专业实践中让学生体验生产劳动，一方面可以培养学生科学生产的劳动技能，锤炼其爱岗敬业的劳动品质，另一方面也能使学生的专业技能在生产实践中得到有效锻炼，实现校企协同育人。

3. 社会公益实践

学校可要求学生在校期间积极参加社会公益实践,比如各类志愿者、义工、"三下乡"活动等,通过社会公益实践使学生能在社会服务中得到锻炼。

四、劳动教育的意义

(一)实现中华民族伟大复兴中国梦的客观要求

当前,我国正在由制造业大国向制造业强国迈进,生产出更多更高品质的产品,需要大力提倡工匠精神。追求精益求精、质量至上的工匠精神,是爱岗、敬业、专注、创新、拼搏等可贵劳动品质的具体表现,也是劳模精神、劳动精神的深化和提升。因此,加强劳动教育,培育精益求精、一丝不苟、坚韧不拔、追求卓越的劳动品格,大力弘扬工匠精神,培养会创新、懂技术、有知识的复合型人才,才能真正汇聚起中国经济社会发展强大的正能量,真正为实现中华民族伟大复兴的中国梦添砖加瓦。

(二)高校落实立德树人根本任务的重要途径

培育正确的劳动价值观、养成良好的劳动习惯是德育工作的重要内容;教育学生掌握劳动知识技能是智育工作的重要内容;养成坚韧不拔、勇于拼搏的劳动精神,促进劳动能力的锻炼是体育工作的重要内容;培养劳动者对美的追求和创造是美育工作的重要内容。此外,劳动教育反过来可以养德、启智、健体、益美,它们之间是相辅相成的关系。因此,劳动教育是培育和践行社会主义核心价值观的有效途径,是高校立德树人的重要载体。新时代加强大学生劳动教育,要充分发挥劳动教育的育人功能,实现劳动教育与德育、智育、体育、美育相互促进,协力引导学生坚定理想信念、厚植爱国主义情怀、加强品德修养、增长知识见识、培养奋斗精神、增强综合素质,促进学生德智体美劳全面发展。

(三)促进大学生全面发展的现实需要

1. 有助于学生养成良好的劳动习惯

新时代大学生的劳动素质,应该说其主流是好的。但是,由于目前大多数大学生是独生子女,其特殊的成长环境和经历,使得不少学生劳动观念淡薄,劳动知识缺乏,缺少基本的生活自理能力。大学生宿舍脏、乱、差现象普遍,更是一个不争的事实。有的大学生由于平时缺乏必要的体力劳动和体育锻炼,身体状况不甚理想,将来就业后,恐怕难以担负起艰苦而繁重的工作。因此,要在大学生中广泛开展劳动教育,帮助学生了解劳动知识,引导学生经常地、自觉地参加各类劳动,促进大学生良好的劳动习惯的形成,增强学生体质,锻炼学生适应社会的能力,实现大学生劳动素质的全面提高。

2. 有助于提高学生学习的积极主动性

近年来,一些大学生缺乏学习动力,不要学、不肯学、不勤学,旷课、迟到、早退现象严重。课堂纪律较差,考试作弊屡禁不止,严重影校风学风建设,这与大学生的历史使命格格不入。要通过劳动教育，使学生进一步认识创造财富的劳动是辛苦的，而学习和掌握科学知识则是一种艰苦的脑力劳动，只有端正学习目的，树立远大理想，养成扎扎实实的学习作风，掌握科学文化知识，才能练就过硬本领。

3. 有助于学生形成正确的价值观念

劳动教育对引导学生践行社会主义核心价值观具有重要意义。当今演艺圈的天价片酬和阴阳合同、娱乐选秀节目批量造星、"流量小生"一夜暴富、"网络红人"靠打赏日进斗金，这些社会不良风气和乱象，如同雾霾一般无孔不入，侵蚀学生的心灵，扭曲其价值观念，助长好逸恶劳、拜金主义、享乐主义和极端个人主义的思想。只有通过劳动教育，让学生热爱劳动、尊重劳动，尊重每一位劳动者，使他们真正认识到劳动是财富的源泉，"幸福是奋斗出来的"；让他们相信劳动是推动人类社会进步的根本力量，社会发展中的各种难题只有通过创造性劳动才能破解；让他们自觉将日常生活与理想追求紧密结合，在劳动创造中实现远大理想和个人目标,树立依靠辛勤劳动、诚实劳动，以劳动获取财富、实现人生价值的正确思想观念。

第三节　劳动教育的原则与要求

一、劳动教育的原则

1. 育人导向

坚持党的领导，围绕培养担当民族复兴大任的时代新人，着力提升学生综合素质，促进学生全面发展、健康成长。把准劳动教育价值取向，引导学生树立正确的劳动观，崇尚劳动、尊重劳动，增强对劳动人民的感情，报效国家，奉献社会。

2. 遵循教育规律

符合学生年龄特点，以体力劳动为主，注意手脑并用、安全适度，强化实践体验，让学生亲历劳动过程，提升育人实效性。

3. 体现时代特征

适应科技发展和产业变革,针对劳动新形态,注重新兴技术支撑和社会服务新变化。深化产教融合，改进劳动教育方式。强化诚实合法劳动意识，培养科学精神，提高创造性劳动能力。

4. 强化综合实施

加强政府统筹，拓宽劳动教育途径，整合家庭、学校、社会各方面力量。家庭劳动教育要日常化，学校劳动教育要规范化，社会劳动教育要多样化，形成协同育人格局。

5. 坚持因地制宜

根据各地区和学校实际，结合当地在自然、经济、文化等方面的条件，充分挖掘行业企业、职业院校等可利用资源，宜工则工，宜农则农，采取多种方式开展劳动教育，避免"一刀切"。

二、劳动教育的要求

1. 劳动教育要在培养合格的社会主义建设者和可靠的接班人中起基础作用

合格的社会主义建设者和接班人，本质上都是"以劳动托起中国梦"的辛勤劳动者、诚实劳动者、创造性劳动者。在劳动中坚定理想信念、在劳动中厚植爱国情怀、在劳动中加强品德修养、在劳动中增长知识见识、在劳动中培养奋斗精神、在劳动中增强综合素质，以劳动教育夯实社会主义建设者和接班人全面发展的基础，是新时代我国加强大学生劳动教育的根本任务。

2. 劳动教育要处理好与德育、智育、体育、美育的辩证关系

德智体美劳既有密切联系又有各自不同的功能，劳动价值观、劳动态度、劳动品德方面的培养是高校德育的重要内容，劳动知识技能的培养、劳动习惯的养成可作为高校智育和体育的重要内容，整个过程中学生体验到的劳动者对美的追求和创造则是高校美育的内容。德智体美劳五者并不能彼此替代，因为德育侧重解决教育对象的世界观、人生观问题，体现"善"的要求；智育侧重开发智能，体现"真"的要求；体育促进身体发育和机能发展，体现"健"的要求；美育陶冶情操，塑造心灵，体现"美"的要求；而劳动教育侧重培养劳动观念，培育劳动技能，体现"实"的要求。劳动的综合育人功能，恰恰说明它不应该被涵盖在其他四育之内，而是完善人才培养目标、支持德智体美教育的相对独立的重要平台、重要领域。将劳动教育与德智体美并列，既是对劳动教育本身的有效加强，也是对德智体美教育的有力支撑。

3. 要深刻理解和把握新时代劳动教育的崭新意蕴

习近平总书记要求："要通过各种措施和方式，教育引导广大青少年牢固树立热爱劳动的思想、牢固养成热爱劳动的习惯，为祖国发展培养一代又一代勤于劳动、善于劳动的高素质劳动者。"可见，今天的劳动教育不是新中国成立初期劳动教育的简单"回归"，更不是要回到过去放弃课堂去学工、学农的模式，而是要在热爱劳动、勤于劳动的基础上培养善于劳动的高素质劳动者。一是充分认识新时代劳动的复杂性，从明确新时代劳动的复杂构成及表现形式，如脑力劳动与体力劳动、群体劳动和个体劳动、有偿劳动和公益劳动、简单劳动和复杂劳动、创造性劳动和重复劳动等等，着手进行教育引导，使青年学生既不把其中某一种劳动形式理解为劳动的全部，也不以其中一种形式否定相关联的另一形式，从而深化对劳动创造人、劳动创造世界的认识，深化对辛勤劳动、诚实劳动、创造性劳动是各行各业、所有岗位都需要的精神的认识，使"广大劳动者无论从事什么职业，都要勤于学习、善于实践，踏实劳动、勤勉劳动，在工作上兢兢业业、精益求精"。二是要结合新时代建设创新型国家的发展战略需要、培养健康和谐全面发展的人的内在需求，着重加强劳动价值观、劳动精神和创新能力的培养，并使青年大学生了解和懂得现代生产技术知识，掌握生活和劳动技能，提高动手能力和发现问题、解决问题的能力，形成劳动光荣、劳动创造伟大的正确观念，在劳动实践中追求幸福感并获取创新灵感。三是要结合新时代数字经济到来、人工智能崛起的特点，学习并把握新时代劳动、工作的新变化，明确即便很多工作已经数字化、网络化，即便很多岗位会被人工智能取代，人的劳动精神仍然是必要的，人的很多劳动技能仍然是十分宝贵、不能丢弃的。

拓展训练

训练目标：挖掘身边的榜样，认识劳动的意义，培养新时代劳动精神。

准备工作：记录本、笔、手机（相机或摄像机）。

活动设计：以小组（每组5～8人）为单位，寻找校园里的"幸福劳动者"，采访他们的劳动故事，了解这些劳动者通过劳动收获幸福的故事，形成报告（800字左右），全班汇报。

思考讨论

1. 机器人能完全替代人类的劳动吗？
2. 专业教育和劳动教育之间有什么关系？

测试检验

一、单项选择题

1. 下列不属于脑力劳动基本形态的是（　　）。
   A. 创造知识的脑力劳动　　　　B. 传授知识的脑力劳动
   C. 管理知识的脑力劳动　　　　D. 应用知识的脑力劳动

2. 下列不属于简单劳动的是（　　）。
   A. 搬砖　　　　B. 设计芯片　　　　C. 卸货　　　　D. 卖茶叶蛋

3. 下列对于劳动的价值描述不正确的是（　　）。
   A. 劳动创造历史　　　　B. 劳动创造世界
   C. 劳动创造人　　　　　D. 劳动者最光荣

4. 下列不属于劳动教育内容的是（　　）。
   A. 劳动精神　　　B. 劳动观念　　　C. 劳动价值观　　　D. 劳动工具

5. 下列说法不正确的是（　　）。
   A. 劳动教育应和体育教育、美育教育有机结合
   B. 复杂的劳动比简单的劳动创造的价值高
   C. 劳动不分贵贱
   D. 剩余劳动是超过维持劳动力和再生产需要的劳动

二、判断题

1. 抽象劳动是撇开劳动的具体形式的一般人类劳动。　　　　　　　　　　（　　）
2. 劳动具有人类专属性，动物界的劳动不能称之为真正的劳动。　　　　　（　　）

3. 大学的劳动教育要从劳动价值观的教育入手。（　　）
4. 劳动精神是一种意志力。（　　）
5. 实验和实训不是劳动教育的范畴。（　　）

三、简答题

1. 结合自身实际谈谈劳动教育对新时代大学生的意义。
2. 请你结合实际谈谈你对"空谈误国，实干兴邦"的认识。
3. 你将在大学里开展哪些劳动？

四、案例分析题

刘伦堂："亿元村"里的"穷支书"

"我没给你们留下什么遗产，你们不要怪我，无论什么时候，我的手伸出来都是白的。做人要堂堂正正，宁可吃点亏，也不能让老百姓戳脊梁骨。"弥留之际，湖北省黄石市下陆区肖铺乡老鹳庙村原支书刘伦堂对孩子们说。

刘伦堂当了25年村支书，将一个贫穷的城中村，发展成远近闻名的"亿元村"。村内聚集32家企业，2013年产值达2.3亿元。然而他的儿子刘文兵在他去世后整遗物时，仅发现一张余额3000元的银行卡。

25年前的老鹳庙村，全村人均不到三分耕地，村民的日子过得紧巴巴的。1989年，村里好不容易办起第一家村属企业——老鹳庙水泥厂，却因经营不善而倒闭。此时的刘伦堂在一家乡办企业任总经理，企业正蒸蒸日上，乡领导和村民都希望他回来，带领水泥厂走出困境。

从红红火火的乡办企业，回到负债累累的贫困村当书记，刘伦堂也有过思想斗争。"组织上需要我，村民需要我，我只能回去。"临危受命，刘伦堂想尽办法，向亲友借款、发动工人集资，终于凑了3.5万元，让水泥厂重新点火开工。

"刘书记带领大家一起干。大雪天，和工人一起上山用板车运石头。夏天顶着高温烈日，带上馒头和水，跟着送货车跑销路。"水泥厂工人张友和回忆，"每项工作，他都坚持做一遍，看流程有没有问题。"

经过一年努力，水泥厂实现产值128.8万元，上缴利税15万元。随后，他又在村里办起建材厂、碎石厂、三磷灰厂等企业。1991年底，村里不仅还清了债务，还有结余。1992年以来，经过多次技术改造，水泥厂达到年产10万吨规模，成为区属企业龙头和利税大户。

近年来，黄石市要求全面关停"五小"企业，老鹳庙村多家企业也名列其中。刘伦堂召集党员干部和居民代表研究对策，引进了一批企业，村里实力不仅没因关停"五小"而削弱，反而越做越大，成为"全省五百强村"。

刘伦堂十分关心群众。"程怡患了重病，没钱做手术，找个时间召集大家为她捐款"；"前天去看望张整华，家中很困难，50多岁了，要给他找份轻松点的工作"；"最近村民反映电压不稳，这个问题要赶紧解决"……刘伦堂留下的20多本工作日记上，记录着一桩又一桩这样的民生"小事"。

然而，刘伦堂对自己和家人却十分"自私"。他生前居住的还是20世纪80年代修建的老房子。几年前，几个建筑商要帮他把房子免费装修一下，被他婉言谢绝。

他的两个儿子都在外村打工，他从不让他们在村里任职，也不让他们在村内企业上班。

刘伦堂工作起来风风火火，工作没忙完总是放心不下。1997年，老伴突发脑梗死，刘伦堂由于忙于工作拖延了一下，都没赶回来跟老伴说最后一句话，这成为他永远的愧疚……

20多年来，刘伦堂经手大大小小建筑项目几十个，一些老板带着钱物找他帮忙，每次都无功而返。他的哥哥刘伦华多次找他想承包点工程，也都被拒绝了。

刘伦堂每月只有3000多元工资，除家用外，他都攒起来。平时谁家小孩考上大学了，他都会送上一些奖金，以示鼓励；谁家里困难，他也会自掏腰包给予周济。2013年8月，刘伦堂感到身体不适，被查出晚期肝癌，此时他的积蓄只有三四万元，几乎都用于治病。

"身体真的不行了，群众还有很多困难，在我有生之年恐怕无能为力了……"这是刘伦堂笔记本上的最后一段话。

2014年6月25日，刘伦堂带着深深的遗憾离开人世。他的身后留下了一麻袋荣誉证书和工作笔记，还有村民们对老书记永远的尊敬和怀念……

（《刘伦堂："亿元村"里的"穷支书"》，新华网，2014年8月27日。有改动）

请结合案例，谈谈你对劳动精神的理解。

第二章
弘扬劳动精神

学习目标

通过学习，帮助大学生深刻把握马克思主义劳动观的主要内容，并在此基础上形成劳动态度、劳动情感的科学体系，了解劳动态度的形成和发展，培养正确的劳动情感；全面掌握"崇尚劳动、热爱劳动、辛勤劳动、诚实劳动"的劳动精神，"爱岗敬业、争创一流、艰苦奋斗、勇于创新、淡泊名利、甘于奉献"的劳模精神，"执着专注、精益求精、一丝不苟、追求卓越"的工匠精神的丰富内涵，理解劳动精神、劳模精神和工匠精神的重要意义，努力在实践中培养大学生的劳动精神、劳模精神和工匠精神，为大学生成人成才打下坚实的思想基础。

导引案例

"一切幸福都源于劳动和创造"——劳动，书写精彩人生

这是一双特制的劳保鞋：鞋尖有钢板，底部有钢钉，鞋底约两厘米厚。不到两年，鞋底还是被磨平了。这双鞋，见证了柴闪闪"闪闪发光"的奋斗人生。

2004年，柴闪闪成为扛包裹的转运员，每天要扛3000多袋包裹。他干一行、爱一行、精一行，靠着过硬的业务能力和吃苦精神，成为全国邮政系统先进个人、上海市优秀青年突击队员、全国劳动模范，并当选全国人大代表。

外卖骑手宋增光、"拉面匠"韩木海买、"小砌匠"邹彬……一个个看似"开挂"人生的背后，无不洋溢着勤于劳动、勇于奋斗的精神。

一切幸福都源于劳动和创造。回首奋斗路，是中国共产党带领工人阶级和广大劳动群众，以劳动托起中国梦。在全面建成小康社会的伟大征程上，劳动者以脚踏实地的努力、毫不懈怠的拼搏，一步一个脚印迈向幸福新生活——

重庆市巫山县竹贤乡下庄村老支书毛相林率乡亲们历时7年，在绝壁上凿出一条8000米长的"绝壁天路"，带领群众摘掉贫困帽，走上致富路；"人民楷模"、太行山上"新愚公"李保国扎根太行山35年，用辛勤的劳动和科研成果把富裕和希望带给农民……

"全面建成小康社会，进而建成富强民主文明和谐的社会主义现代化国家，根本上靠劳动、靠劳动者创造。"习近平总书记强调。

（摘编自新华网：《奋斗百年路 启航新征程·中国共产党人的精神谱系 | 勤奋工作 踏实劳动——劳动精神述评》，新华网，2021年9月22日）

第一节 劳动意识

意识是人脑的机能和属性，是客观世界的主观印象，即人脑反映客观世界及其运动规律的过程和结果。意识的内容是客观的，但形式是主观的。马克思主义认为，社

会实践特别是劳动在意识的产生和发展中起着决定性作用。

劳动意识，就是人脑对劳动的主观映象，是劳动作为一种客观存在在人脑中的投射和反映，包括在对劳动的认识的基础上形成的对劳动的总的看法和根本观点即劳动观，以及在此基础上形成的劳动情感和劳动态度。

一、劳动观

劳动观是人在对劳动的认识的基础上形成的对劳动的总的看法和根本观点，是人的世界观的一部分。

劳动观作为一种意识形态，是在一定的物质基础之上，经过长期的发展而逐渐形成的。人的有机的身体，特别是大脑，是劳动观产生的物质基础。只有人的大脑，才具备产生意识的条件，从而才能够作为认识的主体认识劳动，形成对劳动的看法。而人的有机的身体，包括大脑，则是自然界长期进化的产物。社会实践特别是劳动是劳动观产生的社会基础。劳动在从猿进化成人的过程中具有决定性作用，在劳动中，人不但锻炼了自己的双手，还锻炼了自己的大脑，发展出了语言，使意识包括劳动观的产生具备了物质条件和意识工具。人们还在劳动中结成一定的社会关系，逐渐形成人类社会，这又构成了人类意识的重要内容，其中包括关于劳动的认识和观点。可以说，劳动创造了人本身，劳动也形成了劳动意识的物质基础，形成了劳动观的内容。

马克思主义的劳动观的基本内容，主要包括以下几个方面。

第一，劳动创造人。在人类产生的过程中，劳动起了极其重要的作用。劳动不仅改造了自然界和社会，而且也创造了人本身。最初，人类的祖先类人猿只为人类产生准备了物质机体，提供了由高等动物变成人的可能性。古代类人猿在萌芽状态的劳动中，一方面从自然界中获取生活资料，改造了自然。另一方面，也不断使自己手、脚等机体得到完善，进一步发展了思维与语言，从而创造了人本身。随着劳动的发展，人越来越进化，最后终于从动物界中分离出来。从根本上说，劳动是区分人与动物的标志。恩格斯在《劳动从猿到人转变过程中的作用》一文中提出了"在某种意义上不得不说：劳动创造了人本身"的科学论断。①

第二，劳动是整个人类生活的第一个基本条件。恩格斯指出："人们首先必须吃、喝、住、穿，然后才能从事政治、科学、艺术、宗教等等；所以，直接的物质的生活资料的生产，从而一个民族或一个时代的一定的经济发展阶段，便构成基础，人们的国家设施、法的观点、艺术以至宗教观念，就是从这个基础上发展起来的，因而，也必须由这个基础来解释，而不是像过去那样做得相反。"从这个意义上说，劳动在人类生活中具有基础性地位，为了生存，必须劳动，离开劳动，离开了物质资料的生产，人类就不能生存，更不会有任何社会生活。马克思也指出："任何一个民族，如果停止劳动，不用说一年，就是几个星期，也要灭亡，这是每一个小孩都知道的。"

第三，劳动是推动人类社会发展的动力。人类在劳动中体现出来的征服自然、改造自然的能力即生产力。生产力是在不断发展、不断提高的，生产资料，特别是生产

---

① 姚蓉儿：《谈劳动的道德意义》，《思想政治课教学》，1993年11期。

工具成为区分社会经济时代的客观标准。与石器相对应的是原始社会的经济关系，与青铜器相对应的是奴隶制的生产关系，与铁器相对应的是封建制的生产关系，与大机器工业相对应的是资本主义的生产关系。随着生产力的发展，人类在劳动中创造了越来越多的物质财富和精神财富，创造了更加辉煌的人类文明。生产力的发展，也必然促使生产关系和经济基础发生变革，最终引起上层建筑、整个社会的完全变革，推动人类社会由低级阶段向高级阶段发展。因而，生产力是社会进步的根本内容，也是衡量社会进步的根本尺度。

第四，劳动是商品价值的唯一来源。马克思主义劳动价值论认为，生产商品的劳动具有二重性，即具体劳动和抽象劳动。具体劳动是指生产一定使用价值的具体形式的劳动，如木匠挥舞斧头制造桌椅板凳，农民生产粮食，教师课堂授课培养学生，等等。抽象劳动是指撇开一切具体形式的、无差别的一般人类劳动，即人的脑力和体力的耗费。如农民、木匠、教师看似劳动形式不同，但都包含有时间与精力、体力与脑力的耗费，在这一点上是没有差别的。生产商品的具体劳动创造使用价值，即生产出不同种类的劳动产品，抽象劳动形成商品的价值，而价值则成为衡量不同商品的尺度，从而成为交换价值的基础。马克思主义劳动价值论确认劳动是商品价值的唯一来源，从而为我们认识经济现象、理解国家经济政策提供了理论依据，也为我们努力参与劳动、实现人生价值提供了认识论前提。

二、劳动态度

态度是作为主体的人对作为客体的特定对象（人、观念、情感或者事件等）所持有的稳定的心理倾向，这种心理倾向蕴含着主体的主观评价以及由此产生的行为倾向性。从结构上看，态度包括认知、情感、意志三个层次，即主体在认知的基础上形成对客体的情感体验（肯定或是否定、喜欢或是厌恶、尊敬或是蔑视、同情或是冷漠、积极或是消极等），从而在心理上产生一定的反应倾向或行为的准备状态，并最终在行动中表现出来。

所谓劳动态度，就是指建立在一定的劳动观基础之上的、对劳动所持有的稳定的心理倾向和行为倾向性。① 首先，劳动态度是建立在对劳动认知的基础之上的。只有对劳动的正确认知，才会形成正确的劳动态度。其次，劳动态度是以主体对劳动的主观评价为前提的，而主体对劳动的评价又是以自身需要为尺度的，因而不同主体对劳动会形成不同的评价，从而形成不同的劳动态度。最后，主体评价的结果，直接影响到主体对劳动的态度。如果主体认为劳动对自身是有价值的，则会对劳动持肯定态度，从而在行为上表现为热爱劳动、积极劳动；反之，则不愿意从事劳动、厌恶劳动。

在历史上，人们对待劳动的态度是不一样的，这主要是由人们的社会地位决定的。

在原始社会里，生产力水平低下，人们只有采取原始共产主义生产关系，即共同占有生产资料，一起劳动，共同分享劳动果实，才能在险恶的自然环境中求得生存和发展。每一个有劳动能力的人都要以平等的态度履行自己的劳动义务，并且以同等的

---

① 程德慧：《习近平新时代劳动教育观论析》，《职业技术教育》，2019年第6期。

权利分享劳动所得。因此，在原始社会，参与劳动是原始社会最基本的道德规范，热爱劳动就成为原始社会推崇的美德。

人类进入阶级社会以后，对劳动的态度发生了根本的变化。这是因为各阶级的人们在社会生产关系中的地位不同，所以，对待劳动的态度也就不同。一切剥削阶级占有生产资料，无偿地占有别人的劳动成果，并把这种不劳而获剥削别人的现象看成是合理的、道德的。他们极端轻视劳动，并把劳动作为惩罚、奴役劳动者的手段。劳动者被迫在监督下进行劳动，没有起码的权利和自由。在劳动过程中，受到的是压迫和剥削，劳动的结果是饥饿和痛苦。因此，劳动者没有生产积极性，劳动成为一种沉重的负担，他们对待劳动的态度是消极的，这是在不合理的社会中劳动异化的反映。劳动异化是指在一定的历史条件下，劳动者的劳动、生产行为及其创造的劳动产品成为与劳动者本身的利益相对立的一种异己力量。这必然会挫伤劳动者的劳动积极性。

到了社会主义社会，随着公有制的建立，实行了按劳分配，劳动者成为生产资料的主人，劳动者社会地位的变化，引起了劳动态度的变化。人们以主人翁的姿态参加生产劳动，既为社会创造物质财富，也能够改善自己的生活，劳动真正成为为社会造福及提高劳动人民生活的手段。因此，劳动者的积极性得到了发挥，从而促进了生产力的发展。正像列宁所说的一样，劳动者千百年来都是为别人劳动，为剥削者做苦工，现在第一次有可能为自己工作了，而且是利用一切最新的技术文化成果来工作的。为自己的自愿劳动取代了为他人的强制劳动，是人类历史上最伟大的更替。劳动成为每个劳动者光荣而豪迈的事业，热爱劳动的高尚品德得到真正的发扬。

作为新时代的青年，还应该在实践中培养共产主义劳动态度。共产主义劳动态度是比社会主义阶段所要求的辛勤劳动、诚实劳动和创造性劳动更高层次的劳动态度，是对社会上先进分子的要求，其突出特点是无私奉献精神。历史上，苏联在建国初期为迅速恢复国民经济，曾大规模地提倡和实行共产主义劳动。列宁指出："共产主义劳动，从比较狭窄和比较严格的意义上说，是一种为社会造福的无报酬的劳动，这种劳动不是为了履行一定的义务、不是为了享有取得某种产品的权利，不是按照事先规定的法定定额进行的劳动，是不指望报酬、没有报酬条件的劳动，是根据为公共利益劳动的习惯、根据必须为公共利益劳动的自觉要求（这已成为习惯）来进行的劳动，这种劳动是健康的身体的自然需要。"可以看出，在劳动还是作为人们主要谋生手段的社会主义初级阶段，共产主义劳动还不能成为全体劳动者的自觉行动。但正如在践行社会主义核心价值观的同时努力倡导共产主义道德一样，我们应该恰如其分地在大学生中提倡这种劳动态度，扩大这种劳动态度的影响范围和影响力。进入新时代，我国志愿者和志愿服务蔚然成风，实际上就是这种共产主义劳动态度的生动表现。越来越多的志愿者加入志愿服务行列，为他人和社会提供力所能及的帮助，反映了我国劳动人民特别是青年人良好的精神面貌、高尚的道德情操。当前，我们要把辛勤劳动、诚实劳动和创造性劳动的广泛性与共产主义劳动的先进性有机结合起来，既不能生硬地拔高对普通民众的要求，又要不断鼓励和培养共产主义劳动态度、弘扬共产主义劳动精神。

三、劳动情感

百度词条(由"科普中国"科学百科词条编写与应用工作项目审核)认为:情感是态度这一整体中的一部分,它与态度中的内向感受、意向具有协调一致性,是态度在生理上一种较复杂而又稳定的生理体验和评价。换言之,情感是由客体引起的主体的生理体验和评价。如一位小伙子对一位姑娘产生了爱情,则这位姑娘的出现,就会令小伙子精神振奋、神清气爽,产生愉悦和幸福的主观体验,其评价也会是积极的。情感作为态度中的认知和意志的中间环节,对态度的形成具有重要作用。良好的情绪体验,有助于主体对客体的接纳,从而帮助主体形成积极的态度;反之,主体就会疏远、排斥客体,促使主体形成消极的态度。因此,对于形成正确的态度来说,注意培养正面情感,是至关重要的。

劳动情感是由劳动引起的主体的生理体验和评价,即主体对劳动的主观体验,及在认知和实践的基础上形成的对劳动的肯定或否定、喜欢或厌恶、尊重或蔑视、同情或冷漠、积极或消极的评价。要形成正确的劳动态度,首先要培养主体对于劳动的积极情感。

第一,对劳动人民充满感情。马克思主义唯物史观认为,人民群众是历史的创造者。人民群众不仅创造了人们赖以生存的物质生活资料和从事政治、科学、文化艺术等活动所必需的物质基础,而且还通过物质生产实践为创造精神财富提供了必要的物质条件和设施,提供了精神产品的来源与内容,还亲自参与精神财富的创造。人民群众还是社会变革的决定力量,正是人民群众在点点滴滴的日常劳动中,促进了生产力的发展,从而从根本上推动了人类社会的发展与进步。劳动者是平凡的、朴实的,但所有劳动者的力量汇聚起来,就成为创造历史的伟大力量。对劳动人民的深厚感情,就源于对人民群众创造历史的伟大力量的肯定,源于对人民群众创造历史的伟大功绩的崇敬。2015年4月29日,习近平总书记在庆祝"五一"国际劳动节暨劳动模范和先进工作者大会上指出:"中华民族是勤于劳动、善于创造的民族。正是因为劳动创造,我们拥有了历史的辉煌;也正是因为劳动创造,我们拥有了今天的成就。"为此,新时代的青年,应该主动接近劳动人民,培养对劳动人民的感情,在实践中向劳动人民学习,确立为劳动人民服务的宗旨。

第二,对劳动实践充满向往。古语云"人过留名,雁过留声"。儒家思想提出"修身齐家治国平天下","为天地立心,为生民立命,为往圣继绝学,为万世开太平",无不具有强烈的建功立业意识,说明人生需要有价值追求,努力实现自己的人生价值。只有通过自己的诚实劳动、辛勤劳动、创造性劳动,为人类社会积累物质或精神财富,推动生产力的发展,从而在一定程度上促进人类社会的发展与进步,才能体现人生的意义与价值。习近平总书记指出:"党和国家事业空间很大,只要有志气有闯劲,普通劳动者也可以在宽广舞台上展现自己的人生价值。"人生的意义与价值从根本上来说,是通过劳动实现的。热爱劳动,才会积极投入工作,从而无论在哪个岗位,干一行爱一行,作出有益的贡献。因此,对于有理想有抱负的青年人来说,最可向往的就是战斗的岗位,就是发挥自己作用、创造自己价值的舞台。习近平总书记指出,劳动者是最美的,劳动是最崇高的。"让劳动最光荣、劳动最崇高、劳动最伟大、劳动最美丽蔚然成风。"奋斗者只有在劳动中才会闪耀最迷人的光彩，个人的精神世界也只有在劳动中才会更加充实、提高！

第三，对各种劳动一视同仁。俗话说："三百六十行，行行出状元。"随着现代社会的发展，行业分类何止三百六十行！社会经济越是发展，社会分工越是细致，每个人的私人劳动也就越是成为社会劳动不可或缺的一部分。因而一个健全的社会需要有农民、工人，需要有教师、公务员，同样也需要有环卫工人、快递小哥，等等。劳动只有分工的不同，没有高低贵贱之分。要摆脱传统的"劳心者治人"与"劳力者治于人"的狭隘偏见，以平等的态度对待每一种劳动和每一个劳动者，无论体力劳动还是脑力劳动，无论普通劳动者还是管理劳动者，都必须得到尊重和鼓励。2016年4月30日，习近平总书记在知识分子、劳动模范、青年代表座谈会上指出，"劳动没有高低贵贱之分，任何一份职业都很光荣。""全社会都要以辛勤劳动为荣，以好逸恶劳为耻，任何时候任何人都不能看不起普通劳动者，都不能贪图不劳而获的生活。"

第四，对劳动果实倍加珍惜。勤劳俭朴是中华民族的传统美德。《朱子家训》中写道："一粥一饭，当思来处不易；半丝半缕，恒念物力维艰。"每一颗劳动果实，都是劳动人民用辛勤的汗水换来的。对劳动果实的珍惜，体现的是尊重劳动、尊重劳动者的良好道德品质。建党百年之际，我国虽然已经实现全面小康，但离社会主义现代化强国的第二个百年目标还有较大的差距。当前，人民生活水平已有大幅提高，已经实现了从温饱向注重品质的转变，从解决基本生活问题到追求美好生活的转变，因而不可避免地在生产、生活上出现一些浪费现象。我们应当认识到，我国虽然地大物博，但是平均到14亿人口身上，却显得捉襟见肘，甚至异常紧张。我国不平衡不充分发展的问题也很突出，满足人民美好生活需要的压力还很大。党和国家制定了产业转型升级的规划，提出了"创新、协调、绿色、开放、共享"的新发展理念，提出了"光盘行动"、垃圾分类等并逐渐推广。这就要求我们始终保持节俭的美德，节约每一分资源、珍惜每一颗劳动果实，把资源、劳动力用到最需要的地方去，以全面提升我国的经济发展水平。从这个意义上说，珍惜劳动果实不仅是个人的事情，且关系到整个国家的发展。

第二节　劳动精神

习近平总书记指出："在长期的实践中，我们培育形成了爱岗敬业、争创一流、艰苦奋斗、勇于创新、淡泊名利、甘于奉献的劳模精神，崇尚劳动、热爱劳动、辛勤劳动、诚实劳动的劳动精神，执着专注、精益求精、一丝不苟、追求卓越的工匠精神。"中国特色社会主义进入新时代，我们要继承和弘扬中华民族优良道德传统，大力弘扬劳模精神、劳动精神和工匠精神。

一、劳动精神的形成基础

深入把握新时代劳动精神，首先要考察其产生的逻辑。从理论渊源承继的角度，马克思主义劳动思想是新时代劳动精神生成的理论基础。从文化历史积淀的角度，中华优秀传统文化是新时代劳动精神生成的文化基因。从社会制度的角度，中国特色社会主义制度是新时代劳动精神生成的制度保障。从现实观照的角度，新时代的伟大实践是新时代劳动精神生成的现实土壤。①

（一）马克思主义劳动思想是新时代劳动精神的理论基础

马克思主义劳动思想即马克思主义劳动观，是建立在实践基础上的对劳动的正确的看法和根本观点，其主要内容包括：劳动创造了人本身，劳动是整个人类生活的第一个基本条件，劳动是推动人类社会发展的动力，劳动是商品价值的唯一来源。马克思主义劳动观为尊重劳动、热爱劳动、积极参与劳动提供了坚实的理论基础。深刻领会马克思主义劳动观，就要认识到只有通过辛勤的劳动，才能创造社会价值同时实现自身价值；只有尊重劳动、尊重劳动者、服务劳动人民，才能顺应历史发展规律，推动人类社会发展进步。习近平总书记指出："劳动最光荣、劳动最崇高、劳动最伟大、劳动最美丽"，是对劳动的赞美，也是对马克思主义劳动观的生动诠释。

（二）中华优秀传统文化是新时代劳动精神的文化基因

中华优秀传统文化是新时代劳动精神的文化基因和思想源泉。《周易》有云："天行健，君子以自强不息。"《墨子》有云："赖其力者生，不赖其力者不生。"面对恶劣的自然环境，我们的先民很早就认识到，只有依靠自身，奋发有为，才能自立于天地之间，生生不息，等天相助、等神恩赐，从来不是中华民族的性格。《左传》指出："民生在勤，勤则不匮"，《尚书》提出"天道酬勤"，意指人民的生计在于勤劳，勤劳则会物资充盈，只有勤劳才是创造美好生活的正道。不仅如此，勤劳还是一个人成长进步的阶梯。唐代韩愈说："业精于勤荒于嬉"，成语"勤能补拙"，都说明了通过刻苦学习不断求得进步的道理。在社会主义社会，我们倡导"以辛勤劳动为荣，以好逸恶劳为耻"，是对中华民族优秀传统文化的继承和发扬，是将几千年来的中国传统文化作为活的灵魂融入时代精神之中，体现了中华民族的文化自信和理论自觉。

（三）中国特色社会主义制度是新时代劳动精神生成的制度保障

我国自 1956 年确立社会主义制度以来，建立起了生产资料公有制的社会主义生产关系，劳动人民成为生产资料的主人，改变了过去遭受阶级剥削、压迫的历史。改革开放以来，我国逐渐确立了以公有制为主体、多种所有制经济共同发展的基本经济制度，以及以按劳分配为主体、多种分配方式并存的基本分配制度。劳动者真正成为自己劳动的主人，通过劳动，服务社会，实现自身价值，劳动不再成为异己的统治力量，而成为劳动者追求幸福生活、不断完善自身、实现自由而全面发展的途径。对于我国

---
① 上官苗苗：《新时代劳动精神探析》，《广西社会科学》，2020 年第 7 期。

的广大劳动者来说，他们不仅参与劳动过程，而且享受劳动果实，这与剥削阶级所宣扬的好逸恶劳的劳动观念有着本质上的不同。可以说，中国特色社会主义制度是新时代劳动精神生成的制度保障。

（四）新时代的伟大实践是新时代劳动精神生成的现实土壤

劳动精神作为一种社会意识形式，是由社会存在所决定的，是人们的劳动实践在人的头脑当中的反映。而新时代的伟大劳动实践，就是新时代劳动精神的现实基础。党的十八大以来，中国特色社会主义进入新时代，我国的发展阶段、发展环境、发展条件都发生了全面而深刻的变化，新产业、新业态、新商业模式不断涌现，新的劳动形式层出不穷，社会劳动分工前所未有，脑体劳动紧密结合、相互交融，创新劳动作用日益凸显，不断改变着人们的思想认识。新的实践形成新的认识，新的劳动精神也必将在这伟大的劳动实践中培育起来。

二、新时代劳动精神的内涵

劳动精神是劳动者在劳动中展现出的精神状态、精神面貌、精神品质，主要指人们对劳动的热爱态度以及劳动者在劳动过程中体现出来的积极的人格气质，是热爱劳动的态度在劳动主体身上的体现，包括劳动者身上所具有的对劳动的积极评价、敬业态度、积极性、创造性等。[1]

劳动精神有广义和狭义之分。狭义的劳动精神，涵盖对所有劳动和劳动者的要求，包括崇尚劳动、热爱劳动、辛勤劳动、诚实劳动。广义的劳动精神，还包括爱岗敬业、争创一流、艰苦奋斗、勇于创新、淡泊名利、甘于奉献的劳模精神，以及执着专注、精益求精、一丝不苟、追求卓越的工匠精神。其中劳模精神是先进典型人物在其劳动中所表现出来的精神风貌，是所有劳动者学习的榜样；工匠精神则是从对待工作的态度这一角度而言的，是立足本职岗位、干好本职工作的升华，是每一位劳动者都要努力追求的技术标准。在新时代，劳动精神是"对广大劳动者劳动实践的高度肯定与科学总结，劳动精神是对马克思主义劳动价值论、劳动观的丰富和发展，劳动精神是社会主义核心价值观的应有之义，与劳模精神、工匠精神相互包容。"[2]

（一）崇尚劳动是劳动精神的前提和基础

崇尚劳动是指劳动者充分认识到劳动的价值和意义，从而认清只有通过劳动才能实现自身价值和社会价值，才能实现个人发展，才能推动人类社会发展，从而树立劳动最光荣、劳动最崇高的理念。马克思主义劳动观认为，劳动创造了人和人类社会，是人类生活的第一个基本条件，劳动还是推动人类社会发展的动力来源。在现实经济生活中，劳动还是商品价值的来源，是实现自身价值和社会价值的途径。因此劳动是人类社会的第一需要，也只有劳动，才是最为伟大的事业，才是最崇高的、最光荣的、最值得敬仰的！

---

[1] 檀传宝：《劳动教育的概念理解——如何认识劳动教育概念的基本内涵与基本特征》，《中国教育学刊》，2019年第2期。
[2] 吕国泉、李丰：《弘扬和践行劳动精神》，《企业文明》，2018年第4期。

(二)热爱劳动是劳动精神的动力源泉

热爱劳动是指劳动者希望通过劳动创造价值,从而主动地、积极地参与劳动,以劳动为乐事,在劳动中感受幸福、获得满足。热爱劳动是以对劳动的正确认知为基础,形成对劳动的一种强烈的向往的感情,从而在行为中表现出来。"知之者不如好之者,好之者不如乐之者。"只有从劳动中体会到快乐,收获幸福,才能使劳动者对劳动充满感情,吸引劳动者更加投入地工作,从而也才能实现更大的价值,获得更大的发展。

(三)辛勤劳动是劳动精神的重要内容

辛勤劳动是指劳动者在劳动中吃苦耐劳、艰苦奋斗、顽强拼搏、自强不息,努力创造劳动成果,表达了劳动者在劳动关系中彰显出来的自主意识、效率意识、奉献意识、敬业意识等劳动态度内涵。这种劳动态度内涵具体体现为:劳动者要树立"人生在勤,勤则不匮""一勤天下无难事"的自觉意识,克服"等、靠、要"、贪图安逸、不劳而获等错误思想,从而立足自身,全身心投入劳动,并发挥自身主动性、调动自身积极性,坚持不懈、坚韧不拔,以"笨"劲,"拙"劲,用汗水换取劳动成果的务实态度和进取意识。辛勤劳动不仅要求劳动者在劳动中要有任劳任怨的职业精神、自力更生的自主精神、百折不挠的顽强意志,还要求劳动者要确立勤奋做事、勤勉为人、勤劳致富的劳动观念等。

(四)诚实劳动是劳动精神的道德保障

诚实劳动意指劳动者在劳动中恪守诺言、脚踏实地、兢兢业业、实事求是等精神品格,表达了劳动者在劳动关系中所彰显出来的诚信意识、实干意识、责任意识、合作意识等劳动态度内涵。这种劳动态度内涵具体体现为:劳动者要注重提升自身的道德修养,养成老老实实做人、脚踏实地做事的精神品格;劳动者要积极营造和谐、合作、互助等文化生态氛围;劳动者要把责任、权利、义务辩证统一起来,不能一味从社会索取,而不去履行作为公民的责任和义务;劳动者必须摒弃投机取巧、偷奸耍滑、坑蒙拐骗等不健康思想。习近平总书记指出:"人世间的美好梦想,只有通过诚实劳动才能实现;发展中的各种难题,只有通过诚实劳动才能破解;生命里的一切辉煌,只有通过诚实劳动才能铸就。"

此外,发扬劳动精神,还必须学会创造性劳动。创造性劳动意指劳动者在劳动中不甘平庸、追求卓越、钻研创新、超越常规、精益求精等精神品格,表达了劳动者在劳动关系中所彰显出来的竞争意识、进取意识、领先意识、精进意识等劳动态度内涵。这种劳动态度内涵具体体现为:劳动者要善于学习,善于实践,持之以恒,不断积累知识,为创造性劳动的生成奠定坚实基础;劳动者要充分发挥自身的聪明才智,探究更多未知,努力发现劳动对象和劳动手段的本质规律;劳动者要打破常规思维,既敢于"无中生有",追求原始创新,又善于博采众长,开展集成创新,等等。[①]

---

① 范宝舟、赵建芬:《论新时代劳动的内涵创新及价值意蕴——学习习近平总书记关于劳动的系列重要论述》,《思想理论教育》,2019年第6期。

三、新时代劳动精神的价值

2020年11月24日,习近平总书记在全国劳动模范和先进工作者表彰大会上的讲话中指出:"劳模精神、劳动精神、工匠精神是以爱国主义为核心的民族精神和以改革创新为核心的时代精神的生动体现,是鼓舞全党全国各族人民风雨无阻、勇敢前进的强大精神动力。"中国特色社会主义进入新时代,劳动精神对于培育和弘扬中国精神、培育社会主义建设者和接班人、推动中华民族伟大复兴中国梦的实现,具有重要价值。

(一)新时代劳动精神是培育和弘扬中国精神的现实来源

在几千年的历史进程中,中华民族用勤劳和智慧书写了辉煌的文明史,也培育铸就了独特的中国精神,这就是以爱国主义为核心的民族精神和以改革创新为核心的时代精神。民族精神是一个民族在长期共同生活和社会实践中形成的,为本民族大多数成员所认同的价值取向、思维方式、道德规范、精神气质的总和。它是在民族历史发展过程中不断积淀的结果,是历史上一切优秀品质传承和积淀的总和,它来自每一时代的时代精神,即一个国家和民族在新的历史条件下形成和发展的,体现民族特质并顺应时代潮流的思想观念、价值取向、精神风貌和社会风尚的总和。因而民族精神和时代精神本质上是统一的。中国特色社会主义进入新时代,我们高举马克思主义伟大旗帜,以为人民服务为最终价值目标,大力提倡和践行社会主义核心价值观,倡导和培育崇尚劳动、热爱劳动、辛勤劳动、诚实劳动的劳动精神,进一步丰富和发展了中国精神,成为培育和弘扬中国精神的现实来源。

(二)新时代劳动精神是培养社会主义建设者和接班人的重要内容

2021年7月1日,习近平总书记在庆祝中国共产党成立100周年大会上的讲话中指出,未来属于青年,希望寄予青年。新时代的中国青年要以实现中华民族伟大复兴为己任,增强做中国人的志气、骨气、底气,不负时代,不负韶华,不负党和人民的殷切期望!习近平同志还指出,学校要把立德树人作为教育的根本任务,要通过开展劳动教育,促进学生德智体美劳全面发展,努力培养社会主义建设者和接班人。

人才的素质首先是思想政治素质。在劳动方面,人才素质主要表现为理解和形成马克思主义劳动观,牢固树立劳动最光荣、劳动最崇高、劳动最伟大、劳动最美丽的观念;体会劳动创造美好生活,体认劳动不分贵贱,热爱劳动,尊重普通劳动者,培养勤俭、奋斗、创新、奉献的劳动精神。只有具备这样的精神,我们才会更加积极地投入劳动,创造更为辉煌的业绩,从而增强做人的志气、骨气和底气。因此,劳动精神就成为新时代培养社会主义建设者和接班人的重要内容,弘扬劳动精神就成为培育社会主义建设者和接班人的必备举措。

(三)新时代劳动精神是推进中华民族伟大复兴的动力源泉

习近平总书记指出,一百年来,中国共产党团结带领中国人民进行的一切奋斗、一切牺牲、一切创造,归结起来就是一个主题:实现中华民族伟大复兴。为了实现这一宏伟目标,中国共产党率领全国各族人民经历了新民主主义革命、社会主义革命和建设、改革开放和社会主义现代化建设等几个时期，成功将中国特色社会主义推进到新时代，实现了第一个百年奋斗目标，在中华大地上全面建成了小康社会，历史性地解决了绝对贫困问题，正在意气风发向着全面建成社会主义现代化强国的第二个百年奋斗目标迈进。

幸福不会从天降，好日子是干出来的。正是因为有了广大劳动人民的辛勤劳动，才一点点积累了社会主义中国的物质基础，才一步步地将中国推向前进。百年来，特别是新中国建立70多年、改革开放40多年以来，人民群众以极大的热情投身于社会主义建设与改革之中，以磅礴伟力，推动中华巨轮劈波斩浪、快速向前，显示了锐不可当之势。人民群众的这种热情，正是劳动精神动力的显现。几十年以来，广大劳动者中涌现出了三万余名全国劳动模范、数不尽的先进人物，他们是广大劳动者的代表，在他们身上集中地体现了"崇尚劳动、热爱劳动、辛勤劳动、诚实劳动"的劳动精神，"爱岗敬业、争创一流，艰苦奋斗、勇于创新，淡泊名利、甘于奉献"的劳模精神，"执着专注、精益求精、一丝不苟、追求卓越"的工匠精神，这些精神就是推进中华民族伟大复兴的动力源泉。

新时代的有志青年，要认真领会劳动精神的内容、深刻理解劳动精神的重要价值、自觉践行劳动精神，创造无悔人生！

📖 扩展阅读

弘扬劳动精神，做新时代的奋斗者

习近平总书记强调，"社会主义是干出来的，新时代也是干出来的"，"世界上没有坐享其成的好事，要幸福就要奋斗"。热爱劳动是中华民族的优良传统，也是践行社会主义核心价值观的集中体现。要把中国建设成为富强、民主、文明、和谐、美丽的社会主义现代化强国，实现中华民族的伟大复兴的中国梦，需要一代又一代的奋斗者为这条奋进之路注入源源不断的力量。

做新时代的奋斗者要认识劳动价值。劳动的意义与奋斗的价值同根同源，劳动者在推动时代发展的同时也在完善自己，在奉献社会的过程中实现自己的价值，是作为劳动者最高的价值追求。中国特色社会主义进入新时代，中国站在了新的历史方位，新时代劳动者要积极投身到社会发展的潮流中，积极创新，充分利用好新时代提供的新舞台，抓住机遇，实现梦想。

做新时代的奋斗者要尊重劳动价值。无论时代如何发展，对于劳动都要保持崇尚和尊重之心。同时，劳动者也要勤于学习，不断提升自我素质以应对社会的发展进步。每个人都应以尊重之心对待努力奋进的劳动者，彰显劳动者的社会价值。唯有全社会形成热爱劳动、尊重劳动的风潮，劳动的价值才能彰显，一代代劳动者才能更好地为更美好的明天添砖加瓦。

做新时代的奋斗者要弘扬劳动价值。新时代为每一个奋斗的劳动者提供了舞台和机会，激励着每一位奋进的人在这个舞台上展示自己最美的姿态。全社会要弘扬劳动价值，弘扬不懈奋斗、拼搏实干的劳动精神，营造"爱岗敬业、艰苦奋斗、勇于创新、甘于奉献"的氛围，更好地唤起每一位劳动者的奋斗激情，脚踏实地，逐

第二章 弘扬劳动精神

梦前行,把祖国建设得更加繁荣昌盛。

正是每一位劳动者辛勤的付出和坚持不懈的奋斗,奏响新时代的劳动者之歌。

(《中国青年报》,2021年5月11日)

第三节 劳模精神

长期以来,广大劳模以平凡的劳动创造了不平凡的业绩,铸就了"爱岗敬业、争创一流,艰苦奋斗、勇于创新,淡泊名利、甘于奉献"的劳模精神,丰富了民族精神和时代精神的内涵,是我们极为宝贵的精神财富。

劳动模范简称劳模,他们是劳动者中的先进代表,是民族的精英、时代的先锋和人民的楷模。劳动模范来自各行各业,有着不同的成长经历和背景,但他们有着共同的特点和品性,他们在平凡岗位上做出不平凡的业绩,在普通岗位上有着不平凡的作为,他们共同的特点和品性即为劳模精神。

在我国革命、建设、改革的各个历史时期,劳动模范始终是我国工人阶级中的光辉群体。新中国成立以来,我国对劳动者的表彰从未止步,1950年到2021年,我国先后召开16次劳模表彰大会,表彰全国劳动模范和先进工作者超过3万人次。正是这一批又一批以劳模为代表的广大劳动者的辛勤劳动与无私奉献汇聚成实现中华民族伟大复兴的磅礴力量,带来了我国经济社会全面发展进步。

习近平总书记在党的十九大报告中提出,"弘扬劳模精神和工匠精神,营造劳动光荣的社会风尚和精益求精的敬业风气",进一步强调了劳模精神与工匠精神在新时代中国特色社会主义建设的重要性。劳模身上承载和彰显的劳模精神一直发挥着引领作用,丰富和拓展了中国精神内涵,充分展现了我国新时代工人阶级和劳动群众的高度自信,已成为社会主义核心价值体系的重要组成部分。①

一、劳模精神的内涵及其特征

劳动模范是劳动群众的杰出代表,是最美的劳动者。劳模精神是劳模之所以成为劳模,而在平凡岗位上做出不平凡业绩所坚持坚守坚定的基本信念、价值追求、人生境界及其展现出的整体精神风貌。

习近平总书记指出:"长期以来,广大劳模以平凡的劳动创造了不平凡的业绩,铸就了'爱岗敬业、争创一流,艰苦奋斗、勇于创新,淡泊名利、甘于奉献'的劳模精神,丰富了民族精神和时代精神的内涵,是我们极为宝贵的精神财富。""爱岗敬业、争创一流,艰苦奋斗、勇于创新,淡泊名利、甘于奉献"24个字是对劳模精神的丰富

---

① 李珂:《新时代劳模精神的崭新意蕴与当代价值》,《红旗文稿》,2020年第8期。

内涵的高度精准概括，也道出了劳动模范之所以能在广大劳动者群体中脱颖而出的根本原因。其中爱岗敬业是本分，争创一流是追求，艰苦奋斗是作风，勇于创新是使命，淡泊名利是境界，甘于奉献是修为。① 劳模精神是伟大时代精神的生动体现。劳模精神是我国优秀传统劳动文化的时代结晶。习近平总书记关于劳模精神的表述，为我们科学理解和大力弘扬劳模精神提供了正确的方向和指导。

（一）爱岗敬业、争创一流

爱岗敬业是劳动态度。爱岗敬业是中华民族传统美德，也是社会主义职业道德的首要规范，是社会主义核心价值观的重要内容，是对劳动者提出的最基本的职业道德要求。对于个人来讲，爱岗敬业是劳动者个体职业成功的基本要素，是成就事业的内在动力、执着于事业追求的支撑力、克服困难的武器。"心心在一艺，其艺必工；心心在一职，其职必举"是劳动者应该始终秉持的初心。

爱岗敬业就是要干一行爱一行、爱一行钻一行，精益求精，尽职尽责，体现的是从业者热爱工作岗位、对工作极端负责、以恭敬严肃的态度对待自己工作的道德操守，是从业者对工作勤奋努力、恪尽职守的行为表现。岗位是劳动者工作的场所和施展才华的平台，是实现人生价值的舞台，爱岗首先源自主人翁的责任感，敬业是这种责任感融入劳动中的必然表现。爱岗是敬业的基础，敬业是爱岗的升华。正是因为爱岗敬业，大庆"铁人"王进喜立下"宁肯少活二十年，拼命也要拿下大油田"的铮铮誓言。

争创一流是劳动追求的目标。争创一流要求对标一流，在强中做强，在优中做优。党的十八大以来，习近平总书记高度重视国有企业改革发展，强调国有企业必须理直气壮做强做优做大。

"生于忧患，死于安乐"。争创一流是一种忧患意识。只有让自身"强"起来，才能增强抗风险、抗打击能力，才会行稳致远。对劳动者而言，争创一流是积极作为、奋发向上的精神面貌，劳动者要以更高的标准要求自己，以更高的目标挑战自己，在技术革新、生产提速、发明创造、科学管理、精心服务等方面下苦功夫，发挥创造潜能，努力打造劳动的一流品质、一流工艺、一流服务，实现我国社会劳动力水平整体提高。

争创一流是一种目标意识。古语有云："取乎其上，得乎其中；取乎其中，得乎其下；取乎其下，则无所得矣。"如果追求的目标不够高、不够远，在现实工作中就容易形成思想上的惰性，思想僵化，因循守旧，最终被时代抛弃。劳模精神的"争创一流"要求劳动者不断提升自己、充实自己，把握时代脉搏和行业前沿，避免舒适区，更不能选择"躺平"。

（二）艰苦奋斗、勇于创新

"艰苦奋斗、勤俭节约是中华民族的传统美德，是我们党的优良作风。能不能坚守艰苦奋斗精神，是关系党和人民事业兴衰成败的大事。"② 艰苦奋斗是中华民族优良传统和作风，是中国共产党在长期革命与建设中形成的精神法宝，也是劳动者在工作

---

① 乔东、萧新桥：《深刻理解劳模精神、劳动精神、工匠精神的丰富内涵》，人民网－理论频道，2019年4月30日。
②《习近平总书记系列重要讲话读本》，学习出版社、人民出版社，2014年，第166页。

与生活中攻坚克、难立于不败之地的保障。

"筚路蓝缕,以启山林"。中国共产党带领人民进行革命建设和改革的艰辛历程就是对艰苦奋斗精神的最好诠释。"奋斗是艰辛的,艰难困苦、玉汝于成,没有艰辛就不是真正的奋斗,我们要勇于在艰苦奋斗中净化灵魂、磨砺意志、坚定信念。"①艰苦奋斗是自强不息、奋勇前进,是薪火相传、久久为功,是自力更生、奋发图强,是吃苦耐劳、忠于职守。2019年中央宣传部向全社会发布甘肃省古浪县八步沙林场"六老汉"三代人治沙造林先进群体的感人事迹,授予他们"时代楷模"称号。他们以愚公移山的毅力创造了荒漠变绿洲的生命奇迹,而八步沙的精神也将染绿更多沙丘。

创新是一个国家兴旺发达的不竭动力。习近平总书记强调:"纵观人类发展历史,创新始终是推进一个国家、一个民族向前发展的重要力量,也是推动整个人类社会向前发展的重要力量。"②我国古代创造了以四大发明为主要代表的科技成果,造福了人民,也造福了世界。但近代中国落伍了,由于种种原因屡次与世界科技革命失之交臂。如今,我们迎来了世界新一轮科技革命和产业变革的新的历史时间,既面临着千载难逢的历史机遇,又面临着严峻挑战,中国要高质量发展,要实现第二个"百年目标"和中华民族伟大复兴,就一定要坚持创新,努力成为世界主要科学中心和创新高地。

(三)淡泊名利、甘于奉献

淡泊名利、甘于奉献是崇高精神境界。淡泊名利、甘于奉献是中华民族精神的重要组成部分,是共产党员和一切先进分子应有的精神追求。劳动者要正确看待得与失。"失之东隅,收之桑榆"。正确地看待得失问题,才能真正做到荣辱不惊。劳动者从事劳动,首先要放下名利,将名利、待遇享受、社会地位等看得淡一些,轻装上阵方能无顾虑,更加超然地全身心投入工作之中。除了名利外,这个世界上还有更高的境界和价值值得我们为之奋斗、奉献,甚至是牺牲。对待名利要泰然处之,同时我们要认识到人的欲望是客观存在的,合理的欲望是推动个人成长和社会进步的力量。

习近平总书记号召以黄大年同志为榜样,学习他淡泊名利、甘于奉献的高尚情操。黄大年身为中科院院士评审专家,但他自己并不是院士,别人劝他抓紧申报时,得到的回答却是:"时间有限,先把事情做好。"他掌握着数以亿计的项目经费,但从来都是公事公办,绝不搞"拉关系""请托说情"那一套;他平易近人,注重实干,不仅自己以身作则,还耐心教导学生要"耐得住寂寞、坐得住冷板凳"。没有名缰利锁的羁绊,黄大年自由驰骋在科技报国的广阔天地。

在黄大年身上,我们清晰地看到一名知识分子党员夙夜在公、甘于奉献的崇高精神。他是只争朝夕、鞠躬尽瘁的"拼命黄郎",为了赶超世界一流,他惜时如金、夜以继日,8年里带领团队在航空地球物理领域取得一系列成就;为了国家科技项目建设,他吃着救心丸走进评审验收现场……"国计已推肝胆许",黄大年怀着对祖国的满腔热血、

---

① 习近平:《在2018年春节团拜会上的讲话》,《人民日报》,2018年2月15日。
② 《习近平关于科技创新论述摘编》,中央文献出版社,2016年,第4页。

对理想信念的坚守、对事业的无限热爱，凭着一股子韧劲、闯劲、拼劲，践行了"竭尽全力、鞠躬尽瘁"的承诺。他的无私胸怀和奉献精神是对党性的诠释，是引领社会风尚不可或缺的正能量。①

二、劳模精神的价值

习近平总书记高度重视劳模精神的提倡和弘扬，他指出："榜样的力量是无穷的，劳动模范是民族的精英、人民的楷模，要大力弘扬劳模精神、发挥劳模作用。"劳模精神是凝聚建功新时代的磅礴伟力，为实现中华民族伟大复兴的中国梦提供不竭精神动力，弘扬劳模精神是培育新时代优秀劳动者的重要途径，为促进社会道德进步提供有效途径。

（一）劳模精神是凝聚建功新时代的磅礴伟力，为实现中华民族伟大复兴中国梦提供不竭的精神动力

劳模精神是国家文化软实力的重要内容。弘扬劳模精神有助于增强民族自尊心、自信心和自豪感。2018年"五一"国际劳动节之际，习近平总书记在给中国劳动关系学院劳模本科班学员回信中提出，希望"用你们的干劲、闯劲、钻劲鼓舞更多的人，激励广大劳动群众争做新时代的奋斗者"。

站在实现"两个一百年"奋斗目标的历史交汇点上，我们弘扬劳模精神，学习劳模们的先进事迹，让实干担当蔚然成风，以他们的感人事迹激励广大党员干部群众为建功新时代、实现中华民族伟大复兴凝聚中国力量；用劳模精神来引领新时代产业工人队伍建设，推动中国产业不断向前发展。

（二）劳模精神昭示新时代大学生劳动教育的价值取向

发挥劳动模范的引领作用，锤炼新时代青年的劳动意志并培养劳动能力。应发挥模范的激励、自律、矫正等功能，引导模仿者确立目标、修正言行、锤炼品质。培育青年劳动精神与劳动能力，同样需要模范引领。②劳模精神有助于培养青年大学生热爱劳动的深厚情怀，有助于培养青年大学生劳动光荣的坚定信念，有助于培养青年大学生实干担当的精神。青年学生是国家和民族发展的希望，青年的劳动情怀、劳动光荣的信念和实干担当的精神不仅决定着自身发展的前途，还直接关系到我国第二个"百年奋斗目标"和社会主义现代化的进程。

（三）劳模精神为促进社会道德进步的提供有效途径

劳模精神有助于促进中华民族传统美德的传承，有助于促进社会主义核心价值观的培育和践行，有助于促进崇尚劳动的良好道德风尚的形成。劳动模范不仅是劳动人民的优秀代表，也是道德的楷模，他们爱岗敬业的职业道德，艰苦奋斗的作风，淡泊名利、甘于奉献的精神境界都是社会主义道德所倡导的高尚道德。劳模精神不仅在劳

---

① 天津日报评论员：《淡泊名利　甘于奉献——三论黄大年精神》，人民网，2017年6月18日。
② 李洁：《用劳动精神培育新时代青年》，《人民论坛》，2019年第9期。

动领域而且在道德领域均发挥着重要的精神引领作用,一个个生活在我们身边的劳动模范为世人提供了学习的典范。

三、践行劳模精神

劳模精神是工人阶级和广大劳动群众创造的宝贵精神财富。"爱岗敬业、争创一流,艰苦奋斗、勇于创新,淡泊名利、甘于奉献"的劳模精神是激励全国各族人民团结奋斗,实现中华民族伟大复兴中国梦的强大精神力量。践行劳模精神就是要以劳动模范为榜样,学习他们的伟大精神品格。

大学生首先要崇尚劳动,见贤思齐,树立辛勤劳动、诚实劳动、创造性劳动的理念。大学生要有做一个优秀劳动者的内生动力,在大学期间努力学好科学文化知识,为成为优秀劳动者做好充分准备。面对当今科学技术飞速发展和竞争日趋激烈的世界环境,要密切关注行业、产业前沿知识和技术进展,勤学苦练、深入钻研,不断提高技术技能水平。

大学生要学习劳模精神,汲取榜样力量。学习和弘扬劳模精神,关键要学习劳动模范的工作态度、工作作风、工作方式、精神境界和以民族振兴为己任的主人翁精神,从榜样身上吸取精神力量。在学习和工作中从细微处着手,在平凡岗位上践行劳动理念,在本职工作中培育劳动情怀。

大学生要践行劳模精神,做新时代的劳动者与奋斗者。美好未来需要辛勤的双手去创造,伟大梦想需要勤劳的汗水浇筑。大学生要做新时代的奋斗者,用不懈奋斗来践行劳模精神,在奋斗中实现人生价值,谱写最美的人生华章。

第四节 工匠精神

2016年政府工作报告中提道:"鼓励企业开展个性化定制、柔性化生产,培育精益求精的工匠精神,增品种、提品质、创品牌。"这是工匠精神首次出现于政府工作报告之中。2019年,习近平总书记出席北京大兴国际机场投运仪式并致辞。他说,大兴国际机场体现了中国人民的雄心壮志和世界眼光、战略眼光,体现了民族精神和现代水平的大国工匠风范。

2019年,杭州市人大常委会将每年9月26日设为"工匠日",这是我国第一个为工匠设立的专属节日。工匠精神再次成为全社会关注的焦点。在杭州这个有着千年记忆的城市,9月26日有着特殊的意义。9月26日有何特殊之处? 1937年9月26日,中国人自主设计、建造的第一座跨江大桥如虹般飞架钱塘江两岸,天堑变通途。当年当地,"钱塘江上造桥"不过是一句谚语,用来形容说大话、吹牛皮。钱塘江涌潮凶猛,江底石层流沙淤泥覆盖,世人叹曰"钱塘江无底",造桥更无从谈起。然而,就是在当时简陋的技术条件下,桥梁专家茅以升硬是带领团队,克服80多个重大难题,架起了这座长1453米、高71米的铁路公路两用双层大桥,书写了工匠精神的名篇。①

一、工匠精神的内涵

(一)何谓工匠

工匠即"手艺工人",是指有工艺专长的匠人。从"工匠"的发展历程来看,"工匠"一词最早出现在春秋战国时期。随着社会分工的发展,专门从事手工业的群体开始独立存在,此时工匠主要代指从事木匠的群体。东汉时期,工匠一词的含义逐步覆盖全体手工业者。自古以来,各行各业从业者都崇拜着他们的祖师,如建筑业拜鲁班为祖师,造纸业拜蔡伦为祖师,丝绸业拜嫘祖为祖师,织布业拜黄道婆为祖师,厨师拜伊尹、彭祖、易牙等为祖师,工匠是一代一代的传承与超越。简言之,工匠是指专注于某一特定领域,在这一领域的产品设计、研发、生产、销售、服务等过程中全身心投入、精益求精、一丝不苟、追求完美的匠人。随着工业文明的到来和科技革命的迅猛发展,传统手工业受到冲击。现代化进程中,工匠面临着新的使命,工匠及工匠精神随着时代的发展而发展。

(二)工匠精神的内涵及特征

工匠精神是中国人自古及今孜孜以求的。它根植于中华民族优秀传统的丰厚土壤之中,具有鲜明的民族性,中国传统工匠精神中那种德艺兼修、物我合一的境界,始终为新时代中国工匠精神提供着源源不竭的动力。②工匠精神是一种职业精神,一般包括高超的技艺和精湛的技能,严谨细致、专注负责的工作态度,精雕细琢、精益求精的工作理念,以及对职业的高度认同感和责任感,是职业道德、职业能力和职业品质的综合体现。相较于"劳模精神"而言,"工匠精神"所植根的人类历史更长。

工匠精神适用于社会各行各业,"工匠精神"不仅仅指向技术工人,而应指向每一个劳动者乃至企业、产业和整个社会。对于个人,工匠精神就是干一行、爱一行、专一行、精一行,务实肯干、坚持不懈、精雕细琢的敬业精神;对于企业,工匠精神就是守专长、制精品、创技术、建标准、持之以恒、精益求精、开拓创新的企业文化;对于社会,工匠精神就是讲合作、守契约、重诚信、促和谐、分工合作、协作共赢、完美向上的社会风气。③工匠精神是时代精神的生动体现,折射着当代劳动者的精神风貌,为各个专业领域高质量发展不断注入精神动力。在新时代背景下,工匠精神被赋予了新的使命,包括精益求精、勇于创新的匠术追求,专注坚守、协同合作的匠心追求,敬业乐业、厚德载物的匠德追求。④

---

① 《工匠精神:谱写敬业报国的时代乐章》,《光明日报》,2021年2月10日07版。
② 杨冬梅:《新时代工匠精神的内涵及特征》,《工人日报》,2019年11月5日07版。
③ 李海舰、徐韧、李然:《工匠精神与工业文明》,China Economist,2016年第11期。
④ 刘霞、邓宏宝:《工匠精神的时代内涵、形成机理及培育方略》,《南通大学学报·社会科学版》,2021年第4期。

习近平总书记在2020年全国劳动模范和先进工作者表彰大会上对劳模精神、劳动精神和工匠精神进行了系统阐释，他将工匠精神概括为爱岗敬业、精益求精、执着专注和改革创新等主要特点。

1. 爱岗敬业

敬业是中华民族的传统美德。孔子主张"执事敬""事思敬""修己以敬"等。敬业是基于对职业的热爱而产生的一种全身心投入的精神状态。敬业是社会主义核心价值观的重要内容，是职业道德要求，也是基本劳动态度。

爱岗敬业要求劳动者树立职业理想，热爱本职、忠于职守、勤勉工作、忘我工作，在劳动过程中不断提升职业技能。在社会主义初级阶段，劳动还是生存的必要手段，但劳动者只有把职业作为自己毕生的事业去认真经营，方能成就一番事业。

2. 精益求精

精益求精是一种工作理念，是从业者对每件产品、作品，对每道工序都凝神聚力，"把简单的事情重复做，把重复的事情精致做"的追求极致的职业品质。一毫一厘，追求极致，这就是一种工匠精神。它要求我们不满足更不停留于现有水平，注重每个细节，不苟且、不马虎，做到一丝不苟。老子说："天下难事，必作于易；天下大事，必作于细。"好工人的标准就是精益求精，追求尽善尽美。不满足于已有的产品质量，不相信有100%的完美，为打造极致的产品和体验不断寻求技艺突破和品质提高。正因为精益求精，才能不断实现自我超越。

一丝不苟是一种严谨的态度。认真、细致方能出精品。工匠须具有严谨的态度，每一项具体技术的研究开发与应用，往往都具有严格的规程和标准，来不得半点马虎将就，走捷径搞变通是行不通的。不放过任何一个细节，不忽视任何一个细微之处，一丝不苟、倾注匠心，才能创造出巧夺天工的精品。① 精益包含着求美。在工作中要爱岗敬业、苦心钻研、精益求精，不管干什么工作，都要执着坚韧、追求完美。对企业而言，长青企业，无不是精益求精才获成功。瑞士手表得以誉满天下，畅销世界，成为经典，靠的就是制表匠们对每一个零件、每一道工序、每一块手表都精心打磨、专心雕琢的精益精神。②

📖 扩展阅读

99分都是不及格

陆元九是我国第一批航空系大学生，是世界上第一个惯性导航仪器学博士，是我国航天事业开拓者之一，2021年他101岁。他曾说："上天的东西，99分都是不及格！"这句话让网友纷纷动容："一丝不苟，精益求精，致敬中国航天人！"

1996年，长征三号乙发射失败。刚刚起飞就倾斜失控，22秒之后撞山爆炸。火箭所用的惯性器件出自陆元九时任所长的航天十三所。当时，已经76岁的陆元九第一时间赶到西昌调查事故原因。三个多月里，他经常睡不着觉，每天吃的安眠药剂

---

① 胡立君、吴俊熠：《大力弘扬工匠精神（新论）》，《人民日报》，2020年12月30日第5版。
② 徐耀强：《论"工匠精神"》，《红旗文稿》，2017年第10期。

量是平时的四倍。他和科研人员夜以继日地工作,最终找到了发射失败的关键原因。面对血的教训,陆元九提出要求:"99分都是不及格!"

"老老实实干活,老老实实做人,不能说任何假话,懂就懂,不懂不能装懂。"这是陆元九心中的科学精神。

(央视新闻微信公众号)

3. 执着专注

执着专注是一种负责的态度,是一种强烈的职业情感和职业意志的体现,也是匠心成就未来的密钥。常言道,"择一事,终一生"。执着专注就是一个人选择了某个行当,就当长久甚至毕生都专注于自己所认定的事业,不忘初心,坚守理想,坐得了冷板凳,耐得住寂寞,无怨无悔,永不言弃。

执着专注的前提是热爱职业。"干一行,爱一行",只要恒久追求,平凡的岗位同样会有出彩人生。兴趣是最好的老师,做有兴趣的事情不仅能够让我们感到幸福,也能因此让我们执着专注。执着专注强调的是认准目标、锲而不舍和全身心投入;执着专注要求脚踏实地,一步一个脚印;执着专注还意味着要有恒心、毅力和战胜困难的勇气,要敢于奋勇搏击、迎难而上。空有智慧而缺乏毅力,即便侥幸获得成功也不会持久。

4. 勇于创新

改革创新是时代精神的核心。创新是民族进步的灵魂。习近平总书记指出,把创新作为引领发展的第一动力,把人才作为支撑发展的第一资源,把创新摆在国家发展全局的核心位置,不断推进理论创新、制度创新、科技创新、文化创新等各方面创新。创新驱动发展是国家重大战略。

创新是企业立于不败之地的法宝。华为总裁任正非提出,不创新才是最大的风险。现代工匠精神,不是简单的重复与坚守,而是需要不断的改进与创新。2019年,诺基亚已是位154岁的"老人"了。在漫长的企业发展历程中,诺基亚的产业涉及造纸、化工、橡胶、制药、天然气、石油、手机等众多行业,并在多个领域均取得了不俗的业绩。尤其在手机业务方面,诺基亚从1996年开始,连续15年占据全球手机市场份额第一的位置,鼎盛时期,全球每10个手机用户中就有4个在使用诺基亚手机。然而,保守和封闭的思想让诺基亚多次在绝境边缘徘徊。具体到手机业务,由于长期坚守封闭的塞班操作系统,忽视了智能手机崛起的商机,诺基亚的好时光终结于2012年。这一年,诺基亚在全球手机市场上的份额被三星反超。随后,诺基亚手机业务便一蹶不振,以至于到2013年被微软收购。[①]

二、工匠精神的时代价值

我们正处在"两个百年"奋斗目标的历史交汇期,处在从工业大国向工业强国迈进的关键时期,新时代培育和弘扬工匠精神,不仅具有巨大的时代价值,而且对于国家、企业和个人发展来讲都具有重要现实意义。

第一,弘扬工匠精神,是造就一支宏大的产业工人队伍,以满足我国建设现代化

---

① 左鹏飞:《百年老店诺基亚迎来第二春》,《科技日报》,2019年5月8日。

强国目标的需要。技术工人队伍是支撑中国制造、中国创造的重要力量。工匠精神是我国制造业转型升级的迫切需要。在中国制造转型升级、大力建设创新型社会的背景之下，国家和社会对"工匠精神"的渴求更为迫切。中国要实现从"制造大国"向"制造强国"、从"中国制造"向"中国创造"的转变，离不开一丝不苟、严谨务实、精益求精的工匠精神的支撑。习近平总书记强调，要激励更多劳动者特别是青年一代走技能成才、技能报国之路，培养更多高技能人才和大国工匠，为全面建设社会主义现代化国家提供有力人才保障。[①]

第二，弘扬工匠精神，是适应国际竞争，满足市场个性化、定制化生产的需要。企业要在激烈的国际竞争中站稳脚跟，推动中国制造走出去，实现由中国制造走向中国创造的转变，必须大力弘扬工匠精神，全面提升劳动者的职业素质，培育出大批大国工匠。当前，我国正经历着从工业化向信息化时代的转变，供给端更多地考虑多元化的客户需求，大规模定制化生产、小规模个性化定制等都是这一阶段的代表性生产方式。

第三，弘扬工匠精神是满足人民日益增长的美好生活的需要。党的十九大报告提出，中国特色社会主义进入新时代，我国社会主要矛盾已经转化为人民日益增长的美好生活需要和不平衡不充分的发展之间的矛盾。社会主要矛盾决定党和国家根本任务。新时代人民生活水平显著提高，对美好生活的向往更加强烈。人们不再满足于简单的有饭吃有衣穿，有房住有学上，物质上普遍追求吃得更好、穿得更美、住得更舒适、行得更安全便捷等，同时人们在教育、就业、收入、医疗等各方面都有着更高的期盼，这就需要各领域各行业弘扬工匠精神，不断创造更好的产品和服务满足人民日益增长的美好生活的需要。

第四，工匠精神是劳动者成长成才的精神动力。习近平总书记提出，"建设知识型、技能型、创新型劳动者大军，弘扬劳模精神和工匠精神，营造劳动光荣的社会风尚和精益求精的敬业风气。"我们要善于从中华优秀传统文化中吸取工匠精神营养，同时要认识到塑造新时代劳动者，需要劳动者自身努力，还需要社会各界相互协同，多措并举，深植厚培，久久为功。

三、践行工匠精神

习总书记指出："一切劳动者只要肯学肯干肯钻研，练就一身真本领，掌握一手好技术，就能立足岗位成长成才，就能在劳动中发现广阔天地，在劳动中体现价值、展现风采、感受快乐。"[②] 大学生要努力践行工匠精神，成就出彩人生。践行工匠精神关键要做到怀匠心、铸匠魂、守匠情、践匠行。

怀匠心。匠心即匠人之心，是要用自己一生的力量，去坚持做一件自己想做的事情。匠心是工匠精神的第一要素，是工匠精神的核心和灵魂。大学生只有心怀匠心才能生

---

① 《习近平致信祝贺首届全国职业技能大赛举办强调　大力弘扬劳模精神劳动精神工匠精神　培养更多高技能人才和大国工匠》，《人民日报》，2020年12月11日。
② 《习近平在庆祝"五一"国际劳动节暨表彰全国劳动模范和先进工作者大会上的讲话》，新华网北京，2015年4月28日电。

成匠意、匠思、匠智，培养自己的创新精神和创新品格。培育匠心是工匠精神培养的首要任务。

铸匠魂。匠魂即匠德。工匠之才是由工匠之德统领的。立匠德要求与劳模精神和工匠精神相结合，培养学生的职业道德、职业精神和职业素养。社会主义职业道德是社会主义社会各行各业的劳动者在职业活动中必须共同遵守的基本行为准则。爱岗敬业、诚实守信、办事公道、服务群众、奉献社会是社会主义职业道德规范的基本内容。大学生要树立正确的世界观、人生观和价值观，深刻理解和践行社会主义职业道德规范，将社会主义职业道德规范内化于心，外化于行。

守匠情。匠情即工匠情怀，它内在地包含着人的价值取向和职业态度。大学生要怀持并坚守工匠情怀。工匠情怀包括热爱情怀、敬畏情怀、家国情怀、担当情怀、卓越情怀等。当代大学生要自觉学习大国工匠的优秀品质，在学习和实践中树立起崇高的家国情怀、职业的敬畏情怀、负责的担当情怀、精益的卓越情怀。

践匠行。匠行是工匠们做事的行为和行动。践匠行要理解匠行背后的行为特征，即执着、精益、崇德、求新等。青年大学生应以大国工匠为榜样，做好工匠传承，努力将工匠精神付诸行动，在工作中全身心投入，把细小的工作努力做到极致，摒弃"差不多"的心态，养成严谨细致的工作习惯，力争精益求精。①

拓展训练

1. 观看全国道德模范颁奖典礼视频，并查阅敬业奉献模范的先进事迹，分析在这些先进人物身上所体现出来的劳动精神。

2. 采访身边的劳动模范、先进工作者等典型人物，深刻体会他们身上所体现出来的劳动情感、劳动精神，并把你的采访心得与同学们分享。

3. 参加一次劳动，发挥自己最大能力，做出自己最好的成绩，在此过程中体会工匠精神。

思考讨论

1. 马克思主义劳动观包含哪些主要内容？
2. 什么是劳动态度？请分析劳动态度的发展变化及未来发展趋势。
3. 什么是劳动精神？新时代的大学生应该培养哪些劳动精神？
4. 劳动模范有哪些典型的精神品质？请结合自身谈一谈如何向劳动模范学习。
5. 你知道哪些"大国工匠"的典型事迹？如何才能够成为一名像他们那样的"大国工匠"？

测试检验

测一测你的劳动精神处于哪个层次。

培养劳动精神、自觉践行劳动精神，首先要做到了解自身。请同学们通过以下问卷，进行自我检测，并对自己作出评价。

---

① 张健：《践行工匠精神的四个维度》，《中国教育报》，2018年11月13日09版。

（一）自测问卷

1. 马克思主义认为，劳动是推动人类社会发展的动力。你认为劳动对社会发展的重要性如何？（　　）

A. 非常重要

B. 比较重要

C. 一般

D. 不太重要

E. 不重要

2. 现实生活中，有的人热爱劳动，有的人厌恶劳动。你对劳动的态度是怎样的呢？（　　）

A. 认为劳动是实现自身价值的途径，因此积极投身于劳动之中

B. 认为劳动是个人谋生的手段，因此比较积极地参与劳动

C. 认为劳动是人类的天职，无所谓热不热爱、积不积极

D. 认为劳动很辛苦，不喜欢劳动

E. 认为劳动给人带来痛苦，厌恶劳动

3. 在你自己的工作（或学习）中，你能做到哪个层次？（　　）

A. 专注工作，宠辱皆忘

B. 认真工作，积极进取

C. 态度端正，中规中矩

D. 马马虎虎，应付差事

E. 漫不经心，得过且过

4. 以下这些劳动模范，你了解几个人？（　　）

袁隆平　时传祥　王进喜　邓稼先　郭明义　焦裕禄

A. 全部了解

B. 5～6个

C. 3～4个

D. 1～2个

E. 都不了解

5. 电视片《大国工匠》《我在故宫修文物》等，展示了"大国工匠"们精湛的技艺，这些"大国工匠"们的精神也令人震撼。你对手头的工作（或学习）任务是怎样的呢？（　　）

A. 追求卓越、务求最好

B. 精益求精、不断提升

C. 一丝不苟、认真完成

D. 不太用心、完成即好

E. 粗制滥造、消极应付

（二）评分标准

1. 以上五个问题，每题20分，满分100分。

2. 每道题五个选项，从上至下，得分依次为20分、15分、10分、5分、0分。

3. 将每道题得分相加，即得到自测分。

（三）评价标准

1. 85分及以上：优秀。对劳动有正确的认识，能够理解劳动精神的内涵，劳动态度端正，具有很强的进取意识，能够在工作中不断取得新的成就。

2. 70～85分：良好。能够正确对待劳动，工作扎实，对自己有较高的要求，且具有一定的进取意识。

3. 50～70分：及格。对劳动认识不够深刻，但能接受劳动，劳动意愿不够强烈。建议加强自主意识，确立更高的目标，激励自己积极进取。

4. 50分以下：不及格。对劳动缺乏正确认识，对劳动基本上处于消极应付甚至排斥状态。建议认真学习关于劳动的理论知识，在劳动实践中接受锻炼提高。

第三章
日常生活劳动

学习目标

通过本章的学习,使大学生了解日常生活劳动的内涵和特征,认识到日常生活劳动的意义,了解日常生活劳动能力培养的途径,掌握日常生活中基本的劳动技能,包括收纳整理、洗衣烹饪、清洁卫生、勤工助学等。在参与日常生活劳动的过程中,提升自己的基本生活能力,增强个人的独立性和责任感,提高彼此分工、共同努力、共创幸福的归属感,树立正确的人生观、价值观和世界观。

导引案例

大四男生寒假里每天给父母做早餐,30天不重样

"吃了爸妈22年的饭,大学毕业才圆了给父母做顿饭的梦。"黄奇鑫是武昌工学院食品科学与工程专业学生,2017年暑假,黄奇鑫决定暂停校外的实习,返回学校考研。备考的半年中,他的餐饮全由自己掌厨,偶尔有新鲜的菜色还会喊上租房内同居的室友一起分享。

"起初学烹饪只是觉得自己做的饭更营养美味。"黄奇鑫称,做饭是自己的兴趣,大多依靠自学。刚开始会在网上查询烹饪攻略,按照菜谱做,后来还会观看一些美食节目,借鉴灵感,以增加食物的颜值。

"有啤酒鸭、红烧鱼、可乐鸡翅、萝卜排骨汤……"黄奇鑫回忆称,自己第一次能独立烹制出整桌菜肴是在2011年。会做饭后,春节就从给父母"打下手"渐渐变成了"主力军"。"亲友们赞自己做的饭好吃时,心里有说不出的满足感。正好自己的专业是食品科学与工程,有点'对路'。"寒假里,他给父母制订了一份"30天不重样早餐"的计划单,不仅每天将美食晒在朋友圈里和大家分享,还邀亲朋们为自己的饮食计划提供思路。他会在每天晚上提前考虑好第二天的菜色。早上六点,就去菜场购买新鲜的食材,洗菜、择菜、腌肉等工序都不马虎。

据了解,黄奇鑫会根据自己的专业相关知识,替父母搭配一些对中年人健康有益的食材,有时也会上网搜索一些不一样的营养搭配。"做食物要讲究心意,更要懂得搭配。"黄奇鑫说,鸡蛋中的大量维生素和微量元素很容易被人体吸收,所以黄奇鑫在每碗乌冬面中加入一个白煮蛋。而紫菜虾皮汤能补钙又清淡,最适合钙质流失较快的父母。"以前都是我赖床老妈做饭,现在该让她享享福了。"

黄奇鑫做的花样早餐十分用心。自制锅巴饭、玉米排骨汤+蛋炒饭、鸡蛋肉丝乌冬面、南瓜饼……不仅食材丰富、色泽诱人且品种繁多。看到孩子每天早起,只为给自己准备一顿丰富的早餐,黄奇鑫的母亲卢白云感到由衷的高兴,"无论他做什么,父母永远都是孩子最忠实的粉丝。"黄奇鑫说:"对父母最好的孝顺,就是让他们看到自己的成长。饭做得好,以后在外就业,父母也能少操心。"

一屋不扫,何以扫天下

陈蕃,字仲举,汝南平舆人,其祖上是河东太守。陈蕃十五岁的时候,曾经独自住在一处,庭院和屋舍十分杂乱。他父亲同城的朋友薛勤来拜访他,对他说:"小伙子你为什么不打扫下房间来迎接客人呢?"陈蕃说:"大丈夫处理事情,应当以扫除天下的坏事为己任。怎么能在意一间房子呢?"薛勤当即反问道:"一屋不扫,何

以扫天下？"陈蕃无言以对。

著名教育学家苏霍姆林斯基曾说过，孩子只有亲身参加劳动，才能养成高尚的情操，才会变得敏感、温柔，才会热忱地对待周围事物。"一屋不扫，何以扫天下"，这句话恰如其分地诠释了劳动与事业的内在联系。对于当下社会而言，全面发展的未来人才不仅需要"上知天文下知地理"的知识储备，同样也得具备"上得厅堂下得厨房"的生活技能。

"幸福存在于生活之中，而生活存在于劳动之中。"托尔斯泰的这句脍炙人口的名言，置于当下依旧鲜活。很显然，我们的生活不只是诗和远方的田野，还有那日常的烧菜洗碟；学习也不只是高端的芯片，同样也少不了平凡的柴米油盐。开展日常生活劳动教育，不只是教会学生烹饪和收纳，更重要的是通过劳动让学生能学会技能、得到快乐，懂得感恩和回馈，从而创造更多的价值。

第一节　日常生活劳动概述

孟子说："天将降大任于斯人也，必先苦其心志，劳其筋骨，饿其体肤，空乏其身，行拂乱其所为，所以动心忍性，曾益其所不能。"所谓"苦其心志，劳其筋骨"，就是通过艰苦的精神劳动、体力劳动培育人的心智，坚强人的定力。

中国古代格言家训中，也包含着劳动教育的丰富内涵，如"一勤天下无难事""业精于勤荒于嬉"。《朱子家训》开篇就是"黎明即起，洒扫庭除"。我国著名教育家陶行知强调"生活就是教育"，而劳动是生活的重要内容。毛泽东同志在教导儿子毛岸英时说："你在苏联大学毕业了，但学到的只是书本上的知识，只是知识的一半，这是不完全的，你还需要上另一个大学，去学另一半知识。这个大学中国过去没有，外国也没有，它就叫劳动大学。"可见，重视劳动教育在人才教育中的地位，是古今中外劳动人民智慧的结晶。

劳动教育是中国特色社会主义教育制度的重要组成部分，教育引导青年大学生把劳动作为立身之基，靠劳动筑梦，靠劳动圆梦十分必要。劳动还是知识世界、生活世界、工作世界之间建立关联的重要桥梁，是建立生活认知和生命认知的重要渠道。大学生的成长离不开劳动锻炼，劳动教育就是在学习中劳动，在劳动中学习，通过劳动成就梦想。

2020年3月20日，中共中央、国务院印发了《关于全面加强新时代大中小学劳动教育的意见》（以下简称《意见》），就全面贯彻党的教育方针，加强大中小学劳动教育进行了系统设计和全面部署。《意见》明确提出，实施劳动教育的重点是在系统的文化知识学习之外，有目的、有计划地组织学生参加日常生活劳动、生产劳动和服务性劳动，让学生切实经历动手实践、出力流汗、接受锻炼、磨炼意志。《意见》指出,日常生活劳动教育注重在学生个人生活自理中强化劳动自立意识,体验持家之道,这也是学生健康发展、适应社会生活的重要基础。《意见》从四个方面强调发挥家庭在劳动教育中的基础作用:一是鼓励孩子自觉参与、自己动手、随时随地、坚持不懈地进行劳动,每年掌握1~2项生活技能;二是鼓励孩子利用节假日参加社会劳动;三是树立崇尚劳动的家风,让孩子养成从小爱劳动的习惯;四是学校和社区、妇联等开展学生生活技能展示活动,加强对家庭劳动教育的指导。

一、日常生活劳动的内涵与特征

依据马克思主义劳动思想,人类社会基本劳动类型可分为生产劳动和非生产劳动两部分,根据不同的内容重点,又将非生产劳动分为日常生活劳动和服务性劳动。其中日常生活劳动作为人类社会劳动中最具普遍意义的劳动类型,相比于生产劳动特有的社会导向性和强制性,日常生活劳动更偏向于一定的自我回归性和自发性,其中的所有劳动都是在满足个体自我生存与发展的基础上,继而呈现一定的社会属性。人们在日常生活劳动中透露出的劳动思想观念和价值倾向很大程度上代表了个体本质的劳动价值观念。①

日常生活劳动是指个体在个人生活自理以及家庭生活组织过程中涉及的一切有关衣食住行和日常交往过程中的劳动,重在强化劳动自立意识,体验持家之道,养成终身习惯。大学生日常生活劳动是指大学生围绕家庭生活、学校生活等方面所进行的日常劳动,包括个人日常生活事务处理和集体生活劳动,如收纳整理、洗衣、烹饪、清洁卫生等方面。

日常生活劳动是未来从事其他劳动的基础,大学生先学会了料理自己的生活,才能从事生产、服务等劳动。日常生活劳动是培养大学生基本劳动能力的必要手段,应将日常的生活技能作为实践教学的主要部分,将培养爱好劳动、提升大学生生活品质作为劳动实践教学的重要部分,最终逐步提升大学生劳动素质,为将来的工作奠定基础。

日常生活劳动可以直接满足日常生活需求。日常生活劳动是在具备生活条件的基础上对生活条件再做改造,并直接服务于人的劳动。根据日常生活劳动的特征,可以将日常生活劳动分为技能性生活劳动和审美性生活劳动。

1. 技能性生活劳动

技能性生活劳动就是通过操作性技术、技能改造生活资料(或者生活条件)以满足生活需要的劳动形式,例如收纳整理、洗衣烹饪、清洁卫生等等。现代科技的发展大部分都是建立在技能性生活劳动之上,例如洗衣机、扫地机器人、洗碗机等等,智慧家庭、智慧生活的条件改善逐步改变了人们的生活劳动方式,各种劳动中对于体力的需求将会弱化。但是智能、技术的领域会增加,比如了解生活用具的基本原理,并对其进行简单维修,这些技能对生活中的人来说跟过去装水龙头、安电灯泡一样,是必备的技能。因此现代生活劳动,尤其是技能性生活劳动也要求人们具备一些现代化

---

① 彭舸珺、张雪颖:《恩格斯劳动思想视域下的新时代劳动教育内容探析》,《社科纵横》,2020年第10期。

的技术能力。

2. 审美性生活劳动

审美性生活劳动与技能性生活劳动并不是在领域上进行区分的，它们之间的区分主要在层次上。比如缝补衣服，给一件破了洞的衣服结结实实地补一个补丁，这就是技能性生活劳动。但是补丁不好看，对这个补丁进行改造，比如设计出一种图案，这就不仅仅是技术性劳动，更是创造美、创造幸福的劳动过程，它就是审美性生活劳动。再比如，关于家务中的重头戏——打扫卫生。我们把家里打扫一遍，属于技能性生活劳动；我们觉得家里太单调、太冷清、太没有艺术感、太乏味，因此想对家里做出各种布置，这种布置到底美不美，见仁见智，但是对于劳动者自己来说，它是按照劳动者自己的审美方式布置的；劳动者在处理家务中按照自己觉得美的标准创造了自己的空间，就为自己的生活创造了美和幸福。审美性生活劳动不是现代人才有的，比如过去人们自己做家具，但是不忘在桌椅板凳上雕花。这个层次的劳动，不仅对人的技术能力提出了要求，还要求人们具有感知、想象等方面的能力，这些统一起来，就是审美养成和创造美的能力。①

二、日常生活劳动的意义

当下存在的个体劳动意识淡薄、劳动态度消极以及劳动价值功利化倾向在日常生活劳动领域依旧较为突出。一方面，人们对家庭成员和机器过分依赖，导致部分个体对日常生活劳动的主体参与意识不强、自理能力有待提高，以及对他人劳动成果不重视、不珍惜等；另一方面，对待劳动的功利化价值观，使得部分个体将完成家务等日常生活劳动当作获得报酬或表扬的筹码，无法真正意识到自我劳动的本质意义和价值所在，继而导致劳动的积极性不高，劳动责任感较低等问题。

基于上述问题，对新时代大学生开展日常生活劳动教育应立足于劳动自立意识、劳动自省意识的培养，让大学生体验独处、集体生活、家庭生活等不同生活模式下的劳动状态，最终培养终身劳动的观念和习惯。通过日常生活劳动教育，使大学生在日常生活中能做到"眼里有活"、自觉劳动、珍惜劳动成果，做到时刻注意提升自我生活能力、养成良好卫生习惯，并持之以恒运用于生活实践中，这是对自我的关爱和对促进个体全面发展的保障，也是对同伴的尊重和对构建和谐社会生活的贡献。

（一）通过日常生活劳动可以使大学生树立正确的劳动观念

生活劳动能力即自我服务能力，即使是将来并不从事制造工作的现代人也应具备基本的生活劳动能力。现代社会需要的公民是善于动手，善于将动脑与动手结合起来的人。因此，可以说在信息化时代，对人们生活劳动能力的要求不仅没有削弱，反而在加强。劳动创造了人，不仅是历史事实，更会在人类个体的成长过程和变迁过程中得到不同程度的再现。日常生活劳动是培养学生爱劳动的习惯和勤劳品质的重要方式，是培养学生认真负责的态度的载体，有助于培养学生的劳动意识，锻炼学生的毅力，

---

① 杨婧娴：《基于生活劳动的大学生劳动教育实践》，《长江丛刊》，2020年第12期。

提升学生的实践能力。

（二）通过日常生活劳动可以提高大学生的基本生活技能

飞速发展的时代，虽然劳动的方式、工具、空间、环境在发生非同寻常的变化，内涵被前所未有地拓展，但劳动之美不会变，劳动的幸福不会变，日常生活劳动是获得人生圆满不可或缺的基本能力。

中华民族从古至今都弘扬劳动精神，古诗中"十亩之间兮，桑者闲闲兮"，"童孙未解供耕织，也傍桑阴学种瓜"，"乡村四月闲人少，才了蚕桑又插田"，"谁知盘中餐，粒粒皆辛苦"，"稻花香里说丰年，听取蛙声一片"，都是描写中华民族对劳动之情、劳动之爱、劳动之景、劳动成果、劳动之美的的珍视和礼赞。俗话说，一勤天下无难事。劳动，是文明的源头，也是进步的因子。劳动，缔造了社会也书写了历史，并可以改变世界。对个体来讲，勤劳，是一种积极向上的良好品质，是获得健康、实现梦想的必备条件。对于家庭来说，勤劳是一种良好的家风，可以使家庭的氛围融洽，可以获取幸福。对于社会和国家来说，勤劳，是一种文化软实力，可以激发创造力。

良好的劳动习惯和劳动品质，往往是从日常生活劳动开始的。中国是一个文明古国，几千年来，劳动人民用自己的双手创造物质财富，振兴民族精神，让中华民族以更加昂扬的姿态屹立于世界民族之林，越来越走向世界舞台的中央。我们只有坚持和发扬这一光荣传统，切实加强日常生活劳动素质的提升，才能成为有较高文化素养和劳动技能的劳动者。

第二节　日常生活劳动技能训练

一、收纳整理

家里一般都有很多的东西，比如家电、家具、各种生活用品等等，这些东西如果没有进行合适的收纳和整理，会将家里的各个空间都堆得满满当当，影响我们的正常生活。因此，我们要学会对家庭的各类物品进行收纳和整理，让生活变得更加便利。

（一）客厅的收纳整理

客厅是每一个家中活动最为频繁的一个区域，它是一个家庭进行娱乐、进餐、游戏等一系列活动的区域。客厅可以说是整个居室的心脏，值得我们花费时间去装饰。

每个人都希望一进门看到干净明亮的客厅，但有时家里空间小、东西多，让客厅收纳规划变得困难，可以采用以下几个客厅收纳的方法，让自己的家有更大的空间可运用。

1. 使用墙面作为收纳空间

客厅通常都会有两大储存东西的柜子——书柜和电视柜。电视柜可以设计成和墙壁连在一起，不但可以省下柜子摆放在外的空间，还可以增加收纳的空间，让东西看起来不杂乱而井然有序。此外，将一格一格的收纳柜摆放在靠墙的地方，也能带来视觉上的美感，再利用整体墙面打造出整齐又干净的设计感，让客厅在视觉上瞬间变得宽敞又明亮。

2. 用其他家具增加储存空间

现在市场上有很多沙发床、沙发椅、咖啡桌都具备隐藏式储柜的设计，不但有原本的用途，还能意外创造出不少收纳空间，我们可以把杂物全部放进去，也不用担心看起来太过杂乱，只要把椅垫搬回去或铺上桌巾，就可以让客厅看起来简洁又干净。

3. 利用篮子、收纳架

日常用到的一些小配件、小发夹、文具等物品很难收纳，而将其放进抽屉里，通常会被遗忘。这时候，使用收纳架再搭配篮子就是非常好的收纳方法，把杂物放进一格一格规划好的箱子，再贴上小纸条方便记忆，这样就不怕杂乱的东西堆满客厅了。

4. 摆设简单的大层架

客厅一般需要一个简单的大层架，大层架可以用来摆放相框、书籍、遥控器，甚至还可以放上鲜花、干花等来使客厅显得美观，把一座造型简约的层架摆放在客厅角落，不仅可以达到收纳效果，让东西不会乱糟糟地散落一地，其展示的功能，还能让空间变得干净又整洁。

5. 整理好杂乱的电线

杂乱的电线散落在地上，不但不安全，还会让整体空间看起来又丑又乱，我们可以用安全的尼龙扣带，或是绝缘电缆罩把这些电线收纳起来，增加地面的空间，使得整个空间宽敞又安全。

（二）衣柜的收纳整理

众所周知，衣柜是每个家庭都需要使用的必需品，合理地设计衣柜内部的收纳及功能分区，可让每件衣物和物品都待在它合适的位置，对于现代生活忙碌的人们则显得十分有必要了。衣柜收纳分区如何设计才合理呢？衣柜里的衣物如何正确收纳才能腾出大空间呢？

1. 衣柜收纳分区

衣柜存储区域一般可分为悬挂区、叠放区、杂物区、大件区四部分。

悬挂区：以挂放衣物为主，分别挂短衣、中长衣、长衣及裤子，吊挂的物品都要保持适当的距离，以保持整齐和美观。

叠放区：是衣柜里最常用到的地方，为了能让它更好更多地存放衣物，可用隔板巧妙地隔出功能分明的层次。

杂物区：为多功能区，可根据个人要求放置各式物品，一些小件的零星物品放在外面会显凌乱，放在柜子中又不好找，这时候可用收纳盒或者收纳袋来解决收纳问题。

大件区：主要是用来存放被子和换季的衣物，一般设置于顶层，被褥可以选择用真空保存袋来收纳，以缩小被褥体积。

2. 衣柜收纳技巧

（1）袋式处理法。

收纳袋多半有带子或挂钩，是可以挂起来利用立体空间的收纳工具。不管柜子内或柜子外，立体空间的利用不可少，收纳袋可以大大增加衣物的收纳量。

（2）层层叠叠的收纳法。

折叠是最常用的衣服整理法，把衣服按相同的尺寸或宽度折叠好，层层排放堆叠，看起来整齐又清爽，比较适合 T 恤或线衫等不怕皱或不会皱的衣服。

（3）服饰店开放收纳法。

像服饰店一样，把衣服挂在开放式的衣架上，以方便选用搭配。这种收纳方法通风效果良好，但须做一些防尘处理，也适合一些穿过但尚未要洗的衣服的过渡性处理。

（4）横杆吊挂收纳法。

横杆吊挂是衣柜的基本收纳法，也是衬衫、大衣、长裤等易皱的衣物最好的处理方式。采用吊挂方式时需注意衣架的宽度要适中，免得太窄挤到衣服，或是间距太大浪费了空间。

（5）抽屉分类收纳法。

抽屉是防尘效果相当好的储物空间，但是一定得打开来才知道里面装有什么，所以在使用抽屉作收纳时，最好能先做好分类，第一格收什么，第二格收什么，最好都事先作计划，可以用标签做记号，方便以后取用。

（6）容器收纳法。

方形的容器看起来很整齐，举凡鞋盒、收纳盒、行李箱、各式纸盒，形状都差不多，即使放在一起用，感觉也不会太乱。而且如果能选择相同色系或一样大小的方形容器来收纳，整体看上去会更加整齐。

（7）网篮收纳法。

网篮的好处在于有网目空隙，可以一眼看得清楚，即使是抽屉形式的篮架，在最里面的衣服都能看得明白，取用上也不会困难。但是防尘效果差一些，如果不是设置在柜子里，最好能用套子或布覆盖，以防止尘埃。

（三）厨房的收纳整理

1. 小厨具的收纳

所有进入家庭厨房的物品都会有自己的具体用途，用上一段时间后我们就会知道，如果没有提前分好类、做好收纳，把每天都要用到的东西随意摆放在台面上，将会成为厨房混乱的根源，或多或少都会影响我们做饭的效率。

我们可以把炒菜的厨具挂到一块,筷子餐具放在随手方便取用的地方,低频率使用的小厨具放在隐蔽处。因为小的厨具一般都比较轻,如果怕台面摆放太乱,还可以在墙面安装置物架进行摆放,这样既省空间,又显得整齐。

2. 调味品的收纳整理

调味品可谓是厨房做饭的神器,柴米油盐酱醋,缺一不可。大家经常会把调料装进瓶瓶罐罐里,但是如果放的位置比较分散,就会显得很凌乱,所以最好还是堆放在一起,放到各自固定的位置,这样在做菜的时候可以随手取用,毕竟这些东西的使用频率很高。

3. 大件厨具的整理

家中常见的炖锅、炒菜锅,体积不小且比较重,因此最好摆放在橱柜里面,由于上下垂直的距离最短,操作顺手,还可节省工作时间。要是橱柜不够用的话,可以用置物架放在旁边。使用率比较低的锅具,可以放在隐蔽处或者视线之外,比如可以放在顶上的橱柜里,或者放在拐角处。

(四)卫生间的收纳整理

卫生间通常是家中空间最小,却要收纳许多零零碎碎日用品的地方,于是卫生间的收纳就成了家庭收纳中最为棘手的难题。

1. 洗手盆上方的镜子,安装可收纳的镜柜

洗手盆上方一般都会放置镜子,方便洗刷、化妆时使用。如果想要收纳一些洗漱用品或者化妆品,那么可以选择有收纳功能的镜柜,而不是没有收纳功能的挂镜。

洗漱用品或者化妆品等瓶瓶罐罐的东西直接堆放在洗手台上,看起来非常凌乱,既不好搞卫生,也影响美观。放在洗手盆下方的柜子也不好拿取,放在镜柜上拿取更方便,而且又整齐美观。

2. 搁板置物架

如果洗手池上方挂的是没有收纳功能的镜子,可以在旁边装几块搁板置物架,摆放洗漱用品和化妆品、护肤品等琐碎的东西,既整齐又方便取用。

3. 合理利用马桶上方的位置

可以在马桶上方装一个隔板架或者吊柜等,这样就可以增加不少储物空间。家里的浴巾、备用的纸巾、沐浴露等物品,都可以摆放在这个位置。

如果觉得装柜子麻烦,现在有很多新型的收纳架,可以直接摆放在马桶处,物品放在上方的收纳架就可以了,如果不用了也可以随时挪开,非常方便实用。

4. 卫生间多装几个挂件

卫生间里可以多装一些挂钩或者挂篮,用来挂毛巾、衣服等物品,非常实用。

此外,还有很多物品都是可以挂起来的,如拖把、扫把、马桶刷等,如果用完直接放在地上,不容易沥水,很容易烂掉,不仅影响物品的使用寿命,而且很容易滋生细菌,影响居住环境的卫生。使用挂钩好处多多,既不占空间,又整洁卫生。

二、洗衣烹饪

（一）衣物的洗涤

1. 洗衣必备常识

（1）洗涤剂的选择。

洗涤剂的种类很多，我们要根据需要进行合理选择，最好选用无磷、无苯、无荧光增白剂的肥皂粉，或者是低磷、低苯的洗衣粉，而且在洗涤后一定要漂洗干净。

（2）不同的洗涤剂适用于不同的衣物。

肥皂：碱性较大，去污力强，适合棉、麻及棉麻混纺制品，对污渍严重的衣物也很有效。

通用洗衣粉：含碱量小，比较适合纯丝、纯毛、合成纤维及各种混纺织品。

一般洗衣粉：碱性适中，适合棉、麻及人造纤维制品。

皂片等高级洗涤剂：含碱量较小或中性，适合高档、精细的丝、毛制品。

增白洗衣皂或增白洗衣粉：适宜夏日浅色衬衫、汗衫的洗涤。

（3）液体洗涤剂的使用。

弱碱性液体洗涤剂与弱碱性洗衣粉一样，可以洗涤棉、麻、合成纤维等织物。

中性液体洗涤剂适合洗涤毛、丝等织物。

（4）机洗衣物洗涤剂的选择原则。

含活性物较低的低泡沫或无泡沫的合成洗衣粉比较适合用来机洗。

油污较重的棉麻织品，适宜使用碱性大的洗涤剂。

丝绸、毛织品适宜选择中性或弱碱性洗涤剂进行洗涤。

有奶渍、血渍、酱油渍、肉汁渍的衣物，适宜选用加酶洗衣粉。

（5）洗衣粉的使用禁忌。

洗衣粉不宜用沸水冲调，合成洗衣粉如用沸水冲调会减少泡沫，降低去污能力。特别是在洗衣服的水温低时，如果冲洗衣粉的水温度太高，会降低其去污能力。在使用合成洗衣粉时，冲调洗衣粉的水的温度应以50℃为宜。

使用加酶洗衣粉的水温有限制，不得超过40℃，以免破坏洗衣粉中酶的活性。

衣服要漂洗干净，贴身的衣服若漂洗不净，残留在衣服上的洗衣粉会损害皮肤。有过敏体质的人如果使用加酶洗衣粉或穿用加酶洗衣粉洗过的衣服，可能造成过敏反应。

洗衣粉不宜存放过久，加酶洗衣粉的存放期以半年为限，过期后酶的活性降低，会影响去污效果。

（6）使用肥皂两不宜。

肥皂不宜久放：肥皂在潮湿的环境中会发生肥皂水解，如果气候过于干燥会使肥皂干裂，形成"泛碱"，即在肥皂表面上生成"白霜"，这样会降低肥皂的去污力和耐用程度。

肥皂液不宜过浓：肥皂可降低水的表面张力，使泡在水里的衣服很快浸透并使衣服上的污垢变成小颗粒脱落,分解于水中并浮在水面上,从而让衣服变干净。肥皂在水中的最佳浓度是0.4%,去污力最强。高于或低于此浓度,表面活力会下降,去污力也会减弱。

(7)洗涤前衣物要分类。

按颜色分类:先将深色和鲜艳的衣服挑出来,因为深色的衣服有可能掉色,如果将浅色的衣服与它们放在一起清洗,会出现染色现象,影响浅色衣服的美观。

按厚度分类:网状织物、丝织物、内衣、袜子等质地较薄的衣物容易变形,为避免损伤,最好手洗。

2. 衣物的洗涤方法

(1)纯棉衣物的洗涤。

纯棉衣物的耐碱性强,不耐酸,抗高温性好,可用各种肥皂或洗涤剂洗涤。洗涤前,可放在水中浸泡几分钟,但不宜过久,以免掉色。贴身内衣不可用热水浸泡,否则汗渍中的蛋白质凝固而黏附在服装上;用热水浸泡衣物还会在衣物上留下黄色汗斑。

洗涤时,水温应控制在40℃以下。漂洗时,可掌握"少量多次"的办法,即每次清水冲洗不一定用许多水,但要多冲洗几次。每次冲洗完后应拧干,再进行第二次冲洗,以提高洗涤效率。纯棉衣物在晾晒时,最好晾在阴凉处或翻面晾晒,以免褪色。

(2)真丝衣物的洗涤。

真丝绸品种繁多,有些品种不宜洗涤,如花软缎、织锦缎、古香缎、天香绢、金香绉、金丝绒等;有些品种适合干洗,如立绒、漳绒、乔其纱等;有些可以水洗,洗前可先在水中浸泡10分钟左右,浸泡时间不宜过长,洗涤时忌用碱水洗,应用中性皂或高级皂片、高级合成洗涤剂。可先用热水溶化皂液,待冷却后将衣服全部放入浸透,再轻轻地搓洗,洗后用清水漂净,双手合压织物,不要用力拧绞。清洗时,如能在水中加少许食醋,洗净的衣物颜色会更加艳丽。

因桑蚕丝耐日光差,所以不能暴晒,晾晒时应将衣服反面向外,置于阴凉处,晾至八成干时取下用熨斗中温熨烫,这样可保持衣物光泽不变、耐穿。熨烫时忌喷水,忌正面熨,以免造成水渍痕。

(3)蕾丝纱质衣物的洗涤。

可以先将衣物拿到室外拍打一下,去除灰尘后放入大一点的网罩,放到洗衣机中进行洗涤,然后漂洗干净,甩干15~16秒,取出挂在室内自然晾干。如果想让蕾丝纱质衣物的领口和袖口更挺括,可在漂洗后放一些浆洗液。

(4)羊毛织物的洗涤。

羊毛不耐碱,故要用中性洗涤剂或皂片进行洗涤。羊毛织物在30℃以上的水溶液中容易收缩变形,故洗涤温度不宜超过40℃。通常用室温(25℃左右)水配制洗涤剂水溶液。洗涤时切忌用搓板搓洗,忌使用洗衣机洗涤,洗涤时间也不宜过长,以防止缩绒。洗涤后不要拧绞,可用手挤压除去水分,然后沥干。用洗衣机脱水时以半分钟为宜。应在阴凉通风处晾晒,不要在强日光下暴晒,以防止织物失去光泽和弹性。

(5)粘胶纤维织物的洗涤。

粘胶纤维缩水率大，湿强度低，水洗时要随洗随浸，不可长时间浸泡。粘胶纤维织物遇水会发硬，洗涤时要轻揉，以免起毛或裂口。可用中性洗涤剂或低碱洗涤剂，洗涤温度不能超过45℃。洗后，最好把衣服叠起来，挤掉水分，切忌拧绞。

（6）涤纶织物的洗涤。

先用冷水浸泡15分钟，然后用一般合成洗涤剂洗涤，洗涤温度不宜超过45℃。领口、袖口较脏处可用毛刷刷洗。洗后漂洗净，可轻拧绞，置阴凉通风处晾干。

（7）皮革服装的洗涤。

皮革过分干燥，容易折裂，受潮则易出现霉点，因此皮革服装既要防止过分干燥，又要防湿，不能把皮革服装当雨衣穿着。如果皮衣面上发生了干裂现象，可用石蜡填在缝内，用熨斗烫平。如果衣面发霉，可先刷去霉菌，再涂上皮革光亮剂。

皮革服装不能直接浸入水中洗涤，只能用软布或软刷蘸水后，将皮革表面的污垢擦去。阴干后，最好涂上一层石蜡，再用软布擦匀。

（8）羽绒服装的洗涤。

先将衣物浸湿，除去浮尘，然后投入皂液或洗衣粉溶液中浸泡，再用软刷轻轻洗刷，待污渍洗去后，就用清水过净，即可晾干。

在洗涤羽绒服装时，水温不宜过高，一般以20～30℃为宜。可先用清水浸泡，但浸泡时间不宜过长，一般以5～10分钟为宜。洗涤羽绒服装时不要用力揉搓，以防羽绒堆拢。

羽绒服装在晾晒前，要用干毛巾压挤掉水分，晾晒时，要将衣物抖散、摊开、拉平，再用衣架挂在阴凉处晾干，尽量不让阳光直接暴晒。

（9）内衣的洗涤。

内衣在开始清洗以前，如有比较脏的地方，先用内衣专用去渍剂进行重点除污，浅色与深色的尽量分开清洗，如有脱线处须先缝合。

洗涤时，先把洗衣液倒入常温水中，浸泡10分钟左右，也可擦上温和的透明皂，洗时用手轻拍并揉搓，之后轻轻压出污水，不要用力刷洗。洗好后用干净的大毛巾吸收水分，或包好放到洗衣机中脱水，不要用力拧干。吸干后（或脱水后）稍微调整内衣的形状，然后晾在阴凉通风处，如放到太阳底下晒的话不要晒太久，以免褪色，也不要放在浴室中晾干，否则内衣会容易发霉。

3. 污渍去除小技巧

（1）圆珠笔油渍。

对棉和棉涤织品：在污渍处下面放一块干毛巾，用小鬃刷沾酒精顺丝纹轻轻揉洗。这样反复两三次，就能基本除去污渍。如果洗后还留有少量残迹，可用热皂水泡。另外，也可用次氯酸钠、高锰酸钾来去除圆珠笔油渍。

对毛料服装：先把污渍处放入三氯乙烯和酒精（比例4∶6）的混合溶液中浸泡10分钟，同时不时用毛刷轻轻地刷一刷，待大部分污渍溶解后，再用低温肥皂水或中性洗衣粉洗净。

（2）墨水污渍。

衣物上的墨水污渍可用甘油除去。将污渍部位在甘油中浸泡（不应少于1小时），然后用阳光照晒过的温水漂洗。如果污渍仍未彻底清除，可用温肥皂水清洗两次。

（3）巧克力糖渍。

将衣服泡在经强烈阳光照射的水中或氨水溶液中加以清洗，污渍便可去掉。

（4）冰激凌渍。

用一茶匙硼酸钠和一茶匙水配成溶液，将污渍部位浸在该溶液中，然后用水清洗，仔细刷净。

（5）鸡蛋渍。

蛋汁造成的污渍用含酶的合成洗涤剂可快速去掉。也可将污渍部位浸泡在加热的甘油中，15分钟后，再用甘油泡过的布块擦拭，最后用水洗净。

（6）白色棉织品的霉点。

该污渍可用牛奶浸泡，然后用温水漂洗干净后在阳光下晾晒。

（7）衣物上的锈污。

先用鲜柠檬汁将锈污处浸湿，然后垫块湿布用熨斗熨烫。也可用热茶水将锈污处浸泡几分钟，再用柠檬汁浸湿，然后立即用温水清洗。

（8）血、奶渍。

衣物如果沾染上血渍，切记不能用热水洗。新迹可立即用冷水洗，陈迹应先用洗涤剂洗后再用淡氨水洗；也可用胡萝卜研碎拌上盐，涂在沾有血、奶渍的衣服上揉搓，再用清水漂净；或者先用生姜擦洗，然后蘸冷水搓洗，可不留痕迹。

（9）油漆渍。

衣物上沾染油漆时，最好趁油漆未干时先用煤油反复擦拭，再涂上一些稀醋酸，最后经水洗，即可除去。干了的油漆渍较难除去，可将污渍浸在10%～20%氨水或硼砂溶液中，使油漆溶解并刷擦污渍。另有一种简单的方法：锅内加2.5公斤水、100克碱面和少许石灰，把衣服放到里面煮20分钟，取出后用肥皂洗净，油漆便会脱落。要注意的是，有色的衣服最好不用此法，以免褪色。

（10）烟油渍。

衣服上沾上了烟油，要赶快泡在水中，避免其与空气接触而氧化；然后将草酸撒在污迹处反复搓洗；在除去大量烟油后，再用肥皂或洗衣粉搓洗，然后漂洗干净。

衣服上刚滴上了烟筒油，应立即用汽油搓洗，如搓洗后仍留有色斑，可用2%的草酸溶液擦拭，再用清水洗净。

一旦衣物滴上烟油，要速取炉灰一小撮，均匀撒在上面，待炉灰干后，清去炉灰，烟油自掉。如果衣物上的烟油已干，而且时间较久，可用清水浸湿烟油渍处，然后再取炉灰适量撒在上面，干后油渍即可除去。

（11）沥青渍。

先用小刀将衣服上沾有的沥青轻轻刮去，然后用四氯化碳水略浸一会儿，再放入热水中揉搓。还可用松节油反复涂擦多次，再浸入热的肥皂水中洗涤。

（12）胶类。

灯芯绒衣物上沾有胶类等物时，可用清水浸泡后轻轻擦拭，切忌干搓，以防绒毛掉落。

（13）口香糖渍。

将粘有口香糖而难以清除的衣物放入冰箱的冷藏格中冷冻一段时间，糖质变脆，用小刀轻轻一刮，就能将口香糖与衣物分离。

（14）酱油渍、食醋渍。

如果衣服上不小心溅上酱油、食醋，可马上取软纸稍蘸清水擦吸，待干后即可使衣服恢复原状。关键是动作要迅速，不让酱油或食醋有足够的时间浸入纤维组织中，动作越快效果越好。也可将萝卜切成碎片后熬成萝卜汁，离火前将适量砂糖放入汁液，制成甜萝卜汁，取该汁滴在衣服上的污渍处，2～10分钟后搓揉，再用肥皂搓洗、漂洗。这个方法可除陈旧酱油渍和食醋渍。

（15）动植物油渍。

衣服上被动植物油污染后，挤点牙膏于污渍处，轻轻搓几下，再用清水搓洗，油污便可清除。也可用四氯乙烯、松香油、香蕉水、汽油擦拭。

（16）咖啡、茶渍。

衣服上洒上咖啡或茶水，如果立即脱下用热水搓洗，便可洗干净。如果污渍已干，可用甘油和蛋黄的混合溶液涂拭污渍处，待稍干后，再用清水洗涤即可。也可先用甘油涂抹污渍处，再撒上些硼酸粉，然后浸入开水中洗涤。

（17）果汁渍。

新染上的果汁渍可先撒些食盐，用水润湿，然后浸入肥皂水中洗涤。对于轻微的果汁渍可用冷水洗除，一次洗不干净，再洗一次，洗净为止。污染较重的，可用稀氨水（1份氨水冲20份水）来中和果汁中的有机酸，再用肥皂洗净。呢绒衣服上的果汁渍可用酒石酸溶液洗。丝绸上的果汁渍可用柠檬酸或用肥皂、酒精溶液来搓洗。

（二）食物的烹饪

1. 中国饮食文化

中国人重视饮食，饮食文化是中国传统文化的重要组成部分。在阴阳五行哲学思想、儒家伦理道德观念、中医营养摄生学说，还有文化艺术成就、饮食审美风尚、民族性格特征诸多因素的影响下，智慧的劳动人民创造出彪炳史册的中国烹饪技艺，形成博大精深的中国饮食文化。

（1）历史悠久。

从历史沿革来看，中国饮食文化绵延170多万年，分为生食、熟食、自然烹饪、科学烹饪4个发展阶段，推出6万多种传统菜点、2万多种工业食品、五光十色的筵宴和流光溢彩的风味流派，使我国获得了"烹饪王国"的美誉。

（2）营养科学。

中国饮食文化突出养助益充的营养论（素食为主，重视药膳和进补），并且讲究色、香、味俱全，形成了"五谷为养、五果为助、五畜为益、五菜为充"的食物结构。

（3）技艺精湛。

中国人在烹饪制作上十分注重精益求精，追求完美。孔子在《论语·乡党》中就曾提出："食不厌精，脍不厌细。"

（4）食医结合。

我国的烹饪技术，与医疗保健有密切的联系，在几千年前就有"医食同源"和"药膳同功"的说法，利用食物原料的药用价值，做成各种美味佳肴，达到防治某些疾病的目的。

（5）风味多样。

由于我国幅员辽阔、地大物博，各地气候、物产、风俗习惯都存在着不少差异，长期以来，在饮食上也就形成了许多风味，历来就有"南米北面"的说法，口味上有"南甜、北咸、东酸、西辣"之分，主要有巴蜀、齐鲁、淮扬、粤闽四大风味。

（6）影响巨大。

中国饮食文化直接影响了日本、蒙古、朝鲜、韩国、泰国、新加坡等国家，是东方饮食文化圈的轴心；与此同时，它还间接影响了欧洲、美洲、非洲和大洋洲，如中国的素食文化、茶文化、酱醋、面食、药膳、陶瓷餐具和大豆等，惠及全世界数十亿人。

2. 营养与膳食科学

合理营养与平衡膳食既可以保证摄食者能量和各种营养素满足营养生理需要，又在各种营养素之间建立起一种生理上的平衡。

膳食结构影响我们的健康。长期营养不足，可引起营养不良，导致儿童智力生长发育迟缓，人体抗病能力及劳动、工作、学习能力下降；营养过剩会导致肥胖症、糖尿病、高血压等多种疾病，甚至诱发肿瘤等，不仅严重影响健康，而且会缩短寿命。

那么，该如何吃出健康？答案就在《中国居民膳食指南》推荐的"平衡膳食餐盘"里。学会餐盘搭配"六步曲"，就可以让自己吃出美味与健康。

第一步，食物要多样，比例要恰当。食物要平衡地分配到一日三餐中，早餐有四到五种，比如鸡蛋、牛奶、面包和蔬菜。午餐和晚餐，一般情况下除了主食之外，可以有主荤菜、半荤菜、素食，这样就有三到四个品种了。

第二步，谷薯不可少，全谷占三分。谷薯类作为碳水化合物的来源，可以提供神经细胞必要的能量和营养素，一定要均衡地食用它。无论是一碗米饭，还是一个馒头，甚至是一块红薯，每餐都要放到餐盘的一格中。

第三步，餐餐有蔬菜，天天有水果。蔬菜里面富含多种维生素、膳食纤维，而且能量较低，应餐餐食用。水果种类多，有的含糖量很高，果糖在体内代谢容易引起尿酸升高，所以水果要限量。只需天天保证有水果，而不是餐餐或者更多摄入水果。另外，建议食用新鲜的食材。

第四步，鱼肉蛋奶豆，要吃莫要贪。每餐保证有分量一手掌大小的肉类就可以，素食主义者补充蛋白可以用豆腐来代替。早餐可以选择一个白煮蛋和一杯牛奶，吃蛋不要丢掉蛋黄；畜禽肉和水产品安排到午晚餐食用。要多吃瘦肉，少吃肥肉，每周至少吃两次鱼，可用豆制品代替几餐肉类。不要吃油炸豆制品，否则可能造成油脂摄入过多。

第五步，减少油盐糖，健康加几分。每人每天食用烹调油不超过25～30克，食盐不超过5克，尽量保持口味清淡。世界卫生组织要求每天食用糖不要超过50克，但是要保证健康生活，食用糖最好不要超过25克，尤其是有防治慢性病需求的，不超过25克才是最佳的理想状态。另外，烹调时可用控盐和控油勺，这是在家庭中保证调料量的好习惯。也可以学会用一些醋或者是其他调味汁来调菜的口感，以减少盐、油、糖的摄入量。

第六步，每天喝奶300毫升，饮水要足量。奶可以分到三餐中，比如早餐喝一杯牛奶，午餐或晚餐加一杯酸奶。一些乳糖不耐受的人群可以喝一些舒化奶或者不含乳糖的酸奶。或者可以喝豆浆，它除了可补充饮水量外，还可以增加钙的摄入。少喝含糖饮料，多喝白开水，也可以喝少量的咖啡、淡茶，尽量不加或少加糖。①

3. 烹饪基础

（1）烹饪原料的分类。

按原料的性质分类：可分为植物性原料、动物性原料、矿物性原料和人工合成原料。

按加工与否分类：可分为鲜活原料、干货原料和复制品原料。

按烹饪中的作用分类：可分为主料、辅料和作料。

按原料的商品种类分类：可分为谷物、蔬菜、果品、肉类及肉制品、蛋、奶、水产品、干货制品和调味品等。

（2）常用的调味料。

葱：常用于爆香、去腥。

姜：可去腥、除臭，并提高菜肴风味。

花椒：亦称川椒，常用来红烧及卤制。花椒粒炒香后磨成的粉末即为花椒粉，若加入炒黄的盐则成为花椒盐，常用于油炸食物沾食之用。

胡椒：辛辣中带有芳香，可去腥及增添香味。白胡椒较温和，黑胡椒味较重。

八角：又称大茴香，常用于红烧及卤制。香气极浓，宜酌量使用。

酱油：可使菜肴入味，更能改变食物的色泽。适合红烧及制作卤味。

蚝油：蚝油本身很咸，可以糖稍微中和其咸度。

麻油（香油）：菜肴起锅前淋上，可增香味。腌制食物时，亦可加入以增添香味。

辣椒酱：红辣椒磨成的酱，呈赤红色黏稠状，又称辣酱。可增添辣味，并使菜肴色泽美观。

甜面酱：本身味咸，可用于制作炸酱等，亦可用水调稀，并加少许糖用于菜品的调味。

盐：烹调时最重要的调味料之一，其渗透力强，适合腌制食物，但需注意腌制时间与量。

糖：红烧及卤菜中加入少许糖，可增添菜肴风味，使其色泽美观。

味精：可增添食物之鲜味，最适合加入汤类共煮。

生粉：为芡粉之一种，使用时先使其溶于水再勾芡，可使汤汁浓稠。此外，用于油炸物的沾粉时可增加脆感。用于上浆时，则可使食物保持滑嫩。

小苏打粉：以适量小苏打腌浸肉类，可使肉质较松、滑嫩。

（3）常见的烹饪技法。

---

① 《"一日三餐"怎么吃才能美味又健康》，中国营养学会，2021年5月。

炒：炒是最基本的烹饪技法，其原料一般加工成片、丝、丁、条、块状，炒时要用旺火，要热锅热油，所用底油多少随料而定。依照材料、火候，以及油温高低的不同，可分为生炒、滑炒、熟炒及干炒等方法。

煎：煎是先把锅烧热，用少量的油刷一下锅底，然后把加工成型（一般为扁形）的原料放入锅中，用少量的油煎制成熟的一种烹饪方法。

烧：将主料进行热处理之后，加入汤（或水）和调料，先用大火烧开，再改用小火慢烧至酥烂的一种烹调方法。由于烧菜的口味、色泽和汤汁多少的不同，它又分为红烧、白烧、干烧、酱烧、葱烧、辣烧等。

爆：爆就是急、速、烈的意思，加热时间极短。烹制出的菜肴脆嫩鲜爽。爆法主要用于烹制脆性、韧性原料。

滑：把上薄浆的鸡鸭鱼猪等的肉片用烧开的水或热锅冷油滑开，使原本塞牙的肉质变嫩且口感好。

卤：是一种冷菜烹调方法。把原料洗净后，放入调制的卤汁中烧煮成熟，让卤汁渗入其中，晾凉后食用。

拔丝：拔丝是将糖（冰糖或白糖）加油或水熬到一定的火候，然后放入炸过的食物翻炒，吃时能拔出糖丝。

烩：将汤和菜混合起来的一种烹调方法，用葱、姜炝锅或直接以汤烩制，烩菜的特点是半汤半菜。

4. 家常菜肴制作

（1）鱼香茄子。

原料：茄子2条，肉丝少许；姜、蒜、葱、辣豆瓣酱、醋、糖适量。

制作步骤：

将茄子洗净沥干，切成小圆段备用。大蒜洗净切末，葱洗净切成葱花，姜切末备用。

把醋、糖、芡粉放入碗中，加水备用。注意：碗中先放糖，再放醋，醋的用量和糖一样多。

将油加热后，放入茄子段炸软，呈金黄色时，捞起将油沥干。

将姜、蒜、葱爆香后，倒入肉丝，再倒入炸好的茄子拌炒一下，再加入碗中的调料拌炒，即可盛入盘中。

（2）蒜香骨。

原料：猪肋骨；海鲜酱、沙茶酱、老抽、生抽、蚝油、味精、白糖、干辣椒、蒜蓉适量。

制作步骤：

猪肋排改刀成12厘米的长段，用清水漂去血水，用调料（海鲜酱、沙茶酱、老抽、生抽、蚝油、味精、白糖）腌制2小时以上。

油烧到两成热，把排骨放入锅中，油温由低至高慢慢炸制，至肋排成熟、外皮结壳取出沥干油。

在锅中放入蒜蓉、干辣椒炒出香味，再放入肋排稍炒，加上调料，装盘即可。

（3）可乐鸡翅。

原料：鸡翅6～8个，可乐一小杯，辣椒粉少许，孜然少许，葱花、大蒜、盐、味精适量。

制作步骤：

锅里放水，等水烧开后下鸡翅，鸡翅7成熟即可，滤干水备用。

油多放，用葱花和大蒜爆锅，下鸡翅，放孜然和辣椒粉，大火，炒炸，炸到皮略焦最好。

用勺子把多余的油撇出来，把可乐加进去，加盐和味精，等可乐快烧干的时候把火稍微关小一点收汁，在烧可乐的同时用勺子把蒜末和葱末撇去，关火装盘即可。

三、清洁卫生

清洁卫生是大学生日常生活劳动中的重要组成部分，包括个人家庭的清洁卫生，宿舍、教室、食堂、校园等公共场所的卫生保洁、绿化美化等与日常生活劳动有关的劳动。这项劳动有利于培养大学生的个人劳动习惯、集体劳动意识、吃苦耐劳精神，掌握常见的生活劳动的技能等。

（一）常规清洁

1. 门窗的清洁

清洁门窗时，要注意将门窗上的玻璃、把手、边框都擦干净。

（1）门框、窗框的清洁主要是除尘、擦拭，注意要先除尘，再擦拭。清洗玻璃时，应使用专业玻璃清洁剂，清除各种玻璃门窗、镜面上的污渍。

（2）纱窗去污时，可用洗衣粉与香烟头用水溶解后擦洗。因为烟中的尼古丁可把纱窗上的微生物清除掉。

（3）清理百叶窗时，可在橡皮手套的外面套上麻布手套，并将麻布手套沾上清洁剂，用手一排一排地擦拭百叶窗片；当麻布手套脏了，只要用洗手的方式将麻布手套搓洗干净即可。最后再换一副新的麻布手套，沾上清水，将附有清洁剂的百叶窗擦干净（清洁百叶窗时动作要轻巧，以免破坏百叶窗或绳子）。

（4）铝合金窗户的窗沟里，若积有许多灰尘，可用油漆刷子将灰尘刷集一处，再用吸尘器吸。窗沟里的脏污不太严重时，以水擦拭即可。水擦不掉的污垢，用尼龙刷子蘸清洁剂刷洗，即可刷干净。

2. 地面的清洁

地面的清洁是一项周期性的清洁工作，特别是家庭地面，几乎每天都要进行打扫和清洁。

（1）地面清扫的基本方法。

①清扫前的准备工作。

明确清扫任务。在进行清扫工作之前，一定要对将要进行的工作有所了解。将要清扫什么样的地面，是土地、砖地、水泥地、木板地还是其他地面，应事先了解。

准备好清洁工具及用品。根据要清扫的地面的类别及地面上污染的情况，准备好必需的清洁工具及物品，一般常用的清扫工具及用品有笤帚、拖布、抹布、水桶、簸箕、吸尘器、去污粉、清洁剂、煤油等。

②正确的清扫擦拭方法。

用笤帚清扫地面的方法。一般家庭使用的笤帚有长把和短把之分。使用长把笤帚，应双手握住木杆，一般人是右手在下，左手在上，虎口向下的握法。使用短把笤帚，可用右手握住笤帚的上端，扫地时必须将腰弯下。使用笤帚扫地时，笤帚要轻拿轻放，不要扬起很高，否则，会弄得尘土、纸屑满天飞，这既不卫生，又扫不干净。

用拖布清洁地面的方法。擦地时，应双手握住拖布的木杆，一般人是右手在前，左手在后，虎口向下的握法。清洗拖布时，可用双手握住木杆端部，将拖布在水池中上下抖动，直至将拖布涮净为止。拧拖布时，应手握住木杆下部，一手抓住拖布，左右手朝相反方向拧，直至将水拧干为止。拖布擦地的方法是：身体前倾，双手握住拖布木杆，一般人是右手在前，左手在后，右脚在前，左脚在后；也可以根据擦拭部位不同，随时变换双手、双脚的前后位置；擦地时，拖布应按由左至右或由右至左、由前向后的顺序用力擦拭，这样才能保证将地面擦拭干净。

用吸尘器清洁地面的方法。使用吸尘器工作时，身体应前倾，双手握住吸尘杆。将吸尘器的吸尘口水平贴于地面，按由左至右或由右至左或由前至后的顺序不停地移动，直至将地面清洁干净。

③正确的清扫及擦拭顺序。

无论是使用笤帚扫地，还是使用拖布擦拭地面，或是使用吸尘器吸尘，应当遵循这样的顺序：从里到外，由角、边到中间，由小处到大处，由床下、桌底到居室较大的地方，依顺序倒退着向门口清扫。

（2）不同地面的清扫方法。

熟悉了地面清扫的基本方法，还要掌握具体地面的清扫方法。对不同的地面类型使用正确的方法，才能达到最佳的清洁效果。

①地板砖地面。

先用笤帚将表面污物清扫干净，再用潮湿的抹布或拖布按照清扫顺序反复擦拭直至干净为止。由于瓷砖吸水性能极差，擦拭时抹布或拖布最好拧成半干状态。此类地面应注意不要使用重物、硬物砸碰地面，以免地砖破碎。

②水磨石地面。

先用笤帚将表面污物清扫干净，再用潮湿的拖布，按照清扫顺序反复擦拭，直至擦拭干净为止。注意不要使重物、硬物砸到地面，以免破坏表面光洁度和完整度而影响美观。

③花岗岩地面。

先用笤帚或吸尘器将表面污物清扫干净，再用潮湿的拖布或抹布擦拭，或蘸煤油或专用清洁剂擦拭。这类地面注意不要被重物、硬物碰砸，以免破碎。

④木质地板。

可先用软笤帚或吸尘器将地表面污物扫净，再用半干的拖布或抹布蘸煤油或专用地板清洁剂按照清扫顺序擦干净。木地板应每3～6个月打一次蜡，这样可使木地板保持光亮，延长寿命。木地板要注意防潮湿，防火，防尖硬物的划、砸。

⑤复合地板。

以上各种清洁方法和保养方法对复合地板都适用，同时复合地板的禁忌也少。

⑥地毯地面。

地毯地面是指由化学纤维地毯或者羊毛地毯铺设而成的地面。

化纤地毯的清洁，可直接用笤帚轻轻地扫，将存在表面的纸屑脏物扫掉，然后用潮湿的抹布擦拭，可除去一些尘土。也可将化纤地毯拿到室外挂在绳上用清水直接冲洗干净，待晾干后，拿进居室。也可使用吸尘器进行除尘。

纯毛地毯的清洁，可将地毯放在阳光下暴晒，再用木棍轻轻敲打，将灰尘尽量除去或用吸尘器除尘。阳光的暴晒可杀死部分细菌。如果纯毛地毯比较脏，需送到干洗店做彻底清洗消毒。

3. 家具的清洁

（1）擦拭前的准备。

①了解家具材质特性。

在擦拭家具之前，一定要对所擦拭家具的材质有所了解，家具的材质不同，保养要求也有差别，要采用不同的擦拭方法。目前，我国家具种类繁多，按照材料和制作工艺可分为：真皮系列、原木系列、钢木系列、聚酯系列和竹藤系列等。家中常用的家具主要有床、桌、椅、凳子、衣柜、书柜、衣架、梳妆台、沙发、茶几等。

②准备好擦拭工具及清洁用品。

擦拭工具及清洁用品指一般家庭常用的抹布、脸盆、鸡毛掸子、刷子、清水、清洁剂等。

（2）清洁家具的一般方法。

家具的擦拭有干擦和湿擦之分。干擦就是用干的软布轻轻擦拭家具，例如皮沙发的擦拭。湿擦就是用干净的湿抹布擦拭家具。一般家具均可先用干净的湿抹布轻轻擦拭；再用干的抹布擦净即可。油污较多的餐桌或其他家具可以用清洁剂擦拭，然后用干净的抹布擦净即可。不同用途的抹布不能混放、混用，以避免家具受到污染。擦拭过程中，水要经常换，抹布要经常洗涤，保持清洁，不然只会越擦越脏。

（3）清洁家具的一般顺序。

先擦净处后擦脏处，由高处擦向低处，由上部擦向下部，由里边擦向外边，先桌面后桌腿。遇有摆放的饰品饰物时，先擦拭后摆放。

（4）家具玻璃擦拭。

玻璃的污迹主要是灰或水迹。可用报纸揉成一团反复擦拭，既快又不留痕迹。用潮湿的棉纱、软布及干净的黑板擦擦玻璃效果也不错。也有用剖开的土豆片擦拭玻璃的，效果也很好。在严寒的冬季，不要用热水擦玻璃，以免玻璃炸裂。门窗玻璃可按照同样的方法擦拭。擦楼房玻璃时，一定要采取安全保护措施后才可擦拭。

4. 居室清洁

（1）卧室应按从上到下、从里到外的清洁程序进行操作。

（2）从上到下，即依次清洁卧室吊顶、墙面、家具（其他物品）和地面。

（3）从里到外，即清洁部位的起始点应从卧室的最里端开始。卧室的最里端是相对卧室门而言的，卧室门口为卧室的最外端，如卧室内有阳台，则卧室清洁应从阳台开始。

5. 客厅的清洁

客厅的吊顶、墙面、地面清洁与卧室基本相同，但客厅因会客、就餐的需要，通常还设有鞋柜、地垫、电话等，而这些物件的清洁方式具有一定的特殊性。

（1）鞋柜清洁。

先将鞋子拿出来，然后用掸子或干抹布从上到下清除鞋柜内的灰尘，用拧干的清洁抹布擦拭鞋柜内部，再用干抹布擦干水迹，清洁完毕后，最好打开鞋柜门通风20～30分钟后再将鞋子放回原处。

（2）地垫清洁。

把地垫拿到室外抖掉沙尘，先用温水刷洗地垫，也可用按说明要求稀释的全能清洁剂水溶液刷洗（须再用清水洗干净），清洁完毕后将地垫晒干或风干，再放回原处。

（3）电脑清洁。

在使用电脑前后应洗净双手。首先，使用别人的电脑后，在没有洗手之前，最好不要揉眼睛、掏鼻孔，不要在操作电脑时吃东西。其次，最好购买键盘薄膜塑料套，使用电脑前将其覆盖在键盘上并定期更换，以减少键盘污染和传播疾病的机会。再者，最好不要使用患有传染性疾病者的电脑，以免致病。

6. 厨房的清洁

（1）餐具的清洁与摆放。

①餐具的清洁。

一般餐具可直接用清水冲洗干净，擦干放好待用。如果沾有油渍，可将餐具浸入碱水、淘米水、剩面汤中，或是将洗涤剂滴入水中刷洗，然后用清水冲净。也可采用开水煮的方法清洁餐具。

洗涤的顺序是：先洗不带油的餐具后洗带油的餐具，先洗小件餐具后洗大件餐具，先洗碗筷后洗锅盆，边洗边码放。

②餐具的摆放。

按类分别摆放。碗和碗放在一起，盆和盆放在一处。同一类的餐具要按照大小及形状的不同，顺序放好，注意小心摆放，防止磕碰、摔坏。如盘子有浅盘、深盘、鱼盘，应依次按照餐具用途摆放。经常用的放在橱柜外面，伸手就能拿到，不常用的放在里面，用时再拿。

（2）炊具的清洁。

①铁制炊具。

铁制炊具容易生锈，因此用完要马上清洗。可直接在水龙头下，用炊帚刷洗。如果铁锅有腥味，可以在锅内加水放些菜叶一块煮开，倒掉水冲净即可除腥。铁锅洗净后要用净布擦干以免生锈。

②铝制炊具。

铝锅脏了，可趁热擦洗。用湿布擦去表面污物，经常擦可使铝锅明亮如新。另外也可将铝锅放在热水中，用抹布擦洗。注意不可用盐水或碱水擦洗。

③不锈钢炊具。

用过的炊餐具要及时清洗、擦干，放在通风干燥处；不要使餐具受潮，更不要长期用水浸泡，对有水迹的餐具，最好不要让其自行干透，应及时用软布擦去水迹，不要用硬质物擦洗餐具，以免划伤。

④刀具和案板的清洁。

洗涤保养菜刀。刀用完后必须用洁布擦净，长期不用应涂一层油，以防生锈。刀生锈可以浸在淘米水中，然后擦净除锈。也可以用萝卜片或土豆片、葱头片除锈。刀沾上鱼腥味，可用生姜片或葱、蒜擦，即可去腥。砍骨头、剁鱼时，应另备一把砍刀，最好不用切菜刀。

菜板的清洁。菜板最好用木制的，但木质的有拼缝或蛀孔，容易滋生病菌。所以要经常洗刷浇烫。夏天空气潮湿，菜板容易生霉，每次用完，最好置于通风处晾干，以防产生霉菌。菜板可直接用清水冲洗，也可用开水烫，还可用刀刮。

（3）屉布、揎布的清洁。

在厨房中，常用的屉布、揎布，要天天清洗干净，并晾晒干放好待用，如有油渍，可用碱水煮或用洗涤剂洗涤。

（4）碗柜的清洁。

碗柜是存放餐具的地方，这里应该经常进行擦拭清洁，以保持干净，避免餐具二次污染。可每日用清洁抹布擦拭碗柜的表面和隔层，如果隔层上有垫纸，垫纸应经常更换。应定期将碗柜内的物品取出，用洗洁剂彻底清洁一次。碗柜应注意防蛀、防鼠、防蟑螂。

（5）煤气灶与液化气灶的清洁。

煤气灶与液化气灶的使用环境比较恶劣，要受烟熏、火烤，往往很快就会沾上油污和积碳，且难以清洗。

①及时清洁。随用随擦，这是最简单的方法。不然溢出的糊汁、溅出的油迹会黏结在灶具上，时间长了就不易清洗了。

②用纸擦拭。平时不用的废报纸，可积攒起来放在橱柜上边，待灶具沾上油点或汤汁时，马上擦拭。废报纸比抹布吸水性强，使用也方便，用完丢掉即可。

③除油渍。煤气灶、液化气灶具的油渍可以用肥皂水或漂白粉溶液清洁擦洗，也可用墨鱼骨擦。

④除锈迹。灶具生了锈，可先用硬刷子把铁锈刷掉，再将适量的石墨粉（化工商店有售）用水调匀，然后用软刷子蘸着石墨粉糊汁在灶具上均匀地刷即可除锈。

⑤用面汤擦。将面汤涂在污处，5分钟后用刷子清洁即可去污。

煤气灶与液化气灶表面和内部的油污与积碳，也可用专用清洁剂进行清洁。

7. 卫生间的清洁

不同家庭的卫生间在格局上有所不同，但基本的设施大致相同，在对卫生间进行清洁时可参照以下几个步骤。

（1）墙面的清洁。

卫生间的墙面一般都贴有瓷砖，在擦拭中可用洗涤灵或去污粉兑好水，用一块海绵垫或是一块毛巾蘸少量水擦拭。擦拭完后用清水冲净，再用干布擦净即可光洁明亮。

（2）水池和浴盆的清洁。

对卫生间中的水池、浴盆可用去污粉进行清洁擦洗，擦洗完后再用消毒液进行消毒。

（3）马桶的清洁。

在清洁马桶的过程中，应先把马桶内放入适量的水，清洗一遍后，再倒入 5~10 毫升的厕所专用清洁剂或盐酸液，用刷子涂均匀后洗，如污垢较重，可再倒少许清洁剂进行浸泡后刷洗，直至干净，接着用清水冲干净即可。

（4）地面的清洁。

先按照墙面去污的方法进行清洗，再用拖布把地面擦拭干净。

8. 日常消毒

（1）通风暴晒消毒。

利用日光暴晒消毒是最简单的自然消毒方法之一，在一切光照中，对人体健康最为有益的是太阳光。要经常打开门窗，让阳光折射或反射；被、褥放到阳光下暴晒，可达到杀菌、消毒的目的。在暴晒时，要把被暴晒物放在日光下直射，衣物、被褥要铺开，并应反复翻动，保证面面晒到。可常用日光消毒的物品有衣服、被褥、垫子等。

（2）熏蒸消毒。

采用食醋熏蒸的方法可为室内空气消毒，即熏蒸消毒。首先要将门窗紧闭，以每立方米 10 毫升的食醋加等量的水，倒入锅内或搪瓷碗内，放在火上加热、熏蒸。冬天也可以将熏蒸液放在暖气上或暖气旁边，不仅可以起到杀菌的作用，还可以加湿空气，30 分钟后开窗通风。

（3）微波消毒。

有些日常用品也可采用微波炉进行消毒。方法是，打开微波炉，放入被消毒物品，定时两分钟后取出，就可起到消毒的作用。

（4）化学制剂消毒。

利用消毒液消毒也是家庭中经常使用的方法。将消毒液倒入水中，按使用说明稀释，再将抹布浸在稀释后的消毒液中，拧干后，用抹布擦拭家具及卫生间用具。

（5）煮沸消毒。

煮沸是家庭较常用的消毒方法之一。具有简便易行、消毒灭菌效果可靠等特点。将煮不坏的污染物品放入锅内，加水浸没物品，用火烧开后再煮 15~30 分钟，可杀灭大多数的病原体。用煮沸的水冲洗瓜果等直接进口的食物也可起到一定的杀菌作用。实验证明，绝大多数细菌和病毒可在 100℃ 的沸水中被杀灭，特别是家庭厨房用具，如碗、筷、抹布等一定要定期煮沸消毒，或用高压锅蒸煮，尤其是有传染病人的家庭。夏秋季节，对餐具的煮沸消毒特别重要。夏秋季消化道传染病的传播与不及时煮沸消毒餐具、厨房抹布、笼布等有密切的关系。

（二）校园公共区域清洁

（1）道路清洁标准。
①目视地面无杂物，无明显积水、污渍、泥沙。
②人行道无污渍，每100平方米地面的痰迹控制在1个以内。
③人行道路面干净无浮尘，无杂物、垃圾、痰迹等。

（2）绿化带清洁标准。
①目视无明显垃圾杂物、落叶等。
②每100平方米地面上的烟头控制在2个以内。
③花台外观洁净无污渍。

（3）标示宣传栏（牌）、雕塑、植物。
①目视玻璃洁净明亮，无污渍、水渍，无手印。
②目视标示栏（牌）无积尘，无污渍，无乱张贴。
③目视雕塑无积尘，无污渍。
④植物表面擦拭干净，无污渍。
⑤地面无污渍、水渍，洁净明亮。

（4）梯间楼道、走廊地面。
①目视无纸屑、杂物、污迹、烟头。
②每100平方米地面上的烟头不超过1个。
③天花板无明显灰尘、蜘蛛网。

（5）墙面、窗、扶手、消防栓箱、电表箱、信报宣传栏、楼道灯开关、灯罩、烟感器、出气口、指灯。
①目视无明显灰尘，无污迹，无广告，无蜘蛛网，无痰迹。
②用纸巾擦拭，无明显污染。

（6）办公室、教室图书馆。
①整洁，无杂物。
②墙面无积尘和蜘蛛网。
③地面无污迹。
④桌椅、沙发、柜无灰尘。
⑤空气清新。

（7）公共卫生间。
①地面干净无异味，无积水，无污渍，无杂物。
②墙壁瓷面、门、窗用纸巾擦拭无明显灰尘，便器无污渍，墙面无乱涂乱画。
③设备完好，用品齐全。
④目视天花板、灯具无明显灰尘。
⑤玻璃、镜面无灰尘，无污迹，无手印。

（8）地下室、地下车库。
①地面无垃圾、杂物、积水、泥沙油迹。

②墙面（1.8米以下）目视无污渍，无明显灰尘。

③标示牌、消防栓（箱）、防火门等公共设施目视无污渍，无明显灰尘。

四、勤工助学

《关于全面加强新时代大中小学劳动教育的意见》提出："有目的、有计划地组织学生参加日常生活劳动、生产劳动和服务性劳动，让学生动手实践、出力流汗，接受锻炼、磨炼意志，培养学生正确劳动价值观和良好劳动品质。"在高等教育中，从事勤工助学是大学生开展生产劳动和服务性劳动的常见形式，勤工助学与劳动教育在育人本质上高度契合，因此高校可以将勤工助学作为重要载体加强和改进大学生劳动教育。勤工助学是指学生在学校的组织下利用课余时间，通过劳动取得合法报酬，用于改善学习和生活条件的社会实践活动。勤工助学成为大学生参与劳动的重要方式，勤工助学在形成劳动认知、培养劳动品质、提升劳动能力等方面发挥重要的促进作用，对于推动高校大学生素质教育，构建新的人才培养模式、促进大学生成长成才有着重要意义。

📖 扩展阅读

我的勤工助学心得

依稀记得刚踏入大学的瞬间，一股狂热慢慢地从心底升起，那时的我犹如一只刚出笼的小鸟，活蹦乱跳地活跃在校园的各个角落，对校园的一草一木、一桌一椅都充满了好奇，对学校的各种勤工助学岗位更是充满了向往。"苦心人，天不负。"通过在学校勤工助学中心报名、面试，我终于成了一位勤工助学者。

对部分同学来说，参加勤工助学并不是一件值得喜悦的事情，在他们眼里，那点微薄的劳动报酬并不算什么，一个月的辛勤付出还不够买一件名牌衣服，不够一次请客吃饭的费用，更不够去一次KTV的花销，可对我而言，却意义重大。我来自农村，家里经济不算富裕，每月勤工助学所得的费用至少解决了我当月的生活费。

也有人认为，参加勤工助学不是一件光彩的事，因为那会让自己在同学们面前感到很尴尬。但我并不这样认为，我反而以此为荣。我们并不能改变自己的出身，但我们可以改变自己，通过勤工助学，我不仅能减轻家里的负担，更能锻炼自己。通过参加勤工助学，我不仅结识了很多朋友，更重要的是培养了自己吃苦耐劳、做事持之以恒的态度。

还有人认为，参加勤工助学会妨碍我们的学习。但我认为，作为大学生，我们应全面发展自己，努力提高自己各方面的能力。一路走来，我发现，参加勤工助学不但没有影响我的学习，还促进了我的学习，因为参加勤工助学，我更加珍惜我的学习时间了，正因为如此，我的学习效率提高了很多。

"天行健，君子以自强不息，地势坤，君子以厚德载物。"通过打扫教室，让我知道了什么是坚持不懈，什么是持之以恒，更重要的是，我会将这种精神坚持下去，无论在勤工助学中，抑或是在学习中，还是在做其他事情时。当然，我也知道了，什么叫一分耕耘一分收获，在未来的生活中，我一定会更加努力，用更好、更优质的态度为学校做力所能及的贡献，我相信，只要我们大家一起努力前行，一步一个脚印，就能携手创建更干净、更美好的校园。

（一）高校勤工助学发展历程

从历史发展看，高校勤工助学的发展可分为两大阶段。一是勤工俭学发展阶段：留洋勤工俭学运动的发展和国内半工半读的探索；二是勤工助学发展阶段：分为恢复和起步阶段（1980—1991年）、过渡和规范阶段（1992—1998年）、持续和发展阶段（1999年至今）。

1. 勤工俭学发展阶段

我国勤工俭学的历史可追溯到20世纪初期的留洋勤工俭学运动。19世纪末，清朝政府的洋务派出于"洋为中用"的考虑，向国外派遣留学生。当时留学生的学费是一般家庭难以承受的。在这样的背景下，在当时自费留学生中兴起了"俭学"之风。

1914年，在留美学生中首先出现工读会性质的组织；1915年，巴黎成立"留法学生俭学会"，掀起一股勤工俭学的风潮。同年，蔡元培从"教育救国论"出发，将工学运动和平民教育作为改革社会的重要手段。他倡导"工学互助"，认为这样可以使人的个性得到全面和谐发展。1919年至1920年前，勤工俭学运动处于最高潮。

1958年，共青团中央发布《关于在中学生中提倡勤工俭学的决定》，第一次明确提出：勤工俭学是具体实现知识分子和工农相结合、脑力劳动和体力劳动相结合的一个重要途径。同时，教育部发出通知，大力支持共青团的决定，肯定了勤工俭学的意义和作用。

1958年9月，毛泽东同志在视察武汉大学时鼓励学校实行半工半读。此后，勤工俭学的教育改革尝试在全国范围内兴起，出现过"半工半读""两条腿走路"的办学方式，推广过"燎原计划""农科教结合"等改革经验，在当时的学校人才培养中起到了积极作用。

2. 勤工助学发展阶段

"文化大革命"结束后，整个社会对教育、知识的渴求日益升温。尤其是改革开放后，邓小平强调："教育必须与生产劳动相结合"，"更重要的是整个教育事业必须同国民经济发展的要求相适应。不然，学生学的和将来要从事的职业不相适应，学非所用，用非所学，岂不是从根本上破坏了教育与生产劳动相结合的方针？那又怎么可能调动学生学习和劳动的积极性，怎么可能满足新的历史时期向教育工作提出的巨大要求？"因此，从20世纪80年代开始，大学生响应国家号召，参与社会变革，继承、发展了勤工俭学，掀起了一股新的勤工助学热潮。

勤工俭学活动呈现新局面是在20世纪80年代以后，1982年8月全国中小学勤工俭学工作会议召开，这次会议讨论制定了《中小学勤工俭学暂行工作条例》，于1983年2月以文件形式发布。1983年，《国务院批转教育部等部门关于进一步开展勤工俭学活动的请示的通知》下发。这些文件的发布使勤工俭学有了法规依据，学校勤工俭学活动得到了发展。至1989年，出现了以主要集中在北京、上海、天津等地高校，以家教和有偿服务为主要内容的勤工俭学热潮。

首次提出勤工助学这一名词是复旦大学生科技咨询开发公司在深圳召开的全国勤工俭学交流大会上："勤工助学，致力于自立成才，将所从事的活动与专业知识、学习、能力培养、自立素质提高及个人的全面发展紧密结合起来。"从"勤工俭学"到"勤工助学"名称的变化体现了行为主体发生了变化，勤工助学的主体可以是学校或企业，也可以是学生个体。而勤工俭学仅仅是学生个体的行为。勤工俭学重在"济困"，而"勤工助学"概念的提出，使勤工助学进入了"济困与成才相结合"的社会实践阶段。

1984年，北京、上海、天津等地高校大学生中出现以打工、家教、有偿修理服务等为主要内容的"勤工助学"热潮。1987年至1988年，社会上的"经商热"波及高校，众多以大学生为主体的经济实体纷纷成立，部分大学生片面理解了勤工助学的内涵，将其与经商混为一谈，甚至为此抛弃了学业。

1993年9月，国家教育委员会和财政部联合发文，要求高校把勤工助学作为"改革的配套措施"和"学校重要的常规工作"认真对待。1994年，国家教委又发布了《关于进一步做好高等学校勤工助学工作的通知》，提出勤工助学是学生社会实践的重要方式，作为高校学生工作的一项重要内容，应有组织地实施，逐步实现规范化、制度化。2004年，中共中央、国务院发出《关于进一步加强和改进大学生思想政治教育的意见》，提出高校要"积极组织学生参加社会调查、生产劳动、志愿服务、公益活动和勤工助学等社会实践活动。引导学生深入社会、了解社会、服务社会，在社会实践中成长成才并实现社会化"。2005年，共青团中央、教育部又联合下发了《关于进一步做好大学生勤工助学的意见》，明确提出："要挖掘校内勤工助学岗位，拓展校外勤工助学资源，强化管理体制，健全管理机构，完善管理办法，加大专项投入，维护学生权益，建立长效机制。"进一步指明了高校勤工助学工作的基本方向。2007年，教育部、财政部又联合下发了《高等学校学生勤工助学管理办法》，对学校职责、勤工助学管理服务组织职责、校内外岗位设置、勤工助学酬金标准及支付以及学生安全等问题做了明确规定，要求学校设置的岗位数量既要满足学生的工时需求，又要作为"改革的配套措施"和"学校重要的常规工作"认真对待。要保证学生不因为参加勤工助学而影响学习，原则上每周不超过8小时，每月不超过40小时，校外勤工助学活动必须由学校学生勤工助学管理服务组织统一管理，并注重与学生学业的有机结合。2018年，根据当前学生勤工助学工作的新特点和新需要，教育部、财政部又对2007年下发的《高等学校学生勤工助学管理办法》进行了修订。新修订的《高等学校学生勤工助学管理办法》对规范管理高等学校学生勤工助学工作，促进勤工助学活动健康、有序开展，保障学生合法权益，发挥勤工助学育人功能，培养学生自立自强、创新创业精神，增强学生社会实践能力发挥了重要作用。

纵观我国勤工助学发展的过程，是一个不断体制化、规范化、育人化的过程，勤工助学已成为适应我国发展，适应高校特点，发挥"济困"与"育人"功能的具有强大生命力的社会实践活动。

(二)勤工助学的内涵

勤工助学源于"济困",通过俭学来达到完成学业的目的,随着社会进步和对人才需求标准的提升,我国高校勤工助学工作已由"济困"为主的阶段过渡到"济困与成才相结合的"社会实践阶段,越来越多的学生把勤工助学作为主动适应社会、参与社会实践、提升自身综合素质和能力的有效手段。高校也根据自身特点不断拓展勤工助学的内涵,尤其是2018年8月教育部、财政部下发《高等学校学生勤工助学管理办法(修订)》以来,高校更是将勤工助学作为发挥高校育人功能,培养学生创新创业精神,创新人才培养模式的主要方式,可见,勤工助学的内涵越来越丰富、充实,完成了从纯粹"经济功能"到"人的全面发展教育功能"的转化。

1. 对象上由面向家庭经济困难学生向面向全体学生转变

随着勤工助学活动的深入发展,其实践锻炼与育人的双重功能得到越来越广泛的认可,很多大学生都希望通过勤工助学工作积累实践经验、提升综合素质、锻炼工作能力,及早、准确地规划自己的职业生涯。当前的勤工助学工作注重的是家庭经济困难的学生群体,而高校中也普遍存在着学习有困难或者心理有缺陷的学生,这些学生在经济和物质上或许得到了相应的帮助,但对其思想上和心理上的教育和帮助还远远不够。如果将这些学生乃至普通学生排除在勤工助学的大门之外,就不能使广大学生普遍地认识和体验到勤工助学的重要教育意义,也无法有效地发挥锻炼学生能力的作用。为了适应新形势的发展,大学生勤工助学工作作为高校教育的重要环节,其对象和主体应由最初的以面向家庭经济困难学生为主,逐步向全体大学生转移。①

2. 工作内容由简单化向专业化发展

勤工助学工作的目的是解决学生经济困难,提高学生的综合素质,培养合格人才。当前校内的勤工助学岗位大多为体力劳动形式,与学生的专业实践工作不符的情况较为突出,不利于学生通过勤工助学实践活动来促进自己的专业知识学习。社会的不断进步,也对人才素质提出了新的要求,这进一步增强了大学生的成才意识和就业意识,自立成才、全方位的能力培养将被越来越多的在校学生所认同。大学生为了把自己培养成时代所需的人才,迫切需要把自己所学的专业知识运用于社会实践。各高校也应充分发挥自身优势,开发和学生专业相关的岗位,使勤工助学向知识性、创新性发展,改变以往学生对劳务型工作的自卑心理,切实提高学生综合素质和创造能力,为今后融入社会、适应社会、服务社会打下坚实的基础。

3. 工作方式由校内勤工助学向社会化发展

随着高校后勤社会化的发展,一方面可挖掘校内勤工助学工作潜力,在宿舍、食堂、超市、图书馆等地方尽量给学生创造勤工助学岗位,另一方面应充分发挥学生的主观能动性,在学校勤工助学部门的教育和指导下,校内的勤工助学岗位或勤工助学实践基地让学生自主创业、自主经营、自主管理。这样不但可以培养学生的创业意识,锻炼实践能力,发挥勤工助学济困育人的功能,而且可为大学生提供就业创业的实践平台。

① 刘冰:《以勤工助学为载体的大学生劳动教育探析》,《中国多媒体与网络教学学报(上旬刊)》2021年第6期。

同时，社会向大学生提供的勤工助学岗位数量增多，形式也逐渐多样化。由最初的发传单等简单体力型工作，扩展到以家教为代表的智力型工作，也有越来越多的学生依靠自己的专业知识、技术和特长，从事着诸如网络管理、网页制作、动画制作、艺术设计等专业性很强的工作。此外，应当积极推进相关管理、服务和保障体系建设。在校大学生一旦为用工单位提供了劳务服务，双方即发生劳动关系，理应受到《劳动法》的制约和保护。工商管理和劳动部门也应当发挥相应的作用，规范勤工助学社会化行为，保护学生的合法权益，为学生创造良好的勤工助学环境。

（三）勤工助学的意义

教育部、财政部在2018年8月《高等学校学生勤工助学管理办法（修订）》中明确提出高等学校要发挥勤工助学育人的功能，将勤工助学作为育人的重要平台。高校应通过勤工助学工作培养大学生自强不息和创新创业的精神以及积极向上、乐观进取的人生态度。大学生更应该通过勤工助学提高自己主动适应社会的能力，磨炼自己坚韧、坚强的意志力，既要学会做事，又要学会做人，因此勤工助学劳动不仅可以使学生通过参加劳动取得相应报酬，帮助大学生顺利完成学业，也有利于大学生德、智、体、美、劳全面发展。

1. 勤工助学实现了"济困"的功能

高校设立勤工助学的岗位是为了给贫困生提供一些勤工助学的机会，贫困生可以通过勤工助学获得一定的报酬。学校通过这样的方式，可以缓解贫困生经济困难的压力。因此，高校勤工助学具有"济困"的功能。[1]

2. 勤工助学锻炼了当代大学生的思想品格

大学生作为社会的一个特殊群体，正处于由校园走向复杂社会的一个重要过渡阶段。[2] 同时，由于社会的复杂性，没有任何工作经验的大学生容易受到社会的诱惑，误入歧途，而勤工助学可作为校园里的大学生走向社会的桥梁，启示大学生在面对学习、生活乃至未来的工作时脚踏实地，不骄不躁，抵制诱惑，为大学生顺利毕业迈向社会打下一定基础。

由于现今家庭经济困难学生中大部分存在心理承受能力差、自卑、内向、主观上缺乏自立自强意识等问题，高校作为贫困大学生进入社会前最后的教育基地，更应该帮助贫困学生树立自立自强的观念，引导学生独立自主。而勤工助学恰恰是贫困大学生锻炼自我、成为自强之才的基础平台，同时，能为培养贫困大学生的团队精神和担当能力奠定一定的基础，为其成为社会主力军打下良好的基础。

3. 勤工助学提高了学生综合能力和素质

勤工助学活动是大学生克服自身挫折，在逆境中奋发的过程，实际上也是自我教育和自我提高的过程，对增强大学生的自立意识、劳动观念和理论联系实际能力非常重要。如财会专业学生可参与本校财务部门的勤工助学，通过实际操作，学会记账、

---

[1] 陈俊乐、熊英、陈赞：《高校勤工助学工作的历史回顾与发展趋势》，《高教论坛》，2013年第1期。
[2] 李绥波：《高校勤工助学的育人功能研究》，西安科技大学学位论文，2013年，第6页。

理财等具有较高专业性的实践能力。同时，由于勤工助学具有自立性、广泛性、双效性的特点，高校勤工助学活动应着眼于校园与社会接轨，以培养学生实践能力、增长见识为基准，提高一个大学生的生存技能和综合竞争力，使勤工助学从单纯的"授之以鱼"的资助中走出来，转变为"授之以渔"的积极资助方式。①

4. 勤工助学增强了学生创新创业能力，促进就业

勤工助学的本质是工作实践、生活实践与社会实践，勤工助学是培育大学生就业创业能力的主要途径，这也是勤工助学工作的重要目标。勤工助学为大学生就业竞争力、创新能力和创业能力的培养提供了有效平台。大学生在勤工助学工作的岗位锻炼中，会与岗位用人标准进行对比分析，能及时、准确地对自身所具备的能力和素质定位，并根据岗位的要求，有目的、有意识地提高自己各方面的能力。同时，在熟悉具体工作以后，学生将尝试创新性地开展工作，其创新创业意识就会在工作中得到启发与培养，创新创业能力会在实践中不断得到提高。另外，学生通过勤工助学渠道，可以与不同性格特点的朋辈学生进行交流、沟通、合作，有效地培养大学生的人际关系处理、时间管理、团队协作、压力调试、环境适应等能力，为这部分大学生毕业后进入社会尽快适应工作岗位做好充分的准备。②

📖 扩展阅读

教育部　财政部关于印发《高等学校勤工助学管理办法（2018年修订）》的通知

各省、自治区、直辖市教育厅（教委）、财政厅（局），有关部门（单位）教育司（局），教育部直属各高等学校：

为深入贯彻党的十九大精神，不断健全学生资助制度，根据当前学生勤工助学工作的新特点及新需要，教育部、财政部对现行的《高等学校学生勤工助学管理办法》进行了修订。现将修订后的《高等学校学生勤工助学管理办法（2018年修订）》印发给你们，请遵照执行。

第一章　总则

第一条　为规范管理高等学校学生勤工助学工作，促进勤工助学活动健康、有序开展，保障学生合法权益，帮助学生顺利完成学业，发挥勤工助学育人功能，培养学生自立自强、创新创业精神，增强学生社会实践能力，特制定本办法。

第二条　本办法所称高等学校是指根据国家有关规定批准设立、实施高等学历教育的全日制普通本科高等学校、高等职业学校和高等专科学校（以下简称学校）。

第三条　本办法所称学生是指学校招收的本专科生和研究生。

第四条　本办法所称勤工助学活动是指学生在学校的组织下利用课余时间，通过劳动取得合法报酬，用于改善学习和生活条件的实践活动。

第五条　勤工助学是学校学生资助工作的重要组成部分，是提高学生综合素质

---

① 张橙：《高校勤工助学和思政教育有机结合的路径分析》，《辽宁经济职业技术学院　辽宁经济管理干部学院学报》，2020年第4期。
② 吴敏：《独立学院勤工助学实践育人的探索与思考》，《牡丹江教育学院学报》，2018年第11期。

和资助家庭经济困难学生的有效途径，是实现全程育人、全方位育人的有效平台。勤工助学活动应坚持"立足校园、服务社会"的宗旨，按照学有余力、自愿申请、信息公开、扶困优先、竞争上岗、遵纪守法的原则，由学校在不影响正常教学秩序和学生正常学习的前提下有组织地开展。

第六条　勤工助学活动由学校统一组织和管理。学生私自在校外兼职的行为，不在本办法规定之列。

第二章　组织机构

第七条　学校学生资助工作领导小组全面领导勤工助学工作，负责协调学校的宣传、学工、研工、财务、人事、教务、科研、后勤、团委等部门配合学生资助管理机构开展相关工作。

第八条　学校学生资助管理机构下设专门的勤工助学管理服务组织，具体负责勤工助学的日常管理工作。

第三章　学校职责

第九条　组织开展勤工助学活动是学校学生工作的重要内容。学校要加强领导，认真组织，积极宣传，校内有关职能部门要充分发挥作用，在工作安排、人员配备、资金落实、办公场地、活动场所及助学岗位设置等方面给予大力支持，为学生勤工助学活动提供指导、服务和保障。

第十条　加强对勤工助学学生的思想教育，培养学生热爱劳动、自强不息、创新创业的奋斗精神，增强学生综合素质，充分发挥勤工助学育人功能。

第十一条　对在勤工助学活动中表现突出的学生予以表彰和奖励；对违反勤工助学相关规定的学生，可按照规定停止其勤工助学活动。对在勤工助学活动中违反校纪校规的，按照校纪校规进行教育和处理。

第十二条　根据本办法规定，结合学校实际情况，制定完善本校学生勤工助学活动的实施办法。

第十三条　根据国家有关规定，筹措经费，设立勤工助学专项资金，并制定资金使用与管理办法。

第四章　勤工助学管理服务组织职责

第十四条　确定校内勤工助学岗位。引导和组织学生积极参加勤工助学活动，指导和监督学生的勤工助学活动。

第十五条　开发校外勤工助学资源。积极收集校外勤工助学信息，开拓校外勤工助学渠道，并纳入学校管理。

第十六条　接受学生参加勤工助学活动的申请，安排学生勤工助学岗位，为学生和用人单位提供及时有效的服务。

第十七条　在学校学生资助管理机构的领导下，配合学校财务部门共同管理和使用学校勤工助学专项资金，制定校内勤工助学岗位的报酬标准，并负责酬金的发放和管理工作。

第十八条　组织学生开展必要的勤工助学岗前培训和安全教育，维护勤工助学学生的合法权益。

第十九条　安排勤工助学岗位，应优先考虑家庭经济困难的学生。对少数民族学生从事勤工助学活动，应尊重其风俗习惯。

第二十条　不得组织学生参加有毒、有害和危险的生产作业以及超过学生身体承受能力、有碍学生身心健康的劳动。

第五章　校内勤工助学岗位设置

第二十一条　设岗原则：

（一）学校应积极开发校内资源，保证学生参与勤工助学的需要。校内勤工助学岗位设置应以校内教学助理、科研助理、行政管理助理和学校公共服务等为主。按照每个家庭经济困难学生月平均上岗工时原则上不低于20小时为标准，测算出学期内全校每月需要的勤工助学总工时数（20工时 × 家庭经济困难学生总数），统筹安排、设置校内勤工助学岗位。

（二）勤工助学岗位既要满足学生需求，又要保证学生不因参加勤工助学而影响学习。学生参加勤工助学的时间原则上每周不超过8小时，每月不超过40小时。寒暑假勤工助学时间可根据学校的具体情况适当延长。

第二十二条　岗位类型：

勤工助学岗位分固定岗位和临时岗位。

（一）固定岗位是指持续一个学期以上的长期性岗位和寒暑假期间的连续性岗位；

（二）临时岗位是指不具有长期性，通过一次或几次勤工助学活动即完成任务的工作岗位。

第六章　校外勤工助学活动管理

第二十三条　学校勤工助学管理服务组织统筹管理校外勤工助学活动，并注重与学生学业的有机结合。

第二十四条　校外用人单位聘用学生勤工助学，须向学校勤工助学管理服务组织提出申请，提供法人资格证书副本和相关的证明文件。经审核同意，学校勤工助学管理服务组织推荐适合工作要求的学生参加勤工助学活动。

第七章　勤工助学酬金标准及支付

第二十五条　校内固定岗位按月计酬。以每月40个工时的酬金原则上不低于当地政府或有关部门制定的最低工资标准或居民最低生活保障标准为计酬基准，可适当上下浮动。

第二十六条　校内临时岗位按小时计酬。每小时酬金可参照学校当地政府或有关部门规定的最低小时工资标准合理确定，原则上不低于每小时12元人民币。

第二十七条　校外勤工助学酬金标准不应低于学校当地政府或有关部门规定的最低工资标准，由用人单位、学校与学生协商确定，并写入聘用协议。

第二十八条　学生参与校内非营利性单位的勤工助学活动，其劳动报酬由勤工助学管理服务组织从勤工助学专项资金中支付；学生参与校内营利性单位或有专门经费项目的勤工助学活动，其劳动报酬原则上由用人单位支付或从项目经费中开支；学生参加校外勤工助学，其劳动报酬由校外用人单位按协议支付。

第八章　法律责任

第二十九条　在校内开展勤工助学活动的，学生及用人单位须遵守国家及学校勤工助学相关管理规定。学生在校外开展勤工助学活动的，勤工助学管理服务组织必须经学校授权，代表学校与用人单位和学生三方签订具有法律效力的协议书。签订协议书并办理相关聘用手续后，学生方可开展勤工助学活动。协议书必须明确学校、用人单位和学生等各方的权利和义务，开展勤工助学活动的学生如发生意外伤害事故的处理办法以及争议解决方法。

第三十条　在勤工助学活动中，若出现协议纠纷或学生意外伤害事故，协议各方应按照签订的协议协商解决。如不能达成一致意见，按照有关法律法规规定的程序办理。

第九章　附则

第三十一条　科研院所、党校、行政学院、会计学院等研究生培养单位根据本办法规定，制定完善本单位学生勤工助学活动的实施办法。

第三十二条　本办法由教育部、财政部负责解释。

第三十三条　本办法自公布之日起施行。教育部财政部印发的《高等学校学生勤工助学管理办法》（教财〔2007〕7号）同时废止。

拓展训练

1. 制订房间整理计划，按照计划整理自己的房间。
2. 精心为家人制作一道菜肴，与同学们一起分享制作的主要步骤和注意事项。

思考讨论

1. 你觉得大学生有必要掌握一些日常生活劳动的技巧吗？为什么？
2. 你还知道哪些清洁卫生方面的知识？与同学们分享一下。
3. 你是否参加过勤工助学？在勤工助学的过程中你收获了什么？

测试检验

良好的家庭环境有赖于每一个家庭成员。为了拥有更加健康的家庭环境，大学生理应争做家务，共建美好家园。

请拍摄一段参与家务劳动的视频。视频中要包含如下内容：

(1) 该项家务劳动的过程；
(2) 该项家务劳动的动线；
(3) 该项家务劳动是否存在优化的空间？

[过程记录]

活动开展计划：

活动开展关键点：

活动开展难点及解决方案：

活动心得体会：

[结果评价]

教师可参考表3-1对学生拍摄的小视频进行评价。

表 3-1　"争做家务小能手"活动评价表

评价标准	分值	分数小计	教师评价
选题	10		
计划安排	20		
开展过程	30		
心得体会	20		
视频质量	20		

第四章
劳动社会实践

学习目标

1. 了解社会实践劳动的内涵和特征,掌握社会实践劳动的原则和类型;
2. 熟悉社会实践劳动的内容和实施形式,培养服务社会的奉献精神;
3. 了解从事社会实践劳动需要具备和提高哪些自我修养;
4. 掌握运用专业知识参与社会实践劳动的创新思维方式,能够采用专业知识策划并完成一项专业社会实践劳动项目。

导引案例

武汉轻工大学用专业实践探索劳动教育新途径

为助力乡村振兴,投身美丽中国建设,武汉轻工大学"健行"暑期"三下乡"社会实践队(以下简称"健行"实践队)每年暑期都会在城市老旧社区和边远城区开展老旧社区改造满意度调查及小城镇提升改造调研工作,探索大学生劳动教育新途径。师生们用专业知识与劳动实践相结合的方式共同为城市建设管理问题"问诊把脉"。

作为武汉轻工大学在武汉市"新青年下乡"活动中唯一获批立项支持的团队,"健行"实践队近年来连续在武汉市江汉区万松小区北区和武汉市新洲区三店街、徐古街、汪集街、凤凰镇、旧街等街区开展社会实践劳动调研工作。团队师生以专业劳动实践助力补齐小城镇建设发展短板为目标,实现以劳健能、以劳健智。师生们在向居民们积极宣传小城镇提质改造政策的同时,以调查问卷调研为主要形式,围绕城镇规划、公共环境、基础设施、公共服务、城镇风貌、产业发展、社会治理及文化传承8个方面的相关问题开展调研,以走访调查、登记台账等方式系统梳理城镇建设管理短板、弱项;通过问卷和访谈了解改造需求,征求居民的改造意见及改造的期望和建议等,对调查结果进行数据分析并形成调研报告。

团队的阶段性调研成果报告,于2021年获得湖北省第十三届"挑战杯"大学生课外学术科技作品竞赛一等奖,团队也荣获"湖北省暑期社会实践活动优秀团队"称号。"健行"实践队于2020年5月在武汉轻工大学"健行"辅导员工作室指导下成立(武汉轻工大学"健行"辅导员工作室是湖北省高校首个以"劳动教育"为主题的辅导员工作室),"健行"辅导员工作室坚持将劳动教育融入社会实践活动,让同学们在参与实践的过程中将专业所学通过劳动实践的方式反馈社会、服务社会,并在这个过程中再次感受劳动的价值和奉献的意义。以探索构建"武汉样板"城市建设的新模式为实践平台和契机,将青年学生的思政教育、成长成才同城市发展相结合,构建"专业知识+劳动实践+思想引领"三结合的社会实践新模式。

第一节 劳动社会实践概述

毛泽东指出:"实践、认识、再实践、再认识,这种形式,循环往复以至无穷,而实践和认识之每一循环的内容,都比较地进到了高一级的程度。这就是辩证唯物论的全部认识论,这就是辩证唯物论的知行统一观。"大学生社会实践劳动是马克思主义劳动观的重要落实,是教育与生产劳动相结合培养人才的重要途径,是大学生联系社会、认识社会的重要纽带,能够促进大学生树立正确的劳动观、掌握必备的技能和培育积极正向的劳动精神。本章将从大学生社会实践劳动的概念出发,系统的分析社会实践劳动的内涵、形式、新时期的新要求和其特征,并全面阐述劳动社会实践对大学生教育的重要作用。

一、劳动社会实践的内涵与特征

(一)劳动社会实践的内涵

1. 劳动社会实践的概念

在《辞海》中,实践被定义为"人类能动改造自然和社会的全部活动"。马克思在《关于费尔巴哈的提纲》中提出,"全部社会生活在本质上是实践的。凡是把理论引向神秘主义的神秘东西,都能在人的实践中以及对这个实践的理解中得到合理的解决。"广义的社会实践是指人类认识世界、改造世界的各种活动的总和,即全人类或大多数人从事的各种活动。劳动社会实践是大学生利用课堂外的时间,参加由学校组织或个体自发进行的,通过劳动接触社会、认识社会、了解社会、适应社会的实践活动或环节,以获得间接或直接的社会经验,从而形成马克思主义社会观和劳动观的过程。从劳动内容与学校教学计划的关系来看,可分为与教学计划直接相关的劳动社会实践(如心理、教育类专业进行的问卷调查,测绘、地质、采矿、建筑等专业进行的实地观察等,艺术传媒类专业的实地写生等),以及与教学计划无直接关系的社会实践劳动(如社区志愿服务、应急救助、扶贫开发等社会性劳动,大学生的创新创业实践等)。从劳动社会实践组织形式来看,可以分为由学校组织的集体实践劳动(如由高校团委组织的社会实践小分队,每年假期都会在全国各地开展劳动社会实践)和由学生个体自己进行的社会实践劳动(其劳动方式丰富多样,内容涉及社会的方方面面,如厂矿实践、文化辅导、社会调查、生产劳动、文艺下乡等)。

习近平总书记曾深情寄语青年:"不要认为学校中学到的知识是高超、万能的,只有到社会中与群众打成一片、扭到一起后,产生了社会责任感,才能获得真知灼见。"

社会实践劳动是大学生与社会的不断调适，是个体从"自然人"发展为"社会人"的过程，是了解社会、认识国情、增才长干、奉献社会的重要途径。

2. 劳动社会实践的要求和原则

大学生劳动社会实践的总体要求是：全面贯彻党的劳动教育方针，遵循大学生成长规律和教育的规律，以接触社会、认识社会、了解社会、适应社会为主要内容，以形式多样的劳动形式为载体，通过劳动社会实践促进大学生的全面健康成长。除此之外，劳动社会实践在实施过程中还要坚持全员性、教育性、创新性、协同性和系统性原则，充分发挥劳动社会实践的教育功能，引导大学生牢固树立劳动创造人，劳动创造价值、创造财富、创造美好生活的思想观念。

全员性原则。劳动社会实践是大学生认识真实的生活世界和职业世界的重要途径，从微观的角度来说，它是学生认识社会、锻炼自己的一个平台和桥梁；从宏观的角度来看，它是学校用来检验办学水平和质量的途径，引导学生投身于社会、增强社会责任感的重要方式，这就决定了大学生参与劳动社会实践必须坚持全员性原则。目前我国高校劳动社会实践存在着"主题式""特权式""阶段式"等现象，有的高校根据各教育部门和各级共青团的相关政策文件，结合自身院校特色选定劳动实践主题，这样学生就不得不按照学校的主题进行劳动实践，不能按自身条件和兴趣选择对应的劳动实践内容；有的高校通过建立劳动社会实践"示范队""先锋队"等，选拔出一部分大学生进行有针对性的培养，造成对其余大学生劳动社会实践管理和个性培养投入不够，效果就大打折扣；还有的高校只在假期开展劳动社会实践，一方面造成劳动社会实践不能持续开展，另一方面也进一步加剧劳动社会实践资源短缺的现状。因此，高校开展劳动社会实践要遵循全员性参与的原则，形成"全员参与、个性培养"的良好局面。一方面高校要统筹开展校内校外劳动社会实践，学生在校期间可以充分利用学校的资源和平台，例如开展社团志愿活动、学生寝室文明评比、勤工助学等劳动，假期可以开展家乡调研、社会实习等，形成连续性、持续性劳动社会实践机制。另一方面高校要建立科学的考核机制，充分调动学生在劳动社会实践中的积极性、创造性和主动性，鼓励学生根据自身的实际情况和兴趣爱好，自主选择劳动实践内容和方式，保证劳动社会实践的教育效果。

劳动社会实践的全员性原则，由社会发展规律所决定，也是市场经济对高校教育教学提出的必然要求。社会的市场经济要求人具有灵活多变的适应能力、承受能力，更要求人具有开拓进取不断创新的能力。市场经济是规范有序的经济，它要求把个体创造与社会需求有机结合起来，同时市场经济导致分配体制的变革，大学生的择业具有自身的特点，既有自由度又有激烈的竞争性，毕业生必须根据人才市场需求自主择业，即基于各用人单位招收具有敬业精神、独立工作能力以及过硬的专业知识功底的用人目标和倾向来自主择业，而这正是劳动社会实践的培养目的。

教育性原则。马克思在《资本论》中指出："一切劳动，一方面是人类劳动力在生理学意义上的耗费；就相同的或抽象的人类劳动这个属性来说，它形成商品价值。一切劳动，另一方面是人类劳动力在特殊的有一定目的的形式上的耗费；就具体的有用的劳动这个属性来说，它生产使用价值。"劳动社会实践是劳动的一种形式，但决不能与"出力""出汗"完全画等号，不能简单地认为出汗越多，劳动教育的效果就越好，更不能认为只有"下苦力"才是劳动实践，不"下苦力"就不是劳动实践。在改革开放前，劳动实践主要是生产劳动实践，如下田间地头、进厂矿车间等。1950年教育部副部长钱俊瑞曾提出"教育为工农服务，为生产建设服务"，1958年颁布的《中共中央、国务院关于教育工作的指示》就明确指出贯彻落实"教育与生产劳动相结合"的方针，这个时期的实践劳动主要方式是生产劳动，以体力劳动为主，呈现"劳""教"分离的特点。改革开放以来，对劳动实践的要求慢慢由"体力劳动"转向"体脑结合"，劳动实践的教育性逐渐凸显。特别是十八大以来，对劳动实践的教育作用更加重视，《关于深入推进义务教育均衡发展的意见》《教育部、共青团中央全国少工委关于加强中小学劳动教育的意见》《中共中央关于深化教育教学改革　全面提高义务教育质量的意见》等一系列文件先后出台，尤其是中共中央、国务院颁布的《关于全面加强新时代大中小学劳动教育的意见》，明确要求要充分发挥劳动教育人、锻炼人、塑造人的功能，强调劳动教育具有突出的社会性，提出高校要加强与社会生活、生产实践的直接联系，发挥劳动在个人与社会之间的纽带作用，让学生体会社会主义社会平等、和谐的新型劳动关系，增强学生深入社会、了解社会、服务社会的责任感和使命感。

创新性原则。社会不断发展，劳动社会实践也必须不断改进，要根据新的社会情况进行创新，提升创造性劳动的能力，以适应新情况、新要求、新发展。

首先，创新劳动社会实践顶层设计。"锐始者必图其终，成功者先计于始。"高校作为大学生劳动社会实践的主要组织者与实施者，是培养大学生创新性思维、提升创造性劳动能力的基础保证。习近平总书记在中共中央政治局第九次集体学习中强调，要深化教育改革，推进素质教育，创新教育方法，提高人才培养质量，努力形成有利于创新人才成长的育人环境。高校开展劳动社会实践要有使命感，更需要创新意识。就目前劳动社会实践实际情况看，还存在一些不足，包括认识上的误区、课程上的滞后性、师资力量不足、教育途径单一等。对此，高校必须以改革创新精神去推动给劳动社会实践工作，提高对劳动社会实践的认识，科学优化课程设置，加强师资培训，拓宽劳动社会实践实施途径，切实为学生劳动社会实践提供机会、创造条件、搭建平台。

其次，创新劳动社会实践实施途径。劳动社会实践要紧跟国家发展需要，早期的大学生劳动社会实践采取上山下乡、进厂矿、进农场等方式，随着社会发展的需要，新时期劳动社会实践要更注重结合新技术新产业新业态，尤其现在大学生主要是"00后""10后"，这一代人是伴随着互联网长大的，作为"网络原住民"，除了继承传统劳动社会实践教育的做法，更要结合网络时代的特点，充分运用网络信息技术、模拟仿真实验、人工智能等形式拓展劳动方式方法，组织社会实践活动，让劳动教育活起来、实起来、动起来。切不可窄化劳动社会实践，一提到劳动社会实践，就只能想到去社会兼职打工。

再次，创新劳动社会实践培养的方式方法。当学生用汗水和劳累换来宿舍的干净整洁，用双手种下一棵棵树苗、一朵朵美丽的花，他们会切身体会到"劳动最美丽"；当学校把劳模请进课堂，面对面与学生沟通交流，聆听劳模工匠们的亲身讲述，学习护林员、快递员、邮政投递员、医生、环卫工人等社会各行各业的从业者，他们在平凡的岗位上取得了不平凡成就，学生会直观感受劳模精神，感受"劳动最光荣"，深刻领悟劳动创造美好生活的真实内涵。

协同性原则。由于劳动社会实践具有开放性、跨学科性、综合性等特点，不仅要求学校、教师、学生与家长及社会之间相互配合，家庭、学校、社会形成合力，协同完成任务，而且要求学生自主参与设计劳动、协商选择主题、确定劳动内容、共同组织实施及评价。人才培养离不开教育，教育活动离不开资源。劳动社会实践体系的形成需要政府、社会、学校、家长和大学生的共同参与，而不能仅仅看作是政府或者高校的事，要通过社会的大力支持使得劳动社会实践成为一项社会性、系统性教育工作。教育部印发的《大中小学劳动教育指导纲要（试行）》对劳动的条件保障做了明确要求，指出要统筹规划配置实践资源，充分发挥高校实践基地和场所的作用，利用政府和社会资源，联合建立志愿服务劳动基地、劳动实践基地；此外，还进一步提出要建立协同实施机制。

劳动社会实践需要社会的大力支持，建立稳定基地。基地建设是大学生社会实践活动系统化、经常化、制度化的重要措施和发展趋势。建立劳动社会实践基地可实现高校和企业的"双赢"：一方面，可以为企业增强自身发展的活力和科技含量，通过双向沟通最终达到双赢；另一方面，高校可利用假期活动，发挥人才、技术、信息等方面的优势，尽可能结合经济建设和生产任务来安排劳动实践，与企业互惠互利。此外，高校还可充分调动社会各项资源，如安排学校附近的一批荒地、山林、草地等作为生态绿化实践基地；与相关专业厂矿企业合作，建立起作为社会调查实习实践活动基地；充分与政府相关部门合作，建立社区、福利院、医院、博物馆、科技馆、图书馆等志愿服务劳动基地，丰富劳动社会实践教育资源。同时，高校要注重加强师资队伍建设，根据各院校特色，采取专职与兼职相结合、固定编制与流动编制相结合、存量提升与适度招聘相结合，合理调整和配备队伍，提升劳动社会实践观教师的专业素质和能力。

此外，劳动社会实践的开展也需要家长的理解和支持。中国历来有"万般皆下品，唯有读书高"的育人观，加上近年来经济的不断发展，家庭经济条件不断改善，家长们更愿意支持孩子参加各项考试取得直观成绩，而忽视劳动社会实践的重要性，甚至对劳动社会实践不以为然。家长是学生的第一任老师，要转变对孩子成长的片面性评价观念，更好地参与到孩子劳动社会实践中来。

系统性原则。如果说大学生劳动教育是一个大的系统工程，那么劳动社会实践就是其中一个子系统，要运用系统科学理论来指导大学生劳动社会实践，使之标准化、规范化、系统化。例如《大中小学劳动教育指导纲要（试行）》中，就规定了对不同学龄的学生进行递进式劳动教育的要求。对于中小学低年级学生主要以简单手工、自己动手清洁整理为主，中高年级学生就提出要开展日常生活劳动和职业简单劳动；对于高校大学生的要求就更高，除了日常劳动卫生和公益服务，还要强调开展生产劳动和服务性劳动，强调劳动教育从简单劳动、原始劳动向复杂劳动、创造性劳动循序渐进发展的重要性。高校建立科学的大学生社会实践机制，不仅促进劳动社会实践的科学化与规范化，更切实推进劳动社会实践育人目标的实现。系统性的劳动社会实践，是了解和掌握学生参加劳动的情况和取得效果的有效保障。一方面高校要结合开设劳动实践相关课程，提高学生劳动社会实践知识。例如可以通过系统学习工匠精神、劳模精神等方面的内容，培养学生的马克思主义劳动观；通过学习劳动法律法规，增强学生的劳动社会实践法律意识。另一方面高校要将劳动实践与学科专业有机融合，不断深化产教融合。比如机械类专业的同学，根据教学计划，可在大学二年级开展创新创业实践、金工实习等，在此基础上大学三年级可以进行生产实习，在毕业前再开展毕业实习，循序渐进地培养学生的劳动社会实践能力和水平。

3. 劳动社会实践的类型

大学生劳动社会实践是大学生接触社会、认识社会、了解社会、适应社会的重要方式和途径，是学生认识社会的第二课堂，也是理论和实践相结合的纽带。根据劳动内容的不同，大致可以分为三类：以社会了解研究为主的劳动社会实践、以社会生态治理为主的劳动社会实践和以社会服务为主的劳动社会实践。这三种劳动实践类型虽然具有不同的劳动目的、以不同的方式实现、占用不同的资源等特征，呈现出一定的独立性；但它们都是以大学生为主体、以高校为依托、以社会为基地、以劳动为途径，共同促成劳动育人目标，三种类型相互依托、紧密相连，构成大学生劳动社会实践体系。

（1）社会了解研究类。

这类劳动社会实践是指大学生有意识、有目的、有计划地对相关的社会事实和社会关系所进行的调查研究，了解和掌握社会生活本质和规律的过程，主要使用社会调查等研究方法。调查研究是了解社会本质的重要途径，但要想做好社会调查，需要科学合理地进行整体规划，按照一定程序进行调查：在选题阶段要注意结合国家形势和政策，并结合自身条件和资源，选定感兴趣的问题（如新农村建设，西部开发等）之后，要提前做好计划，预先做好保障措施和必要的物资准备，通过选择适当的调查方式和方法，最终完成调研目标。我们党历来重视调查工作，毛泽东同志提出没有调查就没有发言权，社会调查研究是大学生了解社会、认识社会的第一步，尤其是到农村地区进行劳动社会实践。2017年10月18日，习近平同志在党的十九大报告中提出了乡村振兴战略，指出农业、农村、农民问题是关系国计民生的根本性问题。乡村振兴的重点在经济，难点在文化，关键在人才。大学生在社会实践的过程中走进基层，走进农村，了解农村，可对国家战略规划、方针政策等有更加深刻的了解，可在实践劳动中发现机遇、转变认识，充分利用自身学科专业优势，将所学专业知识转化为乡村发展的技术支撑条件，在为乡村振兴贡献力量的同时解决自身就业问题，实现人生价值。

（2）社会生态环保类。

纵观人类文明发展史，生态兴则文明兴，生态衰则文明衰。近些年来，工业化进程得到了前所未有的发展，但也给生态环境带来了前所未有的压力和创伤。值得注意的是，生态问题正在成为人类社会发展道路上的新"掣肘"。毫不夸张地讲，生态问题不解决，构建人类命运共同体和实现人类幸福美好生活的目标就无从谈起。但全球生态治理现状并不乐观：一方面，大气质量的持续恶化、土壤沙化、可用淡水量和动植物种类减少等，使人类生存的条件不断恶化；另一方面，人口过度膨胀，资源的浪费进一步加剧，又使生态持续恶化。我国向来尊重自然、热爱自然、敬畏自然，一直都把生态环境作为民之福祉。习近平总书记强调，地球是全人类赖以生存的唯一家园，我们要像保护自己的眼睛一样保护生态环境，像对待生命一样对待生态环境。① 大学生作为新时代的主力军、我国未来建设发展壮大的力量，对于生态文明的建设和发展有着不可推卸的责任和历史重担，因而以生态环保为主的劳动社会实践必须作为重要实践内容来推行。以社会生态环保为主的劳动社会实践形式多种多样，比如在垃圾分类劳动实践中培养绿色生活意识，开展植树造林等活动，充分发挥校园资源，开展校园绿化、美化、清洁等活动，在劳动中增长大学生的生态知识，培养生态道德意识和习惯。

（3）社会服务性劳动类。

大学生社会服务性劳动，是大学生在不追求物质回报的情况下，积极服务社会，促进社会进步而自愿进行的社会实践工作，包括社会志愿服务、公益劳动、社会帮扶等。志愿服务是社会文明进步的重要标志，起初源于19世纪初西方国家宗教性的慈善服务，后逐渐制度化、专业化，形成以自愿、无私、奉献的公益精神。大学生社会服务性劳动有助于大学生学以致用，在志愿服务中了解社会、认识社会、回报社会，同时，也可以提高大学生志愿服务者的知识面，引发大学生积极思考，为毕业后进入社会做好准备。高校可以充分利用学校的平台和资源，为大学生提供服务岗位，例如图书馆志愿服务者。同时，也应该充分发挥社会力量，增加大学生服务劳动的途径和资源，比如可以就近就便与社区建立联系点，引导大学生向孤寡老人、残疾人等社会弱势群体送温暖，辅导和帮助留守儿童学习文化知识，参与社区的美化绿化建设等，以使大学生更加了解基层民情民意，增强大学生社会责任感；开展社区帮扶，有计划有目的地举行社会募捐和义卖等，可充分锻炼学生们与他人沟通交流的能力。此外，国内大型体育赛事、活动中，大学生也是志愿者主力，这是"双赢"的社会实践形式，大学生的高素质、高学历、高技能可以为比赛的顺利进行提供支持，同时大学生也可以从中锻炼专业能力、提高沟通能力，培养团队精神。

（二）劳动社会实践的特征

1. 思想性与实践性相统一

思想性是劳动教育的灵魂，它注重强调劳动是一切财富、价值的源泉，劳动者是国家的主人，一切劳动和劳动者都应该得到鼓励和尊重，作为劳动教育手段的劳动社会实践同样具有这一特征。坚持劳动社会实践的思想性，要注意必须坚定不移地以马克思主义劳动观作为理论指南，坚持劳动教育者必须具有高尚道德情操，把深入劳动生活、了解人民群众作为现实根源。现阶段增强劳动社会实践的思想性就是要始终弘扬社会主义核心价值观，倡导通过诚实劳动创造美好生活、实现人生理想，反对一切不劳而获、崇尚暴富、贪图享乐的错误思想。

---

① 习近平：《共谋绿色生活，共建美丽家园》，《人民日报》，2019年4月29日。

实践性是马克思主义的根本特征。劳动社会实践的主要目的是通过引导学生进行劳动社会实践，在认识世界的基础上，更好地改造世界和塑造自我，实现从认识世界到建设世界的过程，而这一过程是建立在社会实践基础上的。劳动社会实践的实践性从形式上指的是学生必须切切实实去社会上"劳"，而不能简单地停留在课堂上去"听"，或者停留在网络或电视上"看"，停留在脑袋里去"想"，突出强调了学生走进社会、面向真实的生活世界和职业社会的重要性，强调学生要通过实实在在的劳动社会实践，感受和体验劳动的不易，从而获得有积极意义的价值体验，而不能通过理论上的、表面上的、形式上的外部灌输。

劳动社会实践既符合一般劳动教育的特点，又具有自己不同于一般劳动的特征，相比其他劳动教育方式，劳动社会实践具有更突出的实践性，这就要求劳动社会实践过程中不仅要对具体实践进行指导，更要关注这一过程中劳动社会实践对教育者和被教育者的改造作用，即体现其思想性与实践性的统一。

2. 社会性与封闭性相统一

劳动社会实践的社会性体现在教育教学实施过程中的方方面面，如培养目标是为引导学生走进社会、了解社会和贡献社会，实践路径不仅需要在社会中推进实施，更是离不开社会各界的协助支持。从本质上讲，劳动社会实践就是为了充分发展学生的社会性，通过引导学生参加劳动社会实践，增强其社会责任感和使命感，即完成培养社会人的过程。实施劳动社会实践的重点，在于通过学校教育与社会生活、生产实践的直接联系，发挥劳动在个人与社会之间的纽带作用，引导学生形成正确的劳动价值观、良好的劳动品质并掌握高超的劳动技能。同时，在劳动社会实践过程中，注重强化集体意识、建立职业团体和伦理道德等方式，让学生学会分工合作，培养受教育者的劳动批判精神和开拓创新能力，体会社会主义社会平等、和谐的新型劳动关系，进一步推动社会的改革和进步。

劳动社会实践教育的封闭性是指高校要保证教育教学的主动权，坚持遵循教育的本质规律，坚持中国特色社会主义教育内容，坚持马克思主义劳动观，不能完全受市场经济规律的支配和社会需求的干涉，要坚定不移地坚持中国特色社会主义教育道路。劳动社会实践的教育本质决定了必须坚持社会性与封闭性相统一，在推动劳动社会实践教育的开展的同时，坚持社会主义办学方向。一方面其社会性可以使高校更加与时俱进，更加开放灵活高效，通过主动接触社会，可以为实现整体教育目标提供物质基础和基本条件，通过服务社会，逐步形成高校的特色，通过满足社会需求，检验高校的教育质量和水平。另一方面，劳动社会实践教育必须遵循培养德智体美劳全面发展的社会主义建设者和接班人这一教育目标，这就需要劳动社会实践教育具有相对封闭性，能够排除来自外界的干扰，充分发挥教师和学生的主体精神，遵循人才成长的客观规律，为发展学生的个性特长创造必要的环境条件。

3. 计划性与自主性相统一

社会实践劳动教育不能简单看成是大学生在社会中进行的具体劳动，而是在培养目标下，有计划、有组织地走入社会、了解社会和服务社会的教学活动。教育内容的设置要有计划性，劳动社会实践教育要反映德育教育的本质，必须坚持为人民服务的指导思想，这就要求在教学内容的设置上，坚持马克思主义劳动观和社会主义和谐劳动关系，围绕劳动精神、劳模精神、工匠精神等方面来设置课程内容。在劳动实践途径上，注重开展服务性劳动社会实践，如"三支一扶""三下乡""四进社区""青年红色筑梦之旅"等，让学生积极参加到社会服务型劳动、公益志愿活动、生产劳动中去，培养学生主动作为的奉献精神。树立服务意识，将自己所学知识和技能转化到全心全意为人民服务的事业中。社会实践劳动教育的计划制定要科学有效，计划目标不可太低或者太高，太低无法调动学生的积极性，而太高又容易打击学生的自信心，要遵循学生的成长规律，结合专业特点、兴趣爱好、劳动基础、社会热点等来制定，进而保证劳动社会实践教育的效果。

同时，也应看到社会实践劳动教育不同于其他的理论课程，它需要让学生自己走进真实生活、生产和社会中去，亲历实际劳动，通过直接创造物质财富或劳动成果，体验劳动创造人、劳动创造价值、创造财富，这些都是需要学生的亲自参与才能完成的，也就意味着社会实践劳动教育的实施离不开学生主动积极的实践和各种亲自参与，即具有自主性特征。在社会实践劳动教育中，不能仅仅将学生视为受教育者或者"听众"，而要尊重学生在劳动社会实践中的主体地位，关注学生的兴趣爱好和需求，在劳动内容和方式的设置上给予学生一定的"自由空间"，可结合学生的成长环境和社会生活，设置有针对性的、个性化的劳动主题和方案，充分发挥学生在社会实践劳动教育中的主动性和积极性。

4. 指导性与生成性相统一

推动劳动社会实践教育教学的改革创新，既要坚持指导性，又要注意生成性，既需要依靠教师的主导与落实，也离不开学生主动参与，二者相互依赖，缺一不可。

大学生劳动社会实践离不开劳动课教师的指导。劳动课教师是劳动社会实践教育的重要环节，国家、高校关于劳动社会实践的方针政策，最终都需要劳动课教师在指导学生劳动社会实践中落实。作为劳动社会实践的主体，劳动课教师的劳动意识、劳动观念、劳动素养可以直接影响教育的成效，学生基本的劳动知识和技能的掌握、正确的劳动观念的树立、积极正向劳动精神的塑造、良好的劳动习惯和品质的培养，都需要通过劳动课教师主导的教学活动来落实。因此，高校要建立健全劳动社会实践教师队伍考核机制，根据学校自身特点，建立劳动社会实践的规划、实施、考核、评价等；注重加强劳动课教师的培养，将劳动社会实践设置为培训内容，重视教师的知识更新，提高教师的劳动素养，提升教学创新能力；同时，作为劳动社会实践的教师，自身也要关注社会、了解社会、深入实践，这样不仅有助于教师巩固强化所学所教的理论知识，也可以保持实时了解行业发展动态和社会发展动向，反哺教学，为劳动社会实践的教育教学提供保障。在劳动社会实践中，教师要准确把握育人导向，密切联系培养学生新时代社会主义劳动观这一主题，全面促进学生成长成才这一目标，充分彰显树德、增智、强体、育美的育人功能，引导学生走进社会、了解社会、贡献社会。

美国心理学学者维特罗克在20世纪70年代提出生成性学习理论，该理论认为学习是一个主动的过程，学习者在学习中可以主动构建自己对信息的解释。劳动社会实践的生成性是指教师在开展教育教学过程中，要充分发挥劳动社会实践这一教育方式的社会性、开放性特点，注意发挥学生的主体性，充分开发学生潜能、培育学生的创新思维。

二、劳动社会实践的作用

（一）劳动社会实践是育人的重要手段

我国教育历来重视劳动社会实践的作用，一直把实践作为教育的重要内容和手段。"读万卷书"固然重要，"行万里路"更不可少。孔子曰："先行其言，而后从之。"强调实践的重要性；李时珍"远穷僻壤之产，险探山麓之华"，足迹踏遍湖南、湖北、江西、江苏、安徽等地，终于写成《本草纲目》这一巨著；地质学家李四光多次实地考察太行山、九华山、天目山、庐山等，纠正中国没有第四纪冰川的错误说法。我们党历来重视教育与劳动社会实践的结合，1954年中央《关于改进和发展中学教育的指示》中指出"应当配合着课堂教学，适当组织学生做一些力所能及的有教育意义的体力劳动"；1958年，共青团中央下发《关于在学生中提倡勤工俭学的决定》中强调，开展勤工俭学活动，必须有计划有步骤地实施，要量力而行，注意在具体实施过程中做好对青年学生的思想政治工作。改革开放后，曾一度出现了"重理论、轻实践"的倾向，评价学生的标准出现唯成绩、唯奖项论，学生开始远离社会、远离劳动，更多的是坐在教室里、待在课堂上被动接受教育，学生脱离劳动社会实践的现象日益突出，因而造成部分学生出现社会责任感缺失、自我生存能力低、缺少感恩之心等问题。党的十八大以来，党和国家高度重视社会实践育人作用，将"教育为人民服务"写入党的文件，提出要构建德智体美劳五育全面发展的教育体系。大学生正处于身心趋近成熟而又未完全成熟的阶段，这一阶段也是一个人世界观、价值观、人生观初步形成的时期，他们通过走进社会倾听基层真实声音、观察社会万千现象、亲自参与真实生活和职业社会，可获得最直观的、最实际的感受，塑造政治品格、道德品质和社会行为，提升社会责任感和历史使命感，从而担负起青年的时代责任。

（二）劳动社会实践是德育的有效补充

教育部2017年8月发布的《中小学德育工作指南》指出，要坚持教育与生产劳动、社会实践相结合，坚持学校教育与家庭教育、社会教育相结合，不断完善中小学德育工作长效机制，全面提高中小学德育工作水平，为中国特色社会主义事业培养合格建设者和可靠接班人。劳动社会实践是落实实践育人的有效途径。开展社会了解研究类劳动实践有助于学生了解社会，促进知行合一，为学生自觉将个人理想融入国家发展、国家需求奠定基础，提高毕业后服务国家、服务社会的能力；开展社会生态环保类劳动实践，通过节粮节水节电教育活动、环境保护和绿色消费等劳动实践，有助于学生树立尊重自然、顺应自然、保护自然的环保理念，促进学生进一步了解我国的自然资源概况和地理地貌，增强国家认同；开展社会服务类劳动实践，学生在关注社会发展和满足社会需求的同时，自身通过服务社会、回报社会，可进一步了解社会、走进社会、融入社会，增强社会责任感和荣誉感。

中国共产党是工人阶级的先锋队，当代大学生只有通过深入参加劳动社会实践，才能增强大学生爱党、爱国、爱人民的深厚感情，才能深刻领悟党的宗旨，才能为共产主义的远大理想和中国特色社会主义的共同理想而努力。2021年7月15日，习近平同志在庆祝中国共产党成立100周年大会上的讲话中指出，我们已经实现了第一个百年奋斗目标，正在向全面建成社会主义现代化强国的第二个百年奋斗目标迈进。这个目标的实现，需要广大有志青年的接续努力和不懈奋斗，大学生作为掌握先进知识技术和高质素青年群体，更要在劳动社会实践中培养奋斗精神、劳动精神和奉献精神。

（三）劳动社会实践是形成教育合力的重要途径

教育的有效实施需要高校、家庭和社会三者的合作已成为共识，学校通过教育教学让学生拥有扎实的基础知识、健康的心理和良好的行为品行，家庭中父母或者亲属通过潜移默化的影响，培养学生的道德品质和行为习惯，良好的社会教育增长学生的阅历见识，丰富学生的精神生活，学校、家庭、社会三者的有机结合，是落实立德树人根本任务的重要方式。但在学校、家庭和社会结合中，存在各种不平衡、不融合状态，如家庭虽然是学生教育的第一课堂，但由于家长的知识水平参差不齐，无法规范地、均衡地参与到学生的教育教学中来，社会教育也往往无法有效发挥作用。

劳动社会实践为学校、家庭和社会的教育融合提供契机。劳动社会实践的开展需要学校教师进行科学的设置和专业的指导，又需要社会提供资源和平台保障其顺利进行，同时家长相对丰富的社会经验阅历也可以参与到劳动实践中来，通过劳动社会实践这一"媒介"，学校、家庭和社会可以有效形成"三结合"整体育人体系。一是教育形式的协作。高校作为教育的主阵地和主渠道，可以为学生劳动社会实践提供"演练场"，比如组织植树造林，利用节假日开展公益志愿服务宣传等；家庭要发挥好"训练场"的重要作用，积极鼓励学生参加劳动社会实践；社会作为劳动社会实践教育效果的"检验场"，衡量教育成效的同时又可以进一步改进改善教育方式。二是教育内容的丰富。高校要强化马克思主义劳动观的教育，培养学生劳动社会实践所需要的科学知识和劳动素养；家长要改变观念，摒弃唯分数、唯成绩衡量孩子的成长成才的错误观念，改变"学而优则仕"旧的传统观念，充分认识劳动社会实践对孩子发展的重要性，支持其走进社会、了解社会、服务社会，培养孩子到艰苦地区和行业工作的奋斗精神；大学生要通过劳动社会实践，形成对当今社会整体的、全面的、系统的认识，学会认清社会风气、社会舆论、社会价值取向中的消极方面，进而形成和确定社会主义核心价值观。三是教育方法的互补。高校教育方法以语言和图像传递为主，如教师讲授课程、指导谈话，学生之间的分组分类讨论，参观实习，演示教学等；情感传递是家庭教育的特点；社会提供丰富的劳动实践资源和平台，让学生自主进行体验、实践进而获得直接或间接经验。多种多样的教育方法，更能满足学生不同年龄、心理、兴趣特点的劳动社会实践需求。

（四）劳动社会实践是提升学生综合能力的重要过程

劳动社会实践对提升大学生的综合素质和专业技能具有重要作用。第一，促进学生德才兼备。实践是检验真理的唯一标准，大学生在课堂所学到理论知识和技能，通过劳动社会实践得到检验和考核，从而推动和促进课堂理论的学习。如大学生通过亲自组织团队进行社会调查，能够进一步掌握调查研究的理论知识、方法、技巧和相关规定，能够更加认清自己、了解自我，了解社会、认识社会，在服务社会的过程中更加灵活、牢固地掌握知识。第二，提升大学生的适应能力。大学生在开展劳动社会实践过程中，需要"半脱离"学校和家庭的单纯环境，独自面对劳动社会实践中的各种情况和突发状况，尤其是各种困境或难题，这时就需要大学生调动和发挥自己各方面的知识和能力，如发现处理问题能力、组织能力、合作能力、沟通交流能力、统筹协调能力，以及总结改进能力等，这一过程可以促进大学生自身智力、意志力和人格的塑造，充实完善自我，从而提高大学生的综合适应能力。第三，促进学生形成健康乐观的积极心态。大学生在进入大学前，大部分的时间都用于课堂的学习，接触和了解的主要是老师、同学和家长，生活轨迹基本是学校—家庭—学校，生活经验单一。通过亲身参加各项劳动社会实践，如到医院、图书馆、社区、养老院、贫困山区等进行志愿服务，与社会各行各业进行广泛深入交流，可增加工作经历和人生经验，培养吃苦耐劳、独立自主的能力，促进学生以更平和、务实的心态看待学习、生活和工作，进而形成务实、感恩、乐观、积极的健康心态。

第二节　劳动社会实践的内容与实施

一、社会调查

社会调查是社会"调查"和"研究"的简称。社会调查是指一种采用自填式问卷或者结构式访问的方法，系统、直接地从一个取自总体的样本那里收集材料，并通过对资料的统计分析来认识社会现象及其规律的社会研究方式。大学生参加社会调查活动有利于增强社会责任感，增加社会阅历、职业阅历，通过了解社会需求和实际职业需求，提高综合应变能力。

（一）确定主题

社会的丰富性和人类活动的多样性决定了调查研究的主题丰富多彩，选好研究课题是社会调查研究的起点。对一项社会调查的选题加以评判的主要标准包括选题的价值、时效性、前瞻性、可操作性以及可行性等。大学生应根据当前国家经济形势和相关的方针政策，以及自己的专业、兴趣和爱好，结合社会调查的要素特征，选定一个值得研究的问题，并通过查阅必要的文献资料、咨询相关老师等方法最终确定调查主题。

确定调查主题之后，可按以下三类题材进行主题的细化：一是某一人群的社会背景，既包括人口统计的基本信息，如性别、年龄、职业等，又包括人们生活环境方面的内容，比如家庭构成、居住形式等。这类题材客观性很强，几乎所有社会调查都包括这一题材。二是某一人群的行为和活动，比如大学生几点起床，每周运动几次，这类题材通常也是基于客观事实，通常构成大部分社会调查的主要内容。三是某一人群的意见和态度，比如大学生怎么看待"慢就业"现象，大学生对人才引进有什么意见等等，这类题材是主观性的。

（二）设计问卷

问卷是社会调查研究中用来收集资料的工具，它在形式上是一份精心设计的问题表格，其用途是用来测量人们的行为、态度和社会特征。它通常包含封面信、指导语、问题、答案等几个部分。①

封面信，即一封致被调查者的短信。其作用在于向被调查者介绍和说明调查的目的、调查单位或者调查者的身份、调查的大概内容、调查对象的选取方式和对结果保密的措施。封面信的语言要简明、中肯，篇幅不宜长。举例如下：

农旅融合发展促进恩施州脱贫攻坚调查问卷

亲爱的恩施州居民：

您好！感谢您在百忙之中填写我们的问卷！我们是武汉轻工大学管理学院旅游管理系的学生，为了解恩施州农旅融合发展促进脱贫攻坚的情况，从而为恩施州的脱贫攻坚工作和农旅融合高质量发展提供策略建议，特邀请您抽出10分钟左右的时间，根据自己的实际情况在适合的答案号码上画圈或者在空白处直接填写。本次问卷采用匿名调查的方式，仅供研究使用，不会泄露您的个人隐私，感谢您的支持和配合！

负责人：武汉轻工大学管理学院学生　×××

联系方式：××××××××××

指导语，即用来指导被调查者填写问卷的解释和说明。大学生在社会调查中问卷设计的填写方式比较简单，指导语很少，常常在封面信中用一两句话说明即可，比如"根据自己的实际情况在适合的答案号码上画圈或者在空白处直接填写"。

问题和答案是问卷的主体，也是问卷设计的主要内容。从形式上看，问题可以分为开放式和封闭式两类。开放式问题是指提出问题，但不为回答者提供具体答案，由回答者根据自己的情况自由填答的问题。比如"您对于农业旅游扶贫工作有什么好的想法与建议"。而封闭式问题，则是在提出问题的同时，还要给出若干个答案，要求回答者根据实际情况进行选择。比如，"您对农业旅游扶贫工作有哪些期待"就是一个开放式问题，但是当我们在下面列出了若干个答案，要求回答者选择其中几项作为回答时，就变成封闭式问题。举例如下：

---

① 风笑天著：《现代社会调查方法（第六版）》，华中科技大学出版社，2018年，第107页。

您对农业旅游扶贫工作有哪些期待？［多选题］
□ 经济补偿
□ 就业安置
□ 扶贫贷款
□ 旅游职业技能培训
□ 创业项目指导和资金支持
□ 其他

问卷设计中要注重语言形式，措辞要简短、明确、通俗、易懂，问题的语言要尽量简单，问题的陈述要尽可能简短，问题要避免歧义，问题不能有倾向性和诱导性，不要使用否定形式提问，不要设置回答者不知道的问题，不要直接询问敏感性问题。

问题的顺序要遵循一定的规律，要把简单易答的问题放在前面，把复杂难答的问题放在后面；把被调查者熟悉的问题放在前面，把被调查者感到生疏的问题放在后面；把能引起被调查者兴趣的问题放在前面，把容易引起紧张或者顾虑的问题放在后面；一般先问行为方面的问题，再问态度、意见、看法方面的问题；个人背景资料一般放在开头，若有开放式问题，则应该放在问卷最后。

（三）资料收集

社会调查的资料收集方法主要有两种，一种是自填问卷法，另一种是结构访问法。自填问卷法是指调查者将调查问卷发送给被调查者，由被调查者自己阅读和填写，然后再由调查者回收。其中又细分为个别发送法、集中填写法、邮寄填写法和网络调查法。结构访问法是指调查者依据结构式的调查问卷，向被调查者逐一提出问题，并根据被调查者的回答进行记录。结构访问法也可细分为当面访谈法和电话访谈法。

（四）分析总结

资料收集后就进入分析阶段，本阶段的工作重点是审核、整理、统计、分析调查收集的资料。通过调查所获得的数据资料往往并不能直接为研究者提供有效的信息，这时就需要借助统计方法和技术，对调查资料进行整理与分析。从统计方法的具体运用而言，对社会调查数据的分析可以从两个层面进行，即描述统计和推断统计。如果仅就某次调查的数据进行整理、概括，对该组数据的分布特征加以描述，或者对变量之间的关系加以探讨，则称为描述统计。推断统计是根据样本所提供的信息，运用概率的理论对总体的分布特征和变量关系进行估计、推测。社会调查研究在运用推断统计时，主要是对总体的参数进行估计和对研究假设进行检验。描述统计是推断统计的基础，推断统计是通过样本的描述统计信息来估计、推测总体，从已知情况推测、估计未来情况。

资料分析结束后，可以动笔撰写社会调查报告。社会调查报告是针对社会生活中的某一情况、某一事件、某一问题，进行深入细致的调查研究，然后把调查研究得来的情况真实地表述出来，以反映问题，揭露矛盾，揭示事物发展的规律，向人们提供经验教训和改进办法，为有关部门提供决策依据，为科学研究和教学部门提供研究资料和社会信息的书面报告。大学生社会调查报告作为其中的一种，是高校学生对社会生活中的某一情况、某一事件、某一问题，进行深入细致的调查研究，然后把调查研究得来的情况真实地表述出来，以反映问题，揭露矛盾，揭示事物发展的规律，向学校提供社会信息的书面报告。

对大学生而言，调查的过程和结论要通过完整的调查报告呈现出来。因此，调查报告是衡量一项调查研究整体水平的重要依据。社会调查研究报告的文字与写作风格应尽量采取客观的表述，语言要准确、朴实、简洁、生动，可以采用必要的图表和数据说明问题。

扩展阅读

城市留守儿童教育问题及对策研究
——以东西湖区××学校为例

目前城市留守儿童以及城市留守儿童衍生的相关问题已成为我国政府和社会各界高度关注和重视的问题。它的教育研究直接关系到未成年人思想道德建设方针的贯彻与落实，关系到和谐社会的构建，关系到学校办学目标的实现和教育教学质量的提高。因此武汉轻工大学经济与管理学院分团委书记××老师带领经管学院青年志愿者协会的六名志愿者在暑假期间对东西湖区××学校部分城市留守儿童及其家长进行了家访，以此了解城市留守儿童的生活学习以及心理情况。

一、总体现状

现阶段，我国的城市留守儿童是指由于各种条件限制不能长期与父母生活在一起，而交由他人代为抚养、教育和管理的、户籍在城市或城镇的18岁以下的未成年人。由于户籍性质、教育教导方式、生存和发展环境、家庭出身等方面的差异和不同，城市留守儿童相较于农村留守儿童，除了拥有留守儿童的一般共性（即同样面临着缺乏亲情、监护不利、心理焦虑、学业失教和安保不得力等诸多问题）外，还具有自身的个性。在实际生活中，城市留守儿童典型的表现为家庭教育被忽略，处于真空状态。从生活环境来看，虽然城市留守儿童在物质生活条件上相对富有，但他们既缺乏父母的情感关爱和精神抚慰，又缺少家长的教育和监管，他们的生活存在着更多的诱惑，也存在更多"状况"发生的可能。

在武汉市东西湖区××学校14周岁以下留守儿童学生（一至九年级）共计370余名。本次我们的调查对象选取东西湖区××学校12～14岁的、父母外出打工的城市留守儿童，通过问卷调查、访谈、实地考察等方法展开研究，在全面收集整理城市留守儿童教育的相关概念和相关研究经验的基础上，分析城市留守儿童在家庭教育问题、心理问题、学习情况、道德行为和安全问题等方面的现状，然后针对问题进行成因分析，并提出相应的策略和解决办法。本次调查我们一共选取了××学校共计10名留守儿童，在7月10日和7月11日两天，分别前往其家中对孩子与家长进行相关访谈。

二、存在的问题

（1）监护人大多为老年人——爷爷、奶奶、外公、外婆。爷爷、奶奶、外公、外婆大多只注重满足孩子平时生活中物质上的需求，对孩子的教育方面缺乏经验，在教育方面大多只注重孩子的考试成绩，对孩子平时的校园生活以及心理活动了解较少。

（2）父母缺少对孩子心理需求的关注。认为给予孩子一定的物质条件，让其吃饱穿暖即可，较少参与到孩子的心理成长发育之中。

（3）学校对于留守儿童的教育措施不足。××学校由于地理位置特殊，学校留守儿童所占比例很大。而大多数外出务工家长对孩子的教育依赖于老师和学校，面对如此多的孩子，老师和学校无法面面俱到。

（4）12～14岁孩子的心理发育加速，容易出现负面情绪。由于缺少家人和学校的帮助，在面对许多复杂的矛盾和困惑时不知道如何正确处理。

（5）部分孩子的家庭收入情况较差，对于孩子日常生活的基本需求都难以满足。

三、建议与对策

（1）家访过程中，调查者发现多位家长对孩子的学习并不是特别重视。团队认为，留守儿童的监护人，要正确看待监护的对象，不能过于溺爱，不能只提供衣食住行等物质条件。要多沟通、多交流，加强对孩子的教育，给予其精神层面的关爱。

（2）父母出门在外，如果不方便经常回家，可以利用现代移动通信工具，比如微信，经常与孩子视频交流。在与孩子的交流中，应以温情为主，少一点批评、指责，让孩子真真切切地感受到父母的爱，过多的批评、指责会使孩子产生逆反心理。父母不在身边是很难发现孩子的心理问题的。

（3）外出的父母要尽可能多的与孩子互动，做到缺位不缺职；还要与监护人、学校班主任保持经常性的联系；最好多与孩子团聚，增进相互感情。此外，被委托照管孩子的监护人要努力树立角色意识，真正担负起教养孩子的责任和义务，努力为其营造完整的家庭氛围。

（4）孩子父母不在家时，老师就是对孩子影响最大的人。因此在学校时，班主任应多关心班上留守儿童的交友情况，在与孩子日常聊天时应多给予孩子以正确的方向引导，给孩子灌输积极向上的生活理念。

（5）留守儿童的心理问题十分重要。学校可以建立留守儿童心理辅导室，聘请心理咨询师或心理辅导老师，专门针对学校的留守儿童心理问题进行疏导和教育，发现问题及时解决。学校的每位教师可与一名或几名留守儿童相互结对，定期访谈，对其加以积极引导。

二、绿化美化

（一）义务植树

1. 政策背景

植树造林不仅可以绿化和美化家园，同时，还可以起到扩大山林资源、防止水土流失、保护农田、调节气候、促进经济发展等作用，是一项有利于当代、造福子孙的宏伟工程。第五届全国人民代表大会常务委员会第六次会议于1979年2月决定，每年3月12日为植树节；1984年9月第六届全国人大常委会第七次会议通过修改的《中华人民共和国森林法》总则中规定,"植树造林、保护森林是公民应尽的义务。"从而把植树造林纳入了法律范畴。

1981年夏天,四川、陕西等地发生了历史罕见的水灾。根据邓小平同志的倡议,1981年12月第五届全国人大第四次会议审议通过了《关于开展全民义务植树运动的决议》。决议指出,凡是条件具备的地方,年满11岁的中华人民共和国公民,除老弱病残者外,应因地制宜,每人每年义务植树3棵至5棵,或者完成相应劳动量的育苗、管护和其他绿化任务。会议责成国务院根据决议精神制定关于开展全民义务植树运动的实施办法,并公布施行。会议号召,勤劳智慧的全国各族人民,在中国共产党和各级人民政府的领导下,以高度的爱国热忱,人人动手,年年植树,愚公移山,坚持不懈,为建设我们伟大的社会主义祖国而共同奋斗!1982年的植树节,邓小平同志率先垂范,在北京玉泉山上种下了义务植树运动的第一棵树。

从此,义务植树作为一项公民必须履行的法律义务被付诸实施,一场世界上规模最大、参与人数最多、成效最为显著的义务植树运动在中国持续开展。全民义务植树运动开展以来,党和国家领导人不论工作有多忙,不论是在北京还是在外地,都认真履行公民应尽的植树义务。统计显示,自1982年开展全民义务植树运动以来,中国参加义务植树的人数达104亿多人次,累计义务植树492亿多株。1990年3月12日,中华人民共和国邮电部为宣传植树造林,强化全民族的绿化意识,发行了一套4枚"绿化祖国"邮票(见图4-1),第一枚为"全民义务植树"。

图4-1 "绿化祖国"邮票

2. 尽责参与

2017年6月13日,全国绿化委员会印发《全民义务植树尽责形式管理办法(试行)》,根据办法规定,义务植树尽责形式分为造林绿化、抚育管护、自然保护、认种认养、设施修建、捐资捐物、志愿服务、其他形式等8类(见图4-2)。各种尽责形式及折算标准如下:

（1）造林绿化类。这是指直接参与乔、灌、草植被育苗、栽植全部或者部分过程劳动的尽责形式。

图 4-2　义务植树的 8 类形式

折算标准：栽植乔木 1 株，栽植灌木 1 丛，培育苗木 10 株，栽植容器苗 10 株，栽植绿篱 3 平方米，种植或者铺设草坪 3 平方米，对屋顶、墙体、阳台等进行绿化 1 平方米，在单位、街道等公共场所节日摆花 10 株（盆），完成其中一项折算 1 株植树任务。参加整地、挖穴等造林绿化劳动半个工作日，折算完成 3 株植树任务。

（2）抚育管护类。这是指直接参加对现有乔、灌、草植被除草除杂、浇水、松土施肥、有害生物防治、整枝修剪、间伐等抚育管护活动全部或者部分过程的劳动的尽责形式。

折算标准：抚育幼树 5 株，抚育密植灌木 5 株（丛），管护绿篱或者草坪 6 平方米，管护屋顶、墙体、阳台或者其他公共场所绿化面积 2 平方米，完成其中一项折算 1 株植树任务。参加抚育管护劳动半个工作日，折算完成 3 株植树任务。

（3）自然保护类。这是指按有关规范要求，身体力行地参加保护生物多样性、野生动物栖息地，修复退化或者受损土地自然生态功能的全部或者部分过程的劳动的尽责形式。

折算标准：繁育珍贵树种苗木 5 株，主动向管理部门报告需要救护的保护级别陆生野生动物情况，清理、拆除非法设置的毒饵、猎夹、猎套等非法猎捕工具 1 个（件、套），林中悬挂人工鸟巢 1 个，完成其中一项折算 1 株植树任务。参加野生动物栖息地修复、荒漠化防治、退耕还林（草）、退耕还湿、山体或者废弃地生态修复等劳动半个工作日，折算完成 3 株植树任务。

（4）认种认养类。这是指通过直接投工投劳或者捐资代劳，在指定地点新建乔、灌、草植被，或者对指定乔、灌、草植被进行冠名或者非冠名养护的尽责形式。

折算标准：认建城市绿地或者屋顶、墙体等立体绿化 1 平方米；认养其他乔灌木 3

株（丛），认养密植灌木、绿篱、草坪10平方米，完成其中一项折算1株植树任务。认养和保护古树名木1株，折算完成3株植树任务。

（5）设施修建类。这是指在技术人员指导下，修建森林作业道、森林防火带、森林公园步道、绿地灌溉（排涝）渠道，以及各类绿地游憩、服务、管理设施等全部或者部分过程的劳动的尽责形式。

折算标准：修建森林作业道、森林公园、湿地公园、沙漠公园步道5米（宽1米以上），森林防火带10平方米，参加修建绿化设施劳动半个工作日，完成其中一项折算3株植树任务。

（6）捐资捐物类。这是指自愿向合法公募组织捐赠资金用于国土绿化，或者捐献当地国土绿化急需物资的尽责形式。

折算标准：按一类地区（北京、天津、上海、江苏、浙江）20元、二类地区（内蒙古、辽宁、福建、山东、广东、湖南）15元、三类地区（其他省、自治区、直辖市，新疆生产建设兵团）10元的标准，折算完成1株植树任务。捐献当地国土绿化急需物资按时价折算植树株数。

（7）志愿服务类。这是指自愿参加国土绿化公益宣传活动，或者按有关要求提供与国土绿化相关的普及推广、培训指导、公益活动组织管理等志愿服务的尽责形式。

折算标准：自愿参加宣传报道、信息化建设、科学或者法规普及、技术推广、教育培训、专业指导、国土绿化公益活动组织管理等半个工作日，折算完成3株植树任务。主动报告违反国土绿化法律法规行为或者初发林业灾情，折算完成3株植树任务。

（8）其他类。这是指其他与国土绿化相关的劳动或者贡献，折算标准由省级绿化委员会结合当地实际，依法自行规定。

当前，公众可在全民义务植树网（http://www.yiwuzhishu.cn/index.php/home/new_index/hudong.html）选择"劳动尽责"或"捐资尽责"项目，参与全民义务植树。

全民义务植树网站上发放的证书有两类："义务植树尽责证书"和"国土绿化荣誉证书"。中华人民共和国适龄公民（男性11岁至60岁，女性11岁至55岁），每年完成义务植树3～5棵，可获得义务植树尽责证书。适龄公民植树超出5棵的，超出部分可获得国土绿化荣誉证书。非适龄公民参与植树，可获得国土绿化荣誉证书。一个适龄公民一个自然年度最多获得一张义务植树尽责证书。超出尽责部分的，每次植树可以获得一张国土绿化荣誉证书。

近年来，义务植树的尽责形式不断丰富拓展，各级各类义务植树基地体系逐步完善，"互联网+全民义务植树"持续推开，"云端植树""码上尽责"让广大公众足不出户就能履行植树义务。

绿水青山就是金山银山。开展全民义务植树是推进国土绿化的有效途径，是传播生态文明理念的重要载体。植树造林、保护森林，是每一位适龄公民应尽的法定义务。让我们从自己做起、从现在做起，一起来为祖国大地绿起来、美起来尽一分力量！

📖 扩展阅读

塞罕坝　从一棵松到百万亩林海

　　塞罕坝位于河北省承德市围场满族蒙古族自治县境内，20世纪50年代，因过度采伐，土地日渐贫瘠，变成了一片"黄沙遮天日、飞鸟无栖树"的荒漠地。1962年，为改善自然环境、修复生态，中华人民共和国林业部决定在此建设大型国有机械林场。从此，几代塞罕坝人发扬牢记使命、艰苦创业、绿色发展的塞罕坝精神，他们用青春、汗水和智慧，将荒山沙地变成了绿水青山，再将绿水青山变成了金山银山。

　　由于塞罕坝在环境保护方面有着特殊的贡献和突出的成绩，中国塞罕坝机械林场建设者在2017年荣获联合国环境规划署（UNEP）颁发的"地球卫士奖"，联合国环境规划署执行主任埃里克·索尔海姆表示，"他们筑起的'绿色长城'，帮助数以百万计的人远离空气污染，并保障了清洁水供应。"

（视频推荐：http://www.forestry.gov.cn/main/5980/20210816/165700625862839.html）

（二）垃圾分类

1. 政策背景

　　垃圾分类是指按一定规定或标准将垃圾分类储存、投放和搬运，从而转变成公共资源的一系列活动的总称。垃圾分类的目的是提高垃圾的资源价值和经济价值，减少垃圾处理量和处理设备的使用，降低处理成本，减少土地资源的消耗，具有社会、经济、生态等多方面的效益。

　　我国全年生活垃圾产量4亿吨左右，且每年以约8%的速度在递增。如果不进行有效的垃圾分类，那么垃圾会堆积成山，剧毒的腐烂物和脏水渗透地下，污染水源和土壤，侵蚀身体，个别地区甚至会因此成为"癌症村"。如果将所有垃圾未经分类就进行燃烧处理，那么随之会产生的二噁英污染物，这是地球上最致命的有毒物质之一。垃圾还会影响海洋生物环境，每年约有1300万吨塑料垃圾进入海洋，超过50种鱼类被发现正在食用塑料垃圾。近年来，人类体内也发现有塑料微粒的存在。随手扔掉的塑料垃圾，最终会伤害人类自己。通过有效的垃圾分类，可以将垃圾处理导致的垃圾污染、水源污染、空气污染降到最低。垃圾分类是每个大学生都必须参与的一项"全民行动"。

　　2017年3月，国务院办公厅转发国家发展改革委、住房城乡建设部《生活垃圾分类制度实施方案》，部署推动生活垃圾分类，完善城市管理和服务，创造优良人居环境。2019年6月25日，"固体废物污染环境防治法"修订草案初次提请全国人大常委会审议。草案对"生活垃圾污染环境的防治"进行了专章规定。2019年9月，中华人民共和国国务院机关事务管理局印发《关于进一步推动公共机构生活垃圾分类工作的通知》，发布《公共机构生活垃圾分类工作评价参考标准》（见表4-1），就进一步推进有关工作提出要求。

表 4-1 公共机构生活垃圾分类工作评价参考标准

项目	评价内容
组织管理	1 制订垃圾分类工作实施方案
	1.1 明确管理部门和管理职责
	1.2 设定垃圾分类工作目标
	1.3 提出垃圾减量化措施
	2 制订年度工作计划，定期召开垃圾分类工作推进会议
	3 实行垃圾分类激励约束机制
	4 开展垃圾分类日常监督检查
	4.1 机构人员掌握垃圾分类投放方法
	4.2 垃圾容器的收集物与分类标识相符
	4.3 容器内的垃圾及时分类清运
宣传教育	5 经常性开展垃圾分类宣传活动
	6 开展垃圾分类制度、知识教育培训
	7 开展垃圾分类志愿者活动
	8 选树先进典型，总结经验做法
投放收运	9 分类投放设施配置
	9.1 按分类标准合理配置垃圾分类容器设施
	9.2 垃圾集中投放点张贴垃圾分类投放指南
	10 分类收运要求
	10.1 有害垃圾单独存放，与具备处理资质的企业签订收运处置协议
	10.2 可回收物统一回收，与具备回收资质的企业签订收运处置协议
	10.3 餐厨垃圾按国家及属地要求规范处置
	10.4 建立垃圾分类清运台账，定期公示垃圾清运量，按要求报送垃圾分类统计数据

2. 尽责参与

2019 年 11 月 27 日，北京市十五届人大常委会第十六次会议表决通过北京市人大常委会关于修改《北京市生活垃圾管理条例》的决定。这是我国第一部生活垃圾管理方面的地方性法规。修改后的《北京市生活垃圾管理条例》对生活垃圾分类提出了更高的要求，并于 2020 年 5 月 1 日起正式开始施行。北京的垃圾分类标准，也是目前我国对生活垃圾的一般分类标准，采用"四分法"，即厨余垃圾、可回收物、有害垃圾和其他垃圾，对应的垃圾桶颜色为绿色、蓝色、红色和灰色。

厨余垃圾指的是：家庭中产生的菜帮菜叶、瓜果皮核、剩菜剩饭、废弃食物等易腐性垃圾；从事餐饮经营活动的企业和机关、部队、学校、企业事业等单位集体食堂，在食品加工、饮食服务、单位供餐等活动中产生的食物残渣、食品加工废料和废弃食用油脂；农贸市场、农产品批发市场产生的蔬菜瓜果垃圾、腐肉、肉碎骨、水产品、畜禽内脏；等等。其中，废弃食用油脂是指不可再食用的动植物油脂和油水混合物。

可回收物，是指在日常生活中或者为日常生活提供服务的活动中产生的，已经失去原有全部或者部分使用价值，回收后经过再加工可以成为生产原料或者经过整理可以再利用的物品，主要包括废纸类、塑料类、玻璃类、金属类、电子废弃物类、织物类等。

有害垃圾，是指生活垃圾中的有毒有害物质，主要包括：废电池（镉镍电池、氧化汞电池、铅蓄电池等），废荧光灯管（日光灯管、节能灯等），废温度计，废血压计，废药品及其包装物，废油漆、溶剂及其包装物，废杀虫剂、消毒剂及其包装物，废胶片及废相纸，等等。

其他垃圾，是指除厨余垃圾、可回收物、有害垃圾之外的生活垃圾，以及难以辨识类别的生活垃圾。

垃圾分类，人人有责。大学生应该树立生活垃圾分类意识，主动学习生活垃圾分类知识，养成垃圾分类的文明习惯，人人动手，人人受益！

扩展阅读

一图了解垃圾分类（见图 4-3）。

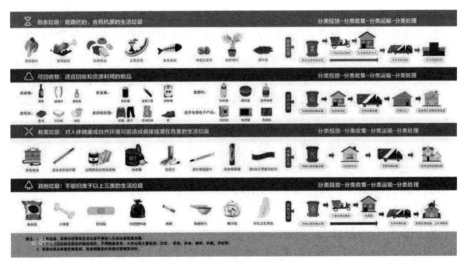

图 4-3　一图了解垃圾分类

三、志愿服务

（一）志愿者与志愿服务

志愿者，也称为"义工"，2013 年 11 月修订的《中国注册志愿者管理办法》是这样定义的：志愿者是指不以物质报酬为目的，利用自己的时间、技能等资源，自愿为国家、社会和他人提供服务的人。志愿服务是指志愿者不以物质报酬为目的，利用自己的时间、技能等资源，自愿为国家、社会和他人提供服务的行为。志愿服务主要领域包括扶贫济困、助老助残、社区服务、生态建设、大型活动、抢险救灾、社会管理、文化建设、西部开发、海外服务等。共青团中央、中国青年志愿者协会负责全国注册志愿者工作的规划、协调和指导。

（二）中国青年志愿者协会

中国青年志愿者协会成立于1994年12月5日，是共青团中央主管的，由青年志愿者组织和个人自愿结成的全国性、专业性、非营利性社会组织，是共青团在实践中培养社会主义事业建设者和接班人的重要组织平台。

《中国青年志愿者协会章程》规定，中国青年志愿者协会高举中国特色社会主义伟大旗帜，以马克思列宁主义、毛泽东思想、邓小平理论、"三个代表"重要思想、科学发展观、习近平新时代中国特色社会主义思想为指导，奉行奉献、友爱、互助、进步的志愿精神，通过组织和指导全国青年志愿服务活动，为社会提供志愿服务，促进社会文明进步，服务青年全面发展，推动志愿者事业发展，为实现"两个一百年"奋斗目标和中华民族伟大复兴的中国梦贡献力量。1993年12月，2万余名铁路青年率先打起了"青年志愿者"的旗帜，在京广铁路沿线开展为旅客送温暖志愿服务。中国青年志愿者行动自此全面开展。

中国青年志愿者重点工作品牌有以下几个。

共青团关爱农民工子女志愿服务行动。2010年5月，团中央启动实施"共青团关爱农民工子女志愿服务行动"，作为共青团履行基本职能、体现社会责任、促进社会和谐的重要工作内容，组织青年志愿者在全国城乡广泛开展学业辅导、亲情陪伴、感受城市、自护教育、爱心捐助等内容的志愿服务，为农民工子女提供切实有效帮助。启动实施以来，全团以组织化动员为重点，按照完善结对机制、招募项目专员、推行七彩课堂、建立七彩小屋的"四位一体"工作要求，不断充实服务内容和工作模式，工作覆盖面不断扩大，项目影响力初步呈现。截至2015年，全国2801个县市区旗都启动了这项工作，结对4.6万所学校，结对1140万农民工子女，统筹各类社会资金建设"七彩小屋"754个。

大学生志愿服务西部计划。2003年，团中央、教育部、财政部、人力资源和社会保障部根据国务院常务会议和全国高校毕业生就业工作会议精神，联合实施大学生志愿服务西部计划，招募一定数量的普通高等学校应届毕业生或在读研究生，到西部基层开展为期1~3年的志愿服务工作，鼓励志愿者服务期满后扎根当地就业创业。

西部计划按照服务内容分为基础教育、服务三农、医疗卫生、基层青年工作、基层社会管理、服务新疆、服务西藏等7个专项。西部计划2018年实施规模为18300人，其中包括2100多名中国青年志愿者扶贫接力计划研究生支教团成员。

据2018年项目统计，西部计划实施15年来，已累计选派27万余名大学生志愿者到中西部22个省区市及新疆生产建设兵团的2100多个县市区旗基层服务。西部计划实施以来，综合成效明显。作为实践育人工程，它引导具有远大理想抱负、深厚家园情怀的青年人，通过火热的西部基层实践进一步坚定理想信念，锤炼意志品格；作为就业促进工程，它引导和帮助高校毕业生树立正确的就业观，并为他们搭建到西部去、到基层去、到祖国和人民最需要的地方去干事创业的通道和平台；作为人才流动工程，它鼓励和引导东、中部地区大学生到西部基层工作生活，促进优秀人才的区域流动；助力扶贫工程，它以西部计划志愿者为载体推动校地共建，引导高校资源参与到当地的脱贫攻坚工作中。

中国青年志愿者研究生支教团工作。1999年，团中央、教育部共同启动实施了中国青年志愿者研究生支教团工作。中国青年志愿者研究生支教团采取公开招募、自愿报名、择优选拔的方式，每年在全国部分高校招募一定数量具备推荐免试攻读硕士/博士学位研究生资格的应届本科毕业生，到中西部贫困地区中小学校开展为期一年的支教志愿服务，根据服务地团组织及基层团青工作需要可兼任乡镇团委副书记，并开展力所能及的扶贫工作。2011年，研究生支教团纳入西部计划基础教育专项实施，相关经费列入西部计划年度预算。研究生支教团的实施，促进了中西部贫困地区基础教育事业发展，成为共青团通过扶贫支教志愿服务方式培养经受基层磨炼的高素质优秀青年人才的重要载体。

中国青年志愿者海外服务计划。2002年5月，团中央、中国青年志愿者协会实施中国青年志愿者海外服务计划，选派5名青年志愿者赴老挝服务，翻开了中国青年志愿者事业崭新的一页。2005年，团中央会同商务部将这项工作纳入国家对外援助工作实施范围，共同开展援外青年志愿者工作，并首次选派青年志愿者赴非洲服务。2007年，青年志愿者首次前往拉丁美洲服务。2006年至2009年，圆满完成了胡锦涛在中非合作论坛北京峰会上宣布的"三年内向非洲选派300名青年志愿者"的光荣任务。中国青年志愿者分赴亚洲、非洲、拉丁美洲的22个发展中国家从事汉语教学、医疗卫生、农业科技、体育教学、计算机培训、职业教育、工业技术、国际救援等方面的志愿服务，探索了民间外交和对外援助工作的新途径，有利于树立中国负责任大国的国际形象、促进中外友好与合作，有助于培养具有国际视野的优秀青年人才，是中国青年工作同国际接轨的一个切入点。该计划已成为党和国家对外友好事业的重要组成。

大型活动志愿服务工作。青年志愿者已逐渐成为各类大型活动筹办工作中一支重要的不可或缺的力量。按照中央文明委关于志愿服务工作分工意见，团中央是大型赛会志愿服务工作的牵头实施单位。近年来，按照"举办地团组织为主、团中央协调支持、各地团组织参与"的大型活动志愿服务工作机制，各级团组织、青年志愿者组织承担了大型活动志愿服务的主体工作，先后组织170万名志愿者服务北京奥运会、200多万名志愿者服务上海世博会、60多万名志愿者服务广州亚运会、95万志愿者服务国庆60周年、120万名志愿者服务深圳大运会、32万名志愿者服务西安世园会等。在大型活动中，广大青年志愿者发挥了积极作用，也向世界展示了当代中国青年的时代风采。

应急救援志愿服务工作：近年来，青年志愿者在应急救援等方面做了大量工作，发挥了生力军作用。如在2003年抗击非典的斗争中，1200余万人次的青年志愿者开展了为医护人员捐赠爱心包、科普宣传、热线咨询、助耕帮困等活动;"5·12"汶川特大地震发生之后,全国共有491.4万名志愿者在各地参与各种形式的抗震救灾和灾后重建志愿服务工作,其中35岁以下青年占志愿者总人数的77%。2008年,团中央、公安部联合启动了消防志愿者行动。青海玉树地震和甘肃舟曲泥石流发生后,团中央协调各级共青团组织共招募了5900名志愿者深入青海玉树地震灾区开展抗震救灾工作,3000多名志愿者参加甘肃舟曲特大泥石流救援工作;在新疆"7.5"打砸抢烧严重暴力犯罪事件发生后,当地团组织迅速组建了心理危机干预志愿服务队伍,开展宣传、慰问、陪护、募捐、心理危机干预等多种形式的志愿服务。

(三) "三下乡"社会实践活动

"三下乡"是全国大中专学生志愿者暑期文化科技卫生"三下乡"社会实践活动的简称,是各高校在暑期开展的一项意在提高学生综合素质的社会实践活动。"三下乡"具体是指文化、科技、卫生、下乡,文化下乡包括图书、报刊下乡,送戏下乡,电影、电视下乡,开展群众性文化活动;科技下乡包括科技人员下乡,科技信息下乡,开展科普活动;卫生下乡包括医务人员下乡扶持乡村卫生组织,培训农村卫生人员,参与和推动当地合作医疗事业发展。

"三下乡"活动成员以志愿服务的形式深入农村,传播先进文化和科技,体验基层民众生活,调研基层社会现状。大学生参与"三下乡"社会实践活动,能更深入了解社会、了解民生、了解国情,在实践中受教育、长才干、做贡献,不断提升综合素质。

1996年始,中央宣传部、中央文明办、教育部、科技部、司法部、农业部、文化部、卫生部、国家人口计生委、国家广播电影电视总局、国家新闻出版署,共青团中央、全国妇联和中国科协等部门联合开展了大学生"三下乡"活动。

依据时代背景,每年"三下乡"活动都有不同的活动主题、重点团队和专项活动。以2021年为例,活动主题为"永远跟党走,奋进新时代",实践活动主要从党史学习、理论宣讲、国情观察、乡村振兴、民族团结等五方面开展,全国层面共组织2500支重点团队。

(1)党史学习实践团。主要依托各地红色资源,组织青年学生开展重走红色足迹、追溯红色记忆、访谈红色人物、挖掘红色故事、体悟红色文化等多种形式的活动,引导青年学生学史明理、学史增信、学史崇德、学史力行,更好地传承红色基因、担当时代责任。学生党员要积极开展"我为群众办实事"实践活动,展示新时代青年共产党人的良好风貌。

(2)理论宣讲实践团。紧密围绕学习宣传贯彻习近平新时代中国特色社会主义思想,组织引导青年学生将理论学习与社会实践相结合,同时将学习党的历史与讲述党的故事结合起来,深入一线基层、深入人民群众,面对面开展小规模、互动式、有特色、接地气的宣讲活动。

(3)国情观察实践团。注重以疫情防控重大战略成果、脱贫攻坚历史性成果、全面建成小康社会决定性成就等为现实教材,组织青年学生开展参观考察、国情调研、学习体验等活动,引导青年学生领悟党的领导、领袖领航、制度优势、人民力量的关键作用，形成正确认识，坚定理想信念。

（4）乡村振兴实践团。着眼于帮助和引导更多青年学生了解认知当前的乡村状况，在未来踊跃参与乡村振兴战略实施，面向广大乡村特别是中西部地区、民族地区和欠发达地区乡村，组织开展科技支农、科普宣讲、调研献策、志愿服务等形式的实践活动。

（5）民族团结实践团。贯彻落实第三次中央新疆工作座谈会和中央第七次西藏工作座谈会精神，组织内地新疆籍、西藏籍大学生开展"民族团结我践行"社会实践活动，组织内地大学生到新疆西藏等地开展国情考察、地球第三极保护行动等社会实践活动。

每年6月左右，中国青年网都会发布当年的"三下乡"活动通知，各地各学校从省级、校级、院系等层面组织重点团队，围绕活动主题、结合各自实际、突出工作特色，共同开展"三下乡"社会实践活动。秋季开学后，适时开展"三下乡"社会实践活动总结工作，对表现优异和成果突出的组织、团队、个人等进行通报表扬。

扩展阅读

中国青年志愿者标志如图4-4所示。

图4-4 中国青年志愿者标志（"心手标"）

中国青年志愿者标志整体构图为心的造型，同时也是英文"青年"第一个字母Y；图案中央既是手，也是鸽子的造型，寓意青年志愿者向需要帮助的人们奉献一份爱心，伸出友爱之手，立足新时代、展现新作为，弘扬奉献、友爱、互助、进步的志愿精神，以实际行动书写新时代的雷锋故事。

拓展训练

（一）主题："用所学的专业技能知识进行劳动社会实践"服务社会或者校园的集体活动。

（二）实践要求：组建一个小团队，尝试确定一个你们所关心的社会热点问题，运用你们所学的专业技能知识，按照社会调查的步骤，在老师的指导下完成一项劳动社会实践调查工作。

（三）实践步骤：

1. 组队形式：鼓励跨班级、跨年级组队。

2. 准备工作：以本专业社会服务劳动的传统内容和形式为基础，编制调研问卷、访谈提纲等，编制实践工作计划。

3. 实施过程：联系服务单位（对象），鼓励结合暑期社会实践、志愿服务等社会实践形式最终策划实施。

4. 成果考核：以小组为单位总结实践经验和成果，每位同学反思劳动经历和收获，将劳动体悟及时记录，制作成果展示PPT，以小组为单位在课堂上分享。

思考讨论

1. 劳动社会实践是什么？包括哪些形式？你认为什么形式的劳动社会实践符合高校学生培养目的？

2. 你参加过什么样的劳动社会实践？谈一谈劳动社会实践经历对你的帮助？

3. 作为大学生，你准备用何种方式参加劳动社会实践？

测试检验

用真情关爱留守儿童　用实践贡献青春力量

武汉轻工大学"阳光雨露"教育关爱志愿服务队暑期"三下乡"社会实践团队每年都会到湖北省十堰市柳陂镇中心小学开展"助力精准扶贫，关爱留守儿童"为主题的社会实践活动，力求做好对留守儿童的陪伴与心理辅导工作，让孩子们拥有一个无忧无虑的暑期生活。

团队依托当地"希望家园"支教点，开展乡村小学的暑期少年宫建设，面向留守儿童开设绘画、手工、合唱等多门素质拓展课程。支教生活是紧张而充实的，每天，团队为孩子们答疑解惑，向他们讲述最真实的想法。每晚根据当天的情况为第二天的课程制订最新计划，力求在教学上做到尽善尽美，让孩子们感受到团队对他们的关心与期望。在每一个课堂上，志愿者们珍视每个孩子对事物的不同见解，"一千个读者心中就有一千个哈姆雷特。在他们眼中，志愿者就是那个伯乐，我们要发扬奉献精神，用新时代的雷锋精神和最大的热情去帮助他们绘出心中的世界，陪伴他们探索世界。"团队指导老师、武汉轻工大学"健行"辅导员工作室成员周雨露老师谈到下乡带队时这样说。

"阳光雨露"教育关爱志愿服务队自2017年成立以来，每年持续开展"双结双促"活动，通过组织各级团组织与贫困村结对子，团干部和团员青年与贫困留守儿童结对子，促进贫困留守儿童健康成长，促进贫困留守儿童家庭增收致富，形成了以共青团组织为主导，以农村贫困留守儿童为重点关爱对象的社会扶贫公益服务体系。该团队以高标准、严要求的实际行动助力地方精准扶贫工作，受到了当地政府和社会的广泛好评。团队曾获团中央全国"三下乡"优秀实践团队称号，活动事迹被中国青年网、湖北思政网、全国联官网微博等多家媒体报道、点赞。

思考：

1. 如何理解新时代雷锋精神在大学生劳动社会实践中的体现？

2. 作为大学生，你认为如何结合专业特点和自身实际进行劳动社会实践更为有效？

第五章
职业体验劳动

第一节　职业体验劳动概述

学习目标

通过本章学习，掌握职业劳动的内涵与特征、理解职业劳动与职业技能之间的关系；理解职业劳动体验的重要意义以及职业劳动体验的基本形式；掌握职业劳动体验对于认识马克思主义劳动价值观和新时代劳动价值观的重要意义。思考如何通过有效的职业劳动体验建立正确的劳动价值观，如何通过职业劳动实践弘扬民族文化精神。

导引案例

刘更生是中国非物质文化遗产京作硬木家具制作技艺第五代代表性传承人、北京金隅天坛家具股份有限公司龙顺成公司工艺总监。他从事京作硬木家具制作与古旧家具修复已经39年，从一名木工成长为北京一级工艺大师、全国五一劳动奖章获得者、北京市劳动模范、北京大工匠、2021年"大国工匠年度人物"。

打磨精湛技艺

1983年，19岁的刘更生和那个年代的很多青年人一样，顶替父亲的工作岗位吃上了"公家饭"，成为有着160年历史的京作宫廷家具老字号——龙顺成的学徒，学习"京作"硬木家具制作与古旧家具修复技术。

"刚开始当学徒，都要先学习开榫、凿眼。我在凿一眼的时候，一下把眼给凿坏了，师傅非常生气，他心疼这块料。"

师傅后来的一番教导让刘更生懂得，作为木匠应该惜木如金，更让他明白只有静下心来，才能把手上的活练好。从那时起，刘更生每天都背着一大包废木材，刮刨子、下锯、凿孔，这些看似简单的动作，他重复练习了成千上万次。

长时间保持同一姿势，刘更生变得有些驼背，但年复一年地勤学苦练，让他在方圆之间练就了精湛的木工技艺，锛凿斧锯样样精通，刨出的刨花也薄如纸张。

"有一次我在地摊上发现了一本关于中国传统家具的书，要150元，当时我一个月就挣300元，但我还是狠狠心买了，拿回家以后翻来覆去地看。当时我想，一定要把修复的手艺学好。"刘更生说。

出于对中华传统文化发自心底的热爱和尊重，刘更生沉浸在对木艺制作的潜心钻研中，技艺愈发精湛。

修复经典文物

2001年，刘更生开始负责古旧家具的修复工作。他说："修复工作远比制作新家具要难得多，要对传统家具的文化、历史、风格谱系均有细致的了解及研究，才能分辨出古旧家具的材质、器型与制作工艺，从而将各种木工技艺运用于修复工作中。"

近几年来，刘更生多次参与重要文物的大修与复制。他成功修复了故宫养心殿的无量寿宝塔、满雕麟龙大镜屏等数十件木器文物，复刻了故宫博物院金丝楠鸾凤顶箱柜、金丝楠雕龙朝服大柜，使经典再现，传承于世，为京作技艺、民族文化的继承和发扬作出了贡献。

传承非遗技艺

"有缝隙，这块还需要再处理一下。"北京冬奥会开幕之前，刘更生每天都忙着为冬奥会定制座椅进行平整度检测。"国家对红木家具平整度的要求是小于0.2毫米，而我们对冬奥会产品的平整度要求是小于0.1毫米。"京作工艺为全榫卯结构，榫卯相扣，契合为一。每个精微步骤都是匠人与技艺的心灵对话。

作为公司工艺总监，刘更生带领团队研究完成名贵木材曲线拼接技法、线型刀具制作、异型部件模具的制作及应用、传统家具表面处理工艺技法及传统榫卯结构基础上进行改良等多项创新项目。2019年，与北京林业大学合作编制完成《京作硬木家具制作工艺标准》，为行业高质量发展夯实基础。

他说："我理解的工匠精神就是追求极致，是发自内心对手艺的敬重。我希望能用我的双手让传统家具焕发新生命。"

以心琢物，以技传世。2016年，刘更生创新工作室成立。他不遗余力地将手艺传授给生产一线的工人们，并成立"1351技艺传承梯队"，为非遗技艺的传承培养了大批人才。

（《刘更生：雕琢时光》，《工人日报》，2022年3月17日。有改动）

一、劳动类型的划分

马克思主义按照劳动的自然形态，将劳动简单区分为生产劳动和非生产劳动。所谓生产劳动就是指创造物质财富的劳动。日常生活中的农产品来自农业劳作的创造，随处可见的商品来自工业劳动的生产。大到一栋建筑小到一颗谷粒，无不来自生产劳动，创造物质财富是生产劳动基本特征。与之相对，非生产劳动的基本特征就是指不创造财富的劳动。除了马克思主义的划分外，还有学者将劳动细分为简单劳动和复杂劳动。所谓简单劳动就是指那些难度不大，具有一定重复性，不需要太专业技能的普通人都能进行的劳动。复杂劳动是相对更加复杂，耗费时间更长，需要一定专业技能才能完成的劳动。也有学者将劳动划分为体力劳动和脑力劳动，很明显这种划分是按照一定的社会阶段进行划分的。原始社会人们参与的大多是体力劳动，还没有发展出复杂的脑力劳动。随着社会的发展和进步以及生产力水平的提高，逐步出现了所谓的剩余产品，这样就需要一批专业的脑力劳动者进行管理和分配，劳动逐步分化成为脑力劳动和体力劳动。

还有一种划分方式，即将劳动划分为重复性劳动与创造性劳动。重复性劳动主要是指工作内容相对简单，流程固定的劳动工作。而创造性劳动则是指脑力劳动，劳动者利用自己的思维、知识来创造价值。这样的劳动不同于重复性劳动，每一次工作流程和内容都与之前的工作有一定的差异性。

但是，不管我们如何划分劳动类别，有一点是显而易见的，那就是职业劳动很难具体地划分到哪一种劳动之中。职业劳动的基本特征在于其职业化分工，职业分工与社会分工又有着密不可分的联系，所以在讨论职业劳动前，对于职业的基本定义以及功能有必要做一番说明。

二、职业的基本概念

职业的产生是社会劳动分工与合作的结果，人类由原始社会逐步迈入文明的标志之一就是社会的分工。社会分工的最大优势就是每个人能够依据自己的天赋发挥所长，最大限度地创造社会价值，最显著地提高生产效率。社会分工必然会造成生产职业化和生产专业化，社会成员各司其职，发挥所长，最终为社会生产贡献自己的力量。所谓职业劳动是指劳动者参与社会分工，利用专业知识技能，为社会创造物质财富和精神财富，获取合理报酬，作为物质生活来源，并满足精神需求的活动。从宏观角度来看，一种职业就意味着一种社会分工，每一种职业是劳动者在社会分工的进程中所获得的社会身份；就职业劳动者个人而言，职业是劳动者创造财富的手段，职业从事者除了获得相应的收入以外，还得承担一定的义务和责任。

三、职业的分类

职业分类是指按照一定的要求、标准和依据，实施统一的分类原则，对所处社会的劳动工作进行系统和全面的划分。中华人民共和国于1999年颁布第一部《中华人民共和国职业分类大典》，初步对我国社会职业劳动进行了简要而精炼的分类，随着社会发展要求和职业愈加精细化，早期职业分工早已不能满足日益复杂的职业分类。2015年，人力资源和社会保障部颁布了《中华人民共和国职业分类大典（2015年版）》，对整个社会职业进行了更加细致化、科学化、精确化的分类，将整体社会职业结构分为8个大类、75个中类、434个小类、1481个职业。在八个类中，第一、二大类主要是脑力劳动者，第三大类包括部分脑力劳动者和部分体力劳动者，第四、五、六、七大类主要是体力劳动者，第八类是不便分类的其他劳动者。[①]

不同的职业在社会分工中都有自己的相应位置，社会分工没有高低贵贱，社会是一个整体，不同的分工之间相互依赖。文明程度越高的社会，职业黏性越强。不同的工种、岗位或特定的职业赋予劳动者以不同的工作内容、职责、声誉以及不同的劳动规范和行为模式，于是劳动者便有了特定的社会标记和专门的劳动角色。

在实际生活中，我们经常会有"职务""职位"之分。此外，还有两种与岗位的划分。工种是根据劳动管理的需要，按照生产劳动的性质、工艺技术的特征或者服务活动的特点而划分的工作种类。岗位是企业根据生产的实际需要而设置的工作位置。企业根据劳动岗位的特点对上岗人员提出的综合要求形成岗位规范，它构成企业劳动管理的

---

① 张元、李立文：《劳动教育和职业素养》，机械工业出版社，2021年，第66页。

基础。职业、工种和岗位之间有着密切的内在联系。一般来说，一个职业包括一个或几个工种，一个工种又包括一个或几个岗位。因此，职业与工种、岗位之间是一个包含和被包含的关系。

四、职业劳动的特征

职业劳动的特点与职业的特征息息相关，我们甚至可以说是职业的特征决定了职业劳动的特点。职业的分类是以社会分工为依据，劳动分工离不开劳动对象、劳动资料、劳动技能以及劳动支出等形式，这些条件共同决定了职业劳动具有以下几个特征。

（一）发展性

任何一个职业不是天然就存在的，每一个职业必然要历经诞生、发展、成熟、衰退直至被新的职业所取代的周期。这样一个周期我们称之为"职业生命周期"。

1. 职业的诞生

社会生产力的发展必然伴随经济的突飞猛进，经济的进步离不开新的市场需求和与之伴随的技术的革新，新的需求就悄然催生了一个新兴行业。任何一个行业初期必然会面对从业者较少、劳动技能不稳定、行业管理欠缺规范等一系列问题。

2. 发展阶段

随着行业持续发展，从业者不断增加，劳动者技能逐步成熟，行业技术持续进步，相关行业配套设施愈发完善。该职业与其相关行业逐渐形成一个稳定的职业群体。规范化的管理和行业制度的完善是此阶段的重要特征之一。

3. 成熟期

此阶段往往由于技术的完善以及行业制度的标准化而使得职业发展达到成熟。其中，稳定的劳动者、劳动对象、劳动技术和相关群体都为职业的成熟期奠定了稳固的基础。

4. 衰退期

此阶段，伴随着生产力的进一步提高，职业不能再满足此时此刻的市场需求——行业逐步衰落，甚至面临被取代的可能性。此阶段特征主要表现在行业从事者逐步减少，产品需求量逐步降低，行业群体逐步解散。如果行业不根据市场进行适当合理的调整将会趋于消亡。

（二）时代性

职业的发展往往具有时代性特征，换句话来说，不同时代的生产力水平直接决定了职业发展的不同趋势以及人们对不同职业的认知和需求。社会不断的进步和发展也使得传统经济体制所决定的一些旧行业逐步被淘汰。如传统意义上"包分配""吃大锅饭""子承父业"等相关词汇逐步淡出人们的视野。

据不完全统计，"改革开放前，我国生产力水平低，80%的人口从事农业，城镇人口中大部分从事工业生产。改革开放后，随着经济发展和人民生活需要，第三产业，即商业和服务业迅速发展起来。城镇各种生产、运输设备制造和操作人员大批转岗，从事农、林、牧、渔等职业的实际农民数量减少到 1/2 以上，而餐馆服务人员、饭店、旅游及健身场所服务人员、社区服务人员和从事各种商业贸易的人数急剧上升[①]"。

伴随着改革开放，20 世纪 80 年代，不少人放弃了所谓的"铁饭碗"，毅然决然选择"下海"经商，商人、教师等职业逐步被广大群众所接受和热捧。随着 21 世纪网络时代的到来，程序员、互联网企业开始成为年轻人的首选职业，IT 业、通信业成为首屈一指的高收入行业，备受青睐。

时代的发展除了改变技术生产力外，也在无形之中改变了消费需求和消费认知。新型工作岗位的出现与市场的需求是密切相关的。中世纪的欧洲教会为了吸引教徒，不惜重金修建装饰教堂，这样庞大的市场需求使得建筑师和画家成为人们争相追求的职业。今天网络视频的普及同样孕育了新型职业——"视屏剪辑师""网红培训师"等相关职业在过去闻所未闻，"游戏陪玩师""外卖配送员"的普及也与市场的需求密不可分。通俗点说："哪里有需求，哪里就有职业。"

尽管职业产生的原因众多，但有一点是毫无疑问的，市场的需求之所以如此细化，主要还是由现代社会经济体制的高效性要求所决定的。细化的分工带来了更高效的工作效率，创造出更多的劳动价值。以前一个劳动者得十八般武艺样样精通，但今天分工化、合作化可以让每一个劳动者依据自己的专长尽其所能地创造财富。

（三）技术性

虽然从早期的社会发展历程来看，技术的进步和时代没有绝对必然的关系，长达近千年的中世纪在不少技术层面上远远落后于早期的罗马帝国，但从长远角度看，我们不得不承认时代的改变必然带来科技的发展，科技的革新也要求新的生产方式、生活方式以及市场需求与之适应，这些改变是新职业岗位和种类出现的必要前提。电子产业的发展使得许多传统产业消失殆尽，早期的报刊也湮没在电子媒体汹涌的浪潮中。在汽车制造业，传统燃油类汽车面临着巨大的挑战，欧洲宣布 2030 年之前逐步停止"油车"的销售，电动汽车将逐步取代传统"油车"，传统的加油站很大程度上会被充电站所取代。电子科技的应用也在汽车制造业愈发占据重要的位置，比如：各种先进的无人驾驶技术、对于互联网的依赖以及电池管理技术，开始成为传统车企探索的新方向。当然，时代的变更无形之中必然会淘汰许多旧的岗位，但同时也会创造不少新的职业需求。

（四）可持续性

早期社会物质资源有限，人们的生产创造都离不开有限的自然资源。技术的发展过程在某种程度上也是人类对自然资源不断利用的过程。农耕行业的发展与土地资源、畜牧行业的发展与草原的繁茂息息相关，渔民的职业化和海洋资源的占有紧密相连……在某种程度上来说，任何行业的崛起都必须以自然资源为基础。职业的产生与人们的欲求是密不可分的，但我们也要认识到，所有的欲求必须建立在合理的对自然资源的索取之上。

---

① 张元、李立文：《劳动教育和职业素养》，机械工业出版社，2021 年，第 60 页。

五、职业劳动与职业技能的关系

劳动的职业化使得劳动分工愈发精细。细致的劳动分工必然要求不同岗位的劳动者有不同的劳动技能,行业发展的不同阶段必然要求劳动者具备不同的劳动技能。就劳动者个人而言,职业技能水平的高低在某种程度上决定了劳动者职业成就的高低。

职业技能的定义。职业技能不同于一般的技能,而是指必须经过专门的培训才能获得的一种专业化技能。此技能绝非简单的人的本能,不仅仅是一种与生俱来的能力,而是为了满足某种目的或者某项活动,所以职业技能的提升不是漫无目的的而是有针对性的。

职业技能的划分。职业发展的不同阶段对从业者会有不同的要求,学者按照从业者技能素质将职业技能划分为基础技能、专业技能、特殊技能。

1. 基础技能

基础技能是劳动职业化最基本的要求之一,它是相关从业人员所应当具备的基本劳动技能。尽管不同的职业所要求的基本技能各不相同,但毋庸置疑,某些核心基础技能是无论任何行业都应该必备的。例如,劳动者具备基本的学习能力和行动能力是最基本的劳动技能。

2. 专业技能

专业技能是从业者从事职业理应具备的技能知识。相比于基本技能而言,专业技能需要有更强的职业性,而且因为不同的职业技能要求有所不同,所以专业技能并没有统一的标准,而是根据职业特点有所不同,甚至同一个行业因为分工差异而导致了专业技能要求的不同。教师行业和餐饮服务业对职业技能的要求不尽相同;同岗位中幼儿教师和大学教师的要求也相差甚远。

3. 特殊技能

在职业技能层级划分中最特殊的是特殊技能。有些特殊行业如特警、军人等从业者就要求劳动者必须具备特殊技能,他们不仅需要具备基本技能和专业技能,还需要进行严格的军事技能培训,他们所接受的专业技能,是特定行业中应具备的特殊技能。

还有一些行业需要一些特别尖端的人才,这群人往往有过人天赋和能力,所以能够掌握特定的技能。例如在军事制造业,尖端军事武器的制造危险性极高,且制造过程异常繁复,往往需要由一定的特殊专家才能完成。这些行业的从业人员不仅需要有异于常人的智慧,更需要有超乎寻常的耐心。

六、职业劳动的作用

职业劳动建立在社会分工基础之上,是社会进步的必然要求和标志之一。没有社会分工就不会有劳动交换。从宏观角度来看,劳动职业化明显提升了社会生产效率,现代社会领域日益分化,每个领域内部有伴随着时代的发展而出现的更多层次结构,社会、经济结构决定了职业的细分化和多样化。不同的职业之间也并非断裂关系而是保持着千丝万缕的关联性，唯有各行各业相互合作才能确保日常生活的平稳发展。细致化的社会分工需要更加全面和专业化的技术人才。国家明确提出"坚持把人才作为建设制造强国的根本"。

1. 职业劳动有利于社会进步和发展

就目前而言，在全球化发展形势和环境下，前沿技术和制造业已经深度融合，并改变了产业格局。新的生产方式、产业形态悄然而生。传统制造业逐步被移动互联网、生物基因工程、网络信息服务等高科技产业所取代。我们在大环境面前必须加快布局，作出调整，加快战略部署，把握弯道超车的机会，积极参与全球化生产再分工，扩展全球市场。华为早期 5G 布局就极具前瞻性地完成了由大变强的历史跨越。在创新驱动、质量为先、绿色发展、结构优化、人才为本的指导方针下，依据市场主导，政府引导，立足当前，着眼长远，整体推进，重点突破，自主研发，开放合作的基本原则，制造强国的战略目标一定能够顺利实现。在这样的时代背景下，劳动职业化的重要意义不言而喻。

2. 劳动职业化是劳动力素质提高的动力

早期在面对海外市场时，我们往往是通过加工或代工而获利。所谓的"世界工厂"的背后透露我国发展初期的经济飞速发展中核心技术的缺乏，无高科技，只有低技术的廉价劳动力。这些劳动者无疑是伟大的，他们为我国初期经济飞速发展作出了重要贡献。但核心技术的缺乏让我们在贸易往来中时常被人掐住了咽喉。高科技产业的发展最为重要的就是技术人才的支撑。加速劳动职业化分工，提高劳动者质素，全面提升技能型劳动者的比例是经济结构转型成功的关键。

3. 职业劳动是选拔高科技人才基础

社会分工的细致化必然要求劳动者技能的专业化，要想实施重大技术的突破，首当其冲的就是培养高技能型人才。推进信息化与工业的融合、加强信息产业的推动力、推行绿色制造理念、优化制造业产业结构调整、促进发展服务型制造业和生产性制造业，每一项措施的实施和完成都需要高科技的人才。职业劳动的细分化对劳动者起到了筛选作用，有特定技能的人才能在职业化劳动体系下发挥自己专长，为国家在制造业领域的创新发展、品牌建设和重难点技术攻克上作出自己应有贡献。

4. 职业劳动是人才储备的必要手段

在面对全球产业竞争的新局势下，我国要在全球化竞争中占据一席之地，不再被西方牵着鼻子走，关键是完成劳动力类型的转型。大国竞争归根结底是核心技术的比拼，核心技术要求有尖端的技术型劳动力。早年我国的技能型人才储备一直处于落后的状态，特别是技能型人才占就业人数比例相对偏低，职业劳动的细分化必然要求在劳动者的选拔上更加专业化和技能化，为后期的人才竞争做好充足的准备。

5. 职业劳动细分化有助于民族品牌形象的建立

民族产业走向世界，靠的是品牌价值。一个民族工业竞争力更是国家综合实力的体现。品牌就是一个国家的靓丽名片。索尼、松下、三菱诸多国际品牌是日本综合实力的体现，奔驰、宝马、西门子等品牌是德国工业生产能力的象征……我们要想作出能够走向世界的民族品牌，就必须选拔优秀的高科技人才，实现专业人才的专项培养。优良产品的制造离不开从业人员专业的技能，秉承精雕细琢、力求完美职业精神的劳动者绝非唾手可得。职业分工对于优秀人才的选拔有着重要意义。通过劳动细分挑选出恪守尽职、技能出众、有文化、有素质、爱岗敬业的优秀职业劳动者是一个国家工业发展、民族品牌树立的基石。通过职业劳动细分化挑选、培养出更多的大国工匠，最终才能建设品牌强国。

6. 职业劳动有利于个人价值的实现

就劳动者个人而言，职业劳动不仅仅对国家发展和民族复兴有着重要而积极的意义，职业劳动对于劳动者个人实现自我价值也有非比寻常的意义。著名心理学家马斯洛将人的需求由低至高划分为五个阶段，分别是生理需求、安全需求、社会需求、尊重需求以及自我超越。人首先应该满足的是生理需求，职业首先就是一种谋生手段，劳动者利用自己的技能获得相对稳定的收入以满足自己最基本的生存和生理需求。同时在精神层面上，劳动者在获得基本生活保障的同时也在心理安全层面上获得了慰藉。劳动者在从事职业劳动过程中无形为社会创造了大量的社会财富和价值，每一种职业都在不同层面上解决了不同的社会问题。任何一个劳动者所从事的职业都是一种社会需求，是社会集体意志的必然产物。这也决定了劳动者在社会中理应获得一份尊重。职业劳动使人的社会地位不断提升。在这个发展过程中，劳动者不断地实现自我价值，不断地得到社会的认可，劳动者也在无形之中完成了对自我的超越。人的自我价值的实现必须建立在职业分工的基础之上。劳动者与社会是一种需求与被需求的关系，社会为劳动者提供了一个发挥自己技能的场所，劳动者在创造价值的同时也从社会中获得了应有的经济价值、精神满足以及必要的社会尊重。

7. 职业劳动对于个人的幸福感的提升也尤为重要

职业劳动是个人价值实现的必要手段。存在主义哲学家们对人生意义的追寻，对个人价值的探讨都深刻反映出："人不能不劳而获，人的幸福和意义不是来自他人的施舍而是自我的拼搏。"罗丹曾说："工作就是人生的价值，人生的欢乐，也是幸福之所在。"个人隶属于社会整体，个人职业与社会劳动者职业相互关联，诚如马克思、恩格斯所言："生产劳动给每一个人提供全面发展和表现自己全部（即体力的和脑力的）能力的机会，这样，劳动就不再是奴役人的手段，而成了解放人的手段，因此，劳动就从一种负担变成一种快乐。"在职业分工的大背景下，当每个人能够依据自己特长和意愿投身于劳动之中，能够因为劳动让自我价值得以实现，甚至为整个人类作出积极的贡献，那将是一件极其美好而幸福的事情。劳动分工是专业技能的分工，在劳动分工明晰化的大背景下，每个劳动者能够依据自己的专业所长为社会作出应有的贡献。同时，专业分工不仅仅为劳动者个人实现自我价值提供了更加广阔的平台，而且更加凝聚和加强了团体劳动协作能力。在传统社会中，往往存在所谓的工作分配制或承袭制，劳动者往往缺乏自由选择工作的权利。但劳动分工的细化则带来了更加专业化和职业化的劳动人才选拔制度，每位劳动者都能自由地依据自己的特点发挥个人能力，团队中每位成员各司其职，各取所长，给从业者营造一种融洽和谐的工作氛围，让每一位劳动者在这样的环境中提高归属感、提升认同感、加强团队意识和发挥主人翁精神，最终完成自我价值的实现。正所谓"敬业乐群"，在缺少融洽氛围的群体团队中，个人职业幸福感也无从谈起。

人类历史是一部梦想逐步实现的历史。文明的发展、社会的进步以及全部成就都由劳动实践创造而来。劳动是一个人意义价值实现的手段，更是一个国家、民族乃至全人类的价值之源。

8. 职业劳动有利于职业素养的提升

劳动职业化让劳动者拥有了一个自由度更高但也更加复杂的劳动市场。正所谓"干一行爱一行，干一行精一行"，职业劳动给劳动者带来的不仅仅是更加自由化和精细化的分工，也对劳动者提出了相对传统劳动更为严苛的职业素养要求。

职业素养，是指职业内在的规范和要求，是职业人在职业生活中的综合体现。是职业人在所从事的职业中尽自己最大的能力把工作做好的素质和能力。简而言之，职业素养由职业道德、职业形象、职业态度、职业技能、团队意识、学习能力等几个主要方面构成，这几个方面全方位、多角度、细致入微地体现一个劳动者的基本职业素养，同时又反过来对不同的劳动者提出了细致有别的要求。劳动职业化迫使劳动者不得不提升自己的职业素养以面对日新月异的社会所提出的挑战。

职业道德的提高：职业道德的基本规范是爱岗敬业、诚实守信、处事公道、服务民众和奉献社会，职业道德的基本素养有遵纪守法、严谨自律、诚实厚道、勤业精业、团结协作、任劳任怨和开拓创新。随着职业劳动分工的日益明确和细致，劳动市场出现了大量新职业，传统旧有职业道德标准很难满足日益多元的行业发展，比如当今的游戏陪玩、跑腿服务、外卖配送和网红主播等，这些新行业的出现必然会改变传统职业道德和规范。

职业形象提升：伴随着高技术人才的普及，社会对于从业人员的形象也有了更高的要求和标准。职业劳动者应该全方位地由内至外地提升自己的职业形象。社会职业发展必然要求职业形象的改变。良好的职业形象有助于人们对于职业的认可和肯定。

职业态度加强：自由市场的到来决定了人们选择职业时的自主性。从业者不再像传统一样被迫选择职业。在这样的前提下，从业者对于自发所选择的职业理应具有更饱满的热情、更加积极的工作态度以及不畏艰辛的职业精神。

职业技能的多元化：职业技能是指人们运用理论知识和实践完成具体任务的活动方式。职业的多元化、专业化必然要求从业者的劳动技能不断拓宽和提升，以面对社会日新月异的发展。

9. 职业劳动有助于工匠精神的弘扬

《说文解字》对"工""匠"的释义：工，巧饰也；匠，木工也。工匠指在技艺上有专长或有成就的人。工匠精神就是技有专长的匠人具备的认真负责、精工细作、精益求精的态度和作风，内涵极为丰富。党的十九大报告明确提出："要建设知识型、技能型、创新型劳动者大军，弘扬劳模精神和工匠精神，营造劳动光荣的社会风尚和精益求精的敬业风气。在新时代，我们要大力弘扬工匠精神。"

第五章　职业体验劳动

职业道德是建立在职业分工基础上，对劳动者基本道德和素养进行规范的行为准则。本书第二章第四节已经对工匠精神进行了较为详细的描述。通过对比，我们不难发现职业道德示范标准和工匠精神的特定内涵具有高度的共通性。随着《大国工匠》《我在故宫修文物》《了不起的匠人》等一系列纪录片的推出，工匠精神逐步为人所熟知。工匠精神古已有之，我们可以简单地将其内涵概括为"热爱""执着""进取"。

"热爱"是工匠精神的力量源泉，没有对于岗位的热爱，缺乏对职业的热情，工匠精神无从谈起。所谓"爱一行，干一行"是指劳动者基于自由根据自己专业所长而选择的职业，面对自己所热爱的职业，劳动者理应具有充沛的热情。而"干一行，爱一行"则指，任何一门职业都不会一帆风顺，在工作中我们难免会遇到各种各样的困难，迎难而上、越挫越勇才是匠人最为可贵的精神所在。

扩展阅读

北京百货大楼门前广场处矗立着一尊半身铜像，那就是普通售货员张秉贵同志。作为一名优秀的共产党员，他以"一团火"的热忱为人民服务，在平凡的售货岗位上练就了令人称奇的"一抓准""一口清"技艺，成为新中国商业战线的一面旗帜，带动了整个行业服务水平的提升。在他生前，许多外地顾客慕名而来，在他的糖果专柜前排起长队，只为亲身感受他的技艺和服务。燕京有八景，张秉贵售货被群众亲切誉为"燕京第九景"。

张秉贵是20世纪50年代至80年代我国商业系统最著名的劳动模范，曾于1977年当选中国共产党第十一次全国代表大会代表，1978年当选全国人大代表，历任第五届和第六届全国人民代表大会常务委员会委员。

1929年，11岁的张秉贵便到纺织厂当了童工，17岁到北京一家杂货店当学徒。20世纪50年代初，新中国百废待兴，即将开业的北京百货大楼招聘营业员，尽管规定只招收25岁以下的年轻人，但已经36岁的张秉贵因有多年的经商经验而被破格录取。他做梦也没想到能当上"新中国第一店"的售货员，在宽敞明亮的柜台前体面地为顾客服务，感到无比光荣的他更坚定了为人民服务的信念。此后30多年平凡的售货实践中，他将"心有一团火，温暖万人心"的职业信念与共产主义远大理想紧密相连，全心全意为顾客服务，成为各行各业学习的榜样。

张秉贵常说："售货员要用一团火来温暖顾客，使他们不仅在商店里感到热乎乎的，回家后热乎乎的，走上工作岗位还要热乎乎的，这才算我们对革命事业的一点贡献。"30多年来，张秉贵接待顾客近400万人次，没有跟顾客红过一次脸、吵过一次嘴，没有怠慢过任何一个人。北京百货大楼当时是全国最大的商业中心，客流量大，加之物资相对匮乏，顾客通常要排长队。张秉贵便下决心苦练售货技术和心算法，练就了令人称奇的"一抓准""一口清"技艺。

所谓"一抓准"，就是一把就能抓准分量，顾客要半斤，他一手便能抓出5两；"一口清"则是神奇的算账速度。遇到顾客分斤分两买几种甚至一二十种糖果，他也能一边称糖一边用心算计算，经常是顾客要买多少的话音刚落，他就同时报出了应付的价钱。后来他又发明了"接一问二联系三"的工作方法，即在接待一个顾客时，便问第二个顾客买什么，同时和第三个顾客打好招呼，做好准备。他在问、拿、称、包、算、收六个环节上不断摸索，接待一个顾客的时间从三四分钟减为一分钟。

张秉贵不仅技术过硬，还注重仪表，坚持每周理发，每天刮胡子、换衬衣、擦皮鞋。他还注意研究顾客的不同爱好和购买动机，揣摩他们的心理。为了精通商品知识，每逢公休日张秉贵就蹬起自行车，来到工厂、医院和研究单位，学习了解糖果知识。由于熟悉顾客和商品的特点，张秉贵可以针对一些特殊的顾客推荐商品。

张秉贵通过眼神、语言、动作、表情、步伐、姿态等调动各个器官的功能，商业服务业的简单操作，被他升华至艺术境界，被首都群众喻为"燕京第九景"。有位挂着拐杖的老人，经常来欣赏他售货。老人说："我是个病人，每天来看看您站柜台的精神劲儿，为人民服务的热情劲儿，我的病也仿佛好了许多。"

张秉贵认为，站柜台不单是经济工作，也是政治工作；不单是买与卖的关系，还是相互服务的关系。"一个营业员服务态度不好，外地人会说你那个城市服务态度不好，港澳同胞会感到祖国不温暖，外国人会说中华人民共和国不文明。我们真是工作平凡，岗位光荣，责任重大！"

在百货大楼的30多年，张秉贵始终腰板挺直精神饱满。晚年他仍不辞辛苦到祖国各地传经送宝，把自己"一团火"的服务经验毫无保留地传授给各地同行。1983年他还克服了文化水平低的困难著书立说，将自己的服务经验编写成《张秉贵柜台服务艺术》一书，并到各单位表演、讲课，听众达十多万人次，留下一笔宝贵的精神财富。

一次，他应邀在外地介绍经验，会后大家希望他作一次售糖"一抓准"的示范表演。那时他已经65岁，又处在陌生的场地和环境，糖果的规格和北京也不一样，"一抓准"还能不能成功呢？张秉贵明知有困难，但想到要推动青年们练基本功，还是愉快地答应了。"5两""4两""2两"……张秉贵每次都是一抓正准。老模范宝刀不老，全场响起了热烈的掌声。

（最美奋斗者门户网站：《张秉贵简介》，http://zmfdz.news.cn/527/index.html，2019年10月）

"执着"是工匠精神的核心要义。工匠们不会轻易满足于平庸，而不断完善、追求卓越是他们毕生的追求。对于真正的工匠而言，没有完美和终点，对于每一个细节的精雕细琢，对于每一个环节的精益求精是他们最为优秀的品质。正所谓"天下大事，必作于细"，时时刻刻秉承"没有最好，只有更好"工作理念，彻底消除"差不多"现象。"执着"也许意味严苛，严格的高标准、高要求一定会带来巨大的难度，但这是我们从制造业大国走向制造业强国必须迈过的一道坎。要制造出民族品牌高品质的产品，绝对不能缺少一位追求极致的完美工匠。

执着专注是劳动者最显著、最可贵的行为特质。在中国特色社会主义新时代，各行各业的劳动者更应秉承工匠精神，立足本职岗位，诚实劳动，无论从事什么工作，都要干一行、爱一行、钻一行。

扩展阅读

作为中国兵器工业集团首席焊接技师，卢仁峰几十年来交出的焊接产品一直是百分之百合格。而这些百分之百，却是他只用一只手来完成的。

1986年，一次操作意外，使焊接能手卢仁峰的左手被机器切断。后经过手术，被切去的左手虽然勉强接上了，但已经完全丧失功能。然而，卢仁峰却作出了一个大家都没有想到的决定：继续做焊接工作。

只用一只手，怎么做好焊接工作？

整整5年，卢仁峰整天泡在车间，顽强坚持练习，愣是靠给自己量身定做手套和牙咬焊帽这些办法，用单手进行焊接操作，不仅恢复了过去的焊接水平，而且再次成为厂里的焊接技术领军人。

锲而舍之，朽木不折；锲而不舍，金石可镂。卢仁峰说，丢了一只手不可怕，可怕的是丢了军工匠人的魂。

对此，中国核建中核二三公司连云港项目部的核级管道焊工未晓朋深有感触。在田湾核电站二期建设中，不到30岁的未晓朋承担了主管道焊接的施工任务。他通过反复练习，熟悉焊材性能，摸索出了一种非常实用的焊接方法，克服了主管道难焊接易返修的问题，被誉为核电站的"心脏搭桥师"。

执着专注源于对职业理想和初心的坚守。凭借勤学苦练，只上过一年多初中的许振超从普通码头工人成长为"桥吊专家"，是码头上人人知晓的"许大拿"。他常说："在工作岗位上，干就干一流，争就争第一，拼命也要创出世界集装箱装卸名牌，为企业增效，为国家争光。"

实干兴邦，实现社会主义现代化的宏伟目标，离不开各行各业的务实肯干与勤奋敬业。千万现代工匠坚守职业理想和初心，满怀产业报国之情，才能扬起高质量发展之帆，筑起强国之梦。

（石光辉：《如切如磋，如琢如磨——工匠精神评述》，中共党员网，https://www.12371.cn/ 2021/10/27/ARTI1635306483315860.shtml，2021年10月27日）

"创新"是一个国家发展进步的灵魂，彰显了工匠精神的时代气息。从职业劳动的特征中我们不难得出这样一个结论：劳动职业化永远处在一个进行时之中，是随着社会发展而改变的。职业劳动发展性和时代性的特点决定了工匠精神的创新性。时代的变迁在催生不少新兴行业的同时也使得大量传统行业逐步淡出人们视野。苹果手机取代了老牌巨头诺基亚，柯达胶片相机也逐步也被数码相机取代，特斯拉、比亚迪等新型车企已经对传统车企构成了巨大的威胁，职业的更新换代背后是经济的迅猛发展，产品的更迭源于科技的突飞猛进。没有工匠们敢为人先的大胆革新，就不会有科学技术的突破。没有对传统的质疑、否定以及突破就不会有广阔的发展空间。职业劳动的特点是发展性，工匠精神的特征是创新性，两者相互促进互为根基。时代发展离不开创新，民族进步必须依靠创新，创新是一国兴旺发达的源动力，是一个企业立足世界的核心，是一个劳动从业者自我发展的必备职业素养。

扩展阅读

2014年，在德国纽伦堡国际发明展上，一名来自中国的技术工人同时获得三项金奖，震惊了世界，他就是高凤林。

为高凤林的精湛技艺所折服，有人向他抛出了橄榄枝，许以丰厚待遇和荣耀。

高凤林答道:"我相信航天事业发展了,工资待遇一定会赶上、超过你们,至于荣耀嘛,你说它能有我们制造的火箭把卫星送入太空荣耀吗?"

高凤林,央视"大国工匠"节目播出的第一人,我国长三甲系列运载火箭、长征五号运载火箭的第一颗"心脏",也就是氢氧发动机喷管,都在他手中诞生。37年来,他先后为90多发火箭焊接过"心脏",占我国发射火箭总数的近四成;先后攻克了航天焊接200多项难关。

大喷管在惊险中诞生

20世纪90年代,为长三甲系列运载火箭设计的新型大推力氢氧发动机,其大喷管的焊接一度成为研制瓶颈。火箭大喷管延伸段由248根壁厚只有0.33毫米的细方管组成,全部焊缝长达900米,焊枪多停留0.1秒就有可能把管子烧穿或者焊漏。在首台大喷管的焊接中,高凤林连续昼夜奋战一个多月,腰和手臂麻木了,每天晚上回家都要用毛巾热敷才能减轻痛苦。凭借着高超的技艺,高凤林攻克了烧穿和焊漏两大难关,成功焊接出第一台发动机。

但随后的X光检测却显示,大喷管的焊缝有200多处裂纹,面临被判"死刑"的命运。高凤林异常镇定,他从材料的性能、大喷管结构特点等展开分析,最终判断出:裂纹是假的。经过剖切试验,在200倍的显微镜下显示,所谓的"裂纹",确实只是焊漏与方管壁的夹角所造成的假象。就此,第一台大喷管被成功送上试车台,这一新型大推力发动机的成功应用,使我国火箭的运载能力得到大幅提升。

此后,在为长三甲系列火箭焊接第二台氢氧发动机的关键时刻,公司唯一的一台真空退火炉发生炉丝熔断,研制工作一时陷入停滞。要想恢复设备运转,必须有人从窄小的炉口缩着肩膀钻进去,将炉丝重新焊接在一起。那时正值盛夏,炉内氧气本就稀薄,焊接时还要输送氩气进行焊接保护,情况十分凶险。高凤林忍住长期加班导致的胃痛,主动要求钻炉抢险,三进三出,前后近两个小时,成功地焊好炉丝,真空炉恢复了运转。高凤林由此被业内誉为"金手天焊"。

应对疑难杂症妙手回春

随着高凤林远近闻名,国内外同行遇到棘手难题也来向他求助。一次,我国从俄罗斯引进的一种中远程客机发动机出现裂纹,很多权威专家都没有办法修好,俄罗斯派来的专家更是傲慢地断言,只有把发动机拆下来运回俄罗斯去修,或者请俄罗斯的专家来中国才能修好。高凤林被请到了机场,看着这个瘦弱的年轻人,俄罗斯专家仍然明确地说:"你们不行,中国专家谁也修不了!"高凤林通过翻译告诉俄方专家:"你等着,我十分钟之内就能把它焊好!"焊完后,俄方专家反反复复检查了好几遍,面带微笑对高凤林竖起了大拇指。

2007年9月,在长征五号研制的关键时刻,发动机内壁在试车时出现烧蚀。现场专家焦灼地联系高凤林求援,高凤林带着助手赶到现场。操作台10米开外就是易燃易爆的大型液氢储罐,脚下是几十米深的山涧。故障点无法观测,操作空间异常狭小,仅能硬塞一只手臂进去,高凤林只能凭着多年的操作经验"盲焊"。最终,在夜晚来临前,他成功地排除了故障,被发动机总设计师戏称"通过了国际级大考"。

真正的国际级大考发生在2006年。那年11月底，诺奖得主丁肇中教授的秘书多方辗转找到高凤林，由世界16个国家和地区参与的AMS-02暗物质与反物质探测器项目，在制造中遇到了一个大难题，希望高凤林前往解决。探测器用的是液流氦低温超导电磁装置，将搭乘美国最后一班航天飞机"奋进号"到国际空间站上执行探测任务。此前已经来了国内外两拨"顶尖高手"，但因为工程难度巨大，项目实施方案一直没能得到国际联盟总部的认可。在论证会上，高凤林介绍了自己的设计思路，得到各方专家赞赏。会后，高凤林又耗费几天的时间，把思路完善成一个创新设计方案，方案终于通过了国际联盟总部的评审。

连续熬夜一月攻克难关

"连续熬夜最长的一次将近一个月，每天到凌晨5点左右，为了国家863计划的一个项目，26个难关，需要一个个攻克。"高凤林被同事称为不吃不喝的"骆驼"，是"和产品结婚的人"。为了攻克难关，他常常不顾环境危险，直面挑战，为此多次负伤，鼻子受伤缝针，头部受伤，三次手术才把异物取出，而胳膊上黄豆大的铁屑，由于贴近骨头，至今无法取出。

"不仅会干，还要能写出来指导别人干"。高凤林著有论文30多篇，每年授课120多课时以上，听众上千人次。在操作难度很大的发动机喷管对接焊中，高凤林研究产品的特点，灵活运用所学的高次方程公式和线积分公式，提出了"反变形补偿法"进行变形控制，这一工艺获得了国家科技进步二等奖。

2011年，国家人力资源和社会保障部以高凤林的名字，命名了国家级技能大师工作室，这也是首批国家级技能大师工作室之一。2015年，高凤林劳模创新工作室挂牌。

（最美奋斗者门户网站：《高凤林简介》，http://zmfdz.news.cn/533/index.html，2019年10月）

第二节　职业体验劳动的形式与实施

一、职业劳动体验的主要目的和意义

（一）职业劳动体验是社会的需求

职业劳动是社会发展的必然要求，职业劳动体验是职业工作专业培养的重要内容和环节，良好而完整的实习体系能使得大学生提前适应社会且在未来更好地服务于社会。

伴随着国家经济的发展，国家战略部署也要求我们逐步完成由工业大国到工业强国的转型，如何与国际接轨是我们面临的艰巨问题。职业化发展到今天也不过区区50年左右，我们的高校在职业教育理论建设、课程设置等多方面与发达国家还有不小的差距，要想在工业化上完成转型，必须得在职业化建设上想办法与国际接轨，符合国际化专业要求。

（二）职业劳动体验是劳动者个人提升的必要路径

职业劳动要求劳动者必须具备相应的职业技能。与基本生存技能不同，职业技能需要较强的实践能力以及更为复杂的专业思维。这也就决定职业劳动的技能不仅仅包含了基于专业知识学习而形成的职业实践能力，也囊括了思维活动能力。职业技能是对特定专业知识的应用能力，这种能力首先体现为某种思维活动，它有助于劳动者对事物的认识从而指导人们通过特定行为达到预期目的，当这种行为付诸实施并产生相应结果时，就表现为一种职业实践能力。由此可见，职业劳动技能包含专业知识和专业技能两大方面，这也意味着想要全方位地提高劳动者的素质和能力，就必须从这两大根基处入手。与此相对应，职业劳动可简单划分为生产劳动与非生产劳动。生产劳动是指创造物质财富的劳动。如工业劳动创造工业产品、农业劳动创造农副产品、建筑业创造各类建筑物等。非生产劳动是指不创造物质财富的劳动，非生产劳动包括文化、艺术、科学、教育、医疗、社会管理等不同形式劳动。袁隆平对水稻杂交技术夜以继日的研究、屠呦呦对青蒿素孜孜不倦的探求都是典型的非生产性科研劳动。除此之外，大量文学艺术都属于非生产性劳动成果。不论是生产性劳动还是非生产性劳动，都需要专业知识和专业技能的学习，因为职业体验劳动的目的是锻炼专业技能，更是提升专业知识的必要途径。

1. 专业知识的提升

专业知识是专业技能的基石，是思维化的技能；专业技能以知识为导向，是外化的知识。所谓专业知识，就是指在一定范围内相对稳定的系统化的知识，它不是专业技能本身，但与专业技能之间存在彼此依赖的密切关系。专业知识是专业技能的基础，是人们在认识特定领域事物发展规律过程中所形成的知识集合。这些知识能够更好地有理有据地指导实践活动，有助于专业技能的提升。就目前大学课堂而言，教师所传授知识大多是以专业的形式展开的。教育部2018年首次发布《普通高等学校本科专业类教学质量国家标准》，涵盖了我国普通高校本科专业目录中全部92个本科专业类、587个专业，涉及全国高校56000多个专业点。这些种类繁杂的专业被归于哲学、经济学、法学、教育学、文学、历史学、理学、工学、农学、医学、军事学、管理学、艺术学等13个学科门类中，构成大学生日后专业技能形成的基本领域和职业方向。尤其是农学、医学、工学等领域相关专业，表现出更强的操作性和更专业的技能特征。

当然专业知识的学习最终是为了开展实践，付诸实践，从知识转化为实践的关键就在于专业思维的形成。所谓的专业思维，就是一种迅速、准确、高效地将问题归类的思维模式，用专业的眼光看待问题，从而用专业技能解决问题。专业思维最基本的特征在于其发展性和灵动性，真正的专业思维绝不是孤立、静止地看待问题，而是植根于历史经验，立足于现状，着眼于将来的"活"的思维。

2. 专业技能的提升

专业技能的实现离不开专业知识的指导，特别是部分高尖端专业领域更加不能缺少专业知识的学习和积淀。目前，国家重点强调由工业大国向工业强国转型，由传统的工业兴国走向科技兴国，则必须重点发展尖端专业技能。专业技能对专业知识的依赖不是被动的，而是一种主动的应用和积极的发展，具有与时俱进、灵活多变的特征。诚然，专业知识的掌握决定了实践能力水平的高低，医生在手术台上的泰然自若与他对于专业知识的牢固把握是密不可分的。反之，一名优秀的理论学习者否能够通过反复实践磨炼，将所学理论知识转化为与之对应的专业技能并且加以实践也尤为重要。生活中有不少因为理论知识匮乏而导致实践能力不足的劳动者，但那些"理论上的巨人，行动上的矮子"也屡见不鲜。

（三）职业劳动体验有助于学生理性规划职业

大学生在步入社会之前心智还不够成熟，尽管有丰富的理论知识，但缺乏社会经验更缺少对自己所学专业发展现状以及未来趋势的基本了解，在职业规划上往往缺乏一个能够立足当下、着眼未来的视角，也很难将自己的性格特点、专业特长等重要因素和职业选择关联在一起。所以职业劳动体验对于学生将来正式就业有着非比寻常的重大意义，主要体现在以下三个方面。

1. 按照社会发展趋势和国家需求规划职业

职业的选择隶属于社会活动，受到各种社会条件的限制，大学生在高校期间积累了丰富的专业知识，但是只有清楚地认识到社会发展趋势和国家民族的需求才能更好地将自己的专业和社会需求相匹配，以确保自己的职业方向选择的现实性和合理性。每一次社会经济结构的调整、产业结构的重组都会使得就业结构发生相应的变化。近些年来，智能制造业以及服务业从业人数大幅度的提高就与国家整体发展布局息息相关。同时，地区发展布局、体制规划也会对职业供求产生一定的影响。

2. 能够发觉自己的职业兴趣

现代社会人们在选择职业时有了更多的自主权，职业选择的第一要素往往不是经济因素，整个职业发展规划、前景与个人能力的提升、价值的实现，甚至是同事之间相处的融洽度都成为今天人们选择职业或者更换职业的重要因素。许多大学生在大学期间选择专业方向时并未经过深思熟虑，对自己的性格、个性也缺乏足够的认识，往往是"稀里糊涂"地听取了父母或者老师的建议。但在实习期间，发现自己的专业和自己性格以及市场需求相差甚远。一位不善言语的实习生也许可以对市场营销理论知识了如指掌，但在面对实际情况时却往往束手无策。劳动体验就能很好地规避这一点，让学生在正式步入社会前有一个了解自我的阶段，在日后能够依据现实选择真正适合自己的职业。其次，大学生在校期间由于对于职场缺乏足够的了解，从而导致对于职业规划不够清晰，加之在校学习期间学校考核方式更看重学生的学习能力而忽略了沟通协调能力以及适应环境的能力，这就进一步加剧了学生对自我认知的匮乏。劳动体验能够让学生发现自己知识盲点、发掘性格上的特点，能够清楚认识到自己的核心竞争力是什么，自己更擅长什么样的工作，在日后的职业规划中做到胸有成竹。

3. 明确职业的真正含义

职业劳动体验是为了让大学生从"知识"中走出来。不少学生在学习阶段掌握了丰富而坚实的理论知识，但在专业实践和创新上却毫无建树，无形之中形成了知与行的鸿沟。要从"知行分离"走向真正的"知行合一"，让学生真正感受到理论知识的生动性，唯有依靠职业劳动的体验。

除此之外，职业劳动体验还有助于培养大学生的社会实践能力以及自主创新精神，更有利于培养学生建立良好的职业道德以及社会责任感。实习是人才培养的重要手段，是学生锻炼实践能力、了解社会的重要途径，更是新一轮科技革命和产业革命的必然要求。新的技术革命正在迅速改变旧有生产和生活模式。数字化、科技化、绿色化的新型生产方式，对产业运营、人力资源结构提出了新的要求。高校必须坚持以人为本、落实"四个回归"，积极应变、主动求变，把实习摆在更加重要的位置，加强实习教学改革与研究，健全实习教学体系，规范实习安排，加强条件保障和组织管理，切实加强和规范实习工作，确保人才培养质量不断提升。除此之外，劳动体验以及社会实践也是提高职业道德修养的必经途径，更是一个人提升自我道德水平的重要路径。道德意识并非与生俱来的，不同的民族文化、不同的时期对于道德标准的划分不尽相同。道德的建立和规范离不开长期的社会实践，道德的建立是在人与人的交往过程中逐步形成的。而劳动体验是人们最基本的交往活动，也是道德意识形成的根源。劳动者不断地融入社会，将自己的学习经验和社会实践相结合，在实现到自我价值的同时也认识到个人的不足，在实践中不断历练、完善自己，最终提高自己的道德水准。因此，社会应该给予劳动者锻炼机会，帮助劳动者搭建训练平台。企业作为社会责任担当者应加强校企合作，多与高校展开校企合作，为大学生劳动者搭建各类培训平台，帮助大学生劳动者提升职业技能。学校也应该结合企业发展需求开设对应课程，从实际情况出发，依据从近、从简的基本原则，科学制定实习方案，以实现企业发展与劳动者成长以及学校就业率提升的三赢局面。

二、职业劳动体验的基本要求

对于高校学生而言，如何将课堂上学习到的理论知识转化为行之有效的实践能力是学生本人、学校以及社会应该共同予以重视的问题。2020年3月20日，中共中央、国务院印发的《关于全面加强新时代大中小学劳动教育的意见》中指出，劳动教育要坚持"把握育人导向""遵循教学规律""体现时代特征""综合实施""坚持因地制宜"五大基本原则。因此，高校在组织学生开展职业劳动体验时应该坚持以下几点要求。

1. 坚持职业劳动与专业实训相结合

高校办学是以培养符合社会需求的高技术应用型人才为目标，与普通中职中专学校的办学层次和教学目标不尽相同。中职中专学生亦重视生产劳动实践，但大多数处于认知性、参与性、体验性层面。而在组织高等院校开展的实践活动和训练时，不能只停留在基础的基本技能层面，应该蕴涵更多的专业技能和劳动知识。《关于全面加强新时代大中小学劳动教育的意见》指出，劳动教育要坚持体现时代特征的基本原则，适应科技发展和产业变革，针对劳动新形态，注重新兴技术支撑和社会服务新变化。深化融合、改进劳动教育方式，强化诚实合法劳动意识，培养科学精神，提高创造性劳动技能，加强劳动教育与专业教育的结合。让学生从生产劳动实践中不仅体验到体力劳动的精神价值，还能开动脑筋以及巩固和拓展专业知识技能，实现体力、脑力劳动相结合、简单劳动和复杂劳动相结合。正如陶行知先生在探讨劳力和劳心时所倡导的，要引导学生"在劳力上劳心"。

2. 坚持职业劳动与现实条件相结合

职业教育目标是充实学生走向劳动岗位前的理论基础，产教融合则是学校和企业之间有效衔接的桥梁。同时，产教融合也是高校学生步入社会、开展生产劳动的重要途径。然而产教融合的推进深受经济发展水平、经济产业构以及各种现实条件的影响。中共中央、国务院印发的《关于全面加强新时代大中小学劳动教育的意见》中指出，劳动教育要坚持因地制宜的基本原则，"根据各地区实际情况，结合当地在自然、经济、文化等方面的条件，充分挖掘行业企业、职业院校等可利用资源，宜工则工、宜农则农，采取多种方式开展劳动教育，避免'一刀切'。因此院校通过深化产教融合改进劳动教育方式，在开展生产劳动实践过程中一定要与现实条件相结合，不能千篇一律、照搬照抄。应该结合当地产业现状开展符合自身特色的生产劳动项目"。

3. 坚持生产劳动与创新创业相结合

创新创业教育中，劳动扮演着重要的角色。创新创业的过程本身就是劳动的过程，创新劳动就是一种生产劳动。没有不通过生产劳动就可以获得成功的创业。创新创业过程是脑力劳动和体力劳动相结合的生产实践过程，这就要求职业院校培养学生的创新精神，同时还要确保实习实训中学生能体会到劳动带来的荣誉感和成就感，进而树立劳动光荣、创造伟大的正确劳动价值观。其次，生产劳动与创新创业相结合，有助于培养和激发学生的创新性和创造性，其目的都是提升学生的创造性劳动水平。创新创业教育是进行创新思维培养和创业能力锻炼的重要教育手段，其具有创新性、创造性、实践性的特征。创新创业教育对职业院校学生创造性劳动思维和意识的激发具有显著的效果。

4. 坚持生产劳动与安全教育相结合

高校组织劳动实践必须以确保学生的人身安全、设备设施的安全为前提。生产劳动的主要形式是让学生亲自动手操作，而生产操作过程中的工具、材料、设备设施以及工作环境都可能存在一些不安全因素。因此，在组织学生生产劳动时，务必要规定各个项目的操作流程和安全规范，制定必要的安全检查制度和安全防范措施。在开展生产劳动实践前，一定要加强学生的安全教育，要求学生树立劳动安全意识、自我保护意识和环境保护意识:教育学生正确使用劳动工具、设备设施,自觉穿戴必要的劳动保护用品,养成严格遵守劳动规程的良好习惯。

三、职业劳动体验的主要形式和内容

2019年,教育部印发《关于加强和规范普通本科高校实习管理工作的意见》,明确强调,高校在开展劳动教育的过程中,各地依据实际情况与本地产业相结合,通过安排专业实习实训、顶岗实习、工学交替和创新创业等形式,以加强大学生实践创新能力为目标,以培养大学生社会责任感为己任,加强实习教学改革与研究,健全实习教学体系,规范实习安排,加强条件保障和组织管理,切实加强和规范实习工作,确保人才培养质量不断提升。

(一)专业实习实训

实习实训课为高校生产劳动实践的主要载体,从"以劳树德""以劳增智""以劳强体""以劳育美"几大方针出发,在实习实训教学中不断优化实习实训教学体系,逐步完善实习实训过程管理与考评体系,积极发挥企业协同育人的作用,推动劳动教育与实习实训的高度融合,促进职业技能与职业精神高度融合。通过在实习实训中开展生产劳动认知教育、生产劳动观念教育、生产劳动技能教育、生产劳动法律法规教育和生产劳动习惯养成教育,不断探索实习实训中劳动教育的内容、途径和方式,使学生在实践劳动中更直观地理解专业知识,更熟练地掌握专业技能;加强技术革新和技能创新的意识,不断提升综合素质和劳动能力,弘扬劳动精神、工匠精神和劳模精神;体会劳动创造美好生活,热爱劳动,尊重普通劳动者;强化劳动观念,端正劳动态度,增强法律意识,保护自身劳动合法权益,形成热爱劳动的良好习惯,进而形成正确的劳动价值观;具备满足生存发展需要的基本劳动能力,形成良好劳动习惯。

📖 案例介绍

劳动实践体验以培养学生实践劳动能力为目的,将实践教学体系、实践教学条件、实践教学方式整体地结合在一起。高职会计专业的实践体验,以提高学生专业技能及实践技能为根本目标,当前高职会计专业在实践教学模式的设计与运用上应该重点考虑通过专业实习实训培养出适应企业会计工作岗位的需要的人才,研究构建一套行之有效的高职会计类课程实践教学模式。

以柳州职业技术学院会计电算化专业为例。该校从实践教学体系的设计、实训场所、实训条件、实训方式与方法等方面构建行之有效的实践教学模式。在具体实践过程中学校提出明确的实践目的,并依据实践目的制定"3+2"实践训练体系(见表5-1),即3个实践教学模块,基础技能训练—岗位专项技能训练—会计综合技能训练;2个阶段的专业实习,第一阶段"职业素养训导"专业实习以及第二阶段"预就业"专业实习,要求学生逐步完成由掌握基础技能到熟悉单项岗位技能再到熟悉整体作业操作技能的转变。

表 5-1 "3+2" 实践教学体系表

3个实践教学模块			2个阶段专业实习		
名称	培养目标	主要内容	名称	培养目标	主要内容
基础技能训练	培养学生专业基础能力	点钞、翻打传票、小键盘训练、会计书写、对账、会计工作基础等	"职业素养训导"专业实习	学习了解企业文化，培养学生吃苦耐劳、耐心自知、认真负责的工作态度，树立良好的质量意识和安全意识。形成对未来职业的理性认识，为下一个阶段"预就业"专业实习奠定基础	安排在东莞伟易达电子有限公司等校外实训基地进行
岗位专项技能训练	培养学生不同会计岗位的核心技能	出纳技能训练，总账（主办）会计训练（包括制造业财产物资、工资、资本资金、总账报表等会计岗位实战业务）、成本会计训练、税务会计训练、审计训练、财务管理训练等	"预就业"专业实习	学生完成身份转换，把理论知识转换为实践能力，培养学生解决问题的能力，全面提升学生的综合素质，增强自身就业能力	安排在中国恒企教育集团代理记账公司天地华宇物流公司、中国搜浩企业管理集团等校外实训基地进行
会计综合技能训练	培养学生专业知识综合运用能力	以企业真实业务为工作内容，进行会计工作全过程的综合模拟真账训练，与中国恒企教育集团合作的真账训练，财务预测、决策、控制、分析的财务管理训练以及综合利用专业知识进行毕业设计。内容涵盖手工账、电脑账、编制报表、纳税申报、财务控制、财务析等			

（二）顶岗实习

关于顶岗实习的最早记录是1975年四平师范学院对实习模式的探索。因为在当时还只是一种具有探索性的实习模式，故被称为"换岗实习"。尽管此种尝试在当时并不完备，但作为一种具有破旧立新意义的新型实习模式，它不仅满足了农村在职教师进一步提高专业素养的要求，也为发展农村教育事业做出了贡献。余壮怀对云南师大自1988年开始的顶岗实习的介绍和总结，着重论述了其开展顶岗实习的背景、基本做法、实际意义和已取得的成效等。①

也有学者将今天意义上的顶岗实习追溯到2010年的"农村骨干教师置换培训"。为了贯彻落实党的十七大关于"加强教师队伍建设，重点提高农村教师素质"的要求和《国家中长期教育改革和发展规划纲要（2010—2020年）》的精神，2010年6月，教育部、财政部决定从2010年开始实施"中小学教师国家级培训计划"，简称"国培计划"。其中，在中西部23个省市实施的"农村骨干教师置换培训"是"国培计划"项目中的一个重要组成部分。部分学者认为此计划中"农村教师骨干置换培训"就是"顶

---

① 余壮怀：《试论"顶岗置换"实习改革的教育教学意义》，《云南师范大学哲学社会科学学报》，1992年第2期。

岗实习"。虽然对于顶岗实习最早出处各有断论，但无论如何有一点是肯定的，在我国"顶岗实习"一词最早出现在师范院校之中。其基本原则是将在校的部分师范学院学生分配到对应的偏远农村中小学充当教师，所在中小学的骨干教师则被置换出来去高校进行脱产研修，这样既做到了在校学生所学知识有实践之处，也为在校教师研修提升提供了契机。正因为顶岗实习在实习形式上的特殊性和非普遍性，所以"顶岗实习"成为师范类高校普遍采用的实习方式。"国培计划"实施之后，各地也紧锣密鼓地逐步推行相关类似计划，各地学校与当地相关教育职能部门合作，在给予在校生实习机会的同时，也帮助学校在职教师完成自我提升，同时还解决了部分地区师资短缺的问题，可谓一举多得。"顶岗实习"与传统实习实训不同在于"顶岗"二字的特殊含义。首先，在实习周期上，传统实习一般只有40多天，学生还没有完成角色转换实习就结束了，很难做到真正意义上的身份转化。而顶岗实习则为期3至6个月，充足的时间能使学生全身心地投入到教学实践中去，更全面地把握教学的各个环节，更好地总结教育教学规律。尽管学生缺乏经验，但他们理论知识更为丰富，具有活力，具有锐意进取的创新精神。年轻的心态有助于和学生的沟通理解，也为中小学教育教学带来新鲜的血液。其次，实习者在实习期间是全方位接替所在岗位工作程序和相关职责，这就要求实习者有更强的责任感，也对实习者提出了更高要求和挑战。再者，"顶岗"实习生既是学生又是非典型劳动者。这样的双重身份要求顶岗实习生一方面必须遵守学校的相关准则和规定；另一方面，顶岗实习生在单位工作也受到工作单位的约束。

案例介绍

师范院校的顶岗实习

2009年9月，沈阳师范大学外国语学院联手沈阳市东陵区教育局展开合作，共建"实习实训基地"。沈阳市东陵区教育局为外国语学院英语师范专业学生牵头，为外国语学院学生提供中小学教师工作岗位，外国语学院为沈阳市东陵区中小学教师进行封闭培训。2009年9月至2010年1月，沈阳师范大学外国语学院共计127名英语师范专业学生赴沈阳市东陵区七十三中学等6所"九年一贯制"学校开展为期一个学期的顶岗实习，同时，沈阳市东陵区选派2批共计80名中小学教师来到沈阳师范大学进行免费封闭性培训。

顶岗实习学生进入实习学校后，以全职教师的身份从事课堂教学活动、班主任工作和课外教育活动等。据统计，实习期间，实习学生课堂授课时数平均为每周12学时，充足的课堂教学活动使他们的英语教学实践能力得到了极大的锻炼和提高。每一名实习学生还具体负责一个教学班的班级管理工作，了解和熟悉了班主任的全部常规工作。他们还利用课余时间组织丰富多彩的英语活动，带动了农村中小学的校园文化建设。实习学生暂时顶替中小学教师岗位，将中小学教师置换出来进行研修培训，培训采用"按需施教、专家引领"的方式进行。培训前，沈阳师范大学外国语学院采用问卷及访谈形式对沈阳市东陵区中小学教师的专业发展需求进行了调研，并在此基础上制定了培训计划和方案。培训以知识和能力两种取向并重，采用专题讲座、专题研讨、专门技能讲解与培训、现场实践与研究等课程化培训及非课程化培训形式，发展教师的专业知识和能力。根据受训教师的需求，培训课程分为学科专业知识板块，专业技能（听、说、读、写）板块，英语教育理论及方法研究板块和案例分析板块，从不同角度和层面补充教师的学科专业知识，更新教师的教育理念，发展教师的专业能力和专项技能，解决基础英语教育中的难题和困惑。这种研修培训基于教师对自己教学工作的反思和研究，是一种来源于受训教师的教学实际又反馈于受训教师教学实际的按需施教的培训，受到了受训教师的欢迎和好评。"[①]

师范类专业的顶岗实习作为一种新型教育实习模式具有促进教育发展，支援欠发达地区教育建设以及培养大学生教育实践能力等诸多优势，根据另外一篇相关论文的问卷调查显示[②]，对于教学工作而言，实习生基本能够完成教学工作任务，70.0%以上的实习生通过4～6个新教案的授课过程能够掌握课堂教学的主要环节；66.7%的实习生能够根据学生知识水平，灵活运用多种教学方法；82.5%的实习生能够做到课后认真批改学生作业，通过信息反馈及时调整教学工作。在问及实习期间给予工作帮助最大的人是谁时，50.5%的实习生选择"实习学校指导教师"，25.5%的实习生选择"实习组的同学"，13.5%的实习生选择"实习学校学生"。可见，在实习生实习实训的过程中，实习学校的指导教师发挥了重要作用，实习组的同学之间的互帮互助也对学生实践能力的提升有着重要的作用。

同时这份调研报告也暴露出顶岗实习期间各个环节所面临的问题，尽管此份报告的被调研者是河北师范大学的学生，但却有一定的普遍性，在此仅依据原文进行简单总结，具体问题会在劳动实践体验所面临的困境一节中展开论述：

学生普遍缺乏一定的实践能力，综合素质有待提高；

学校对于实习环节不够重视，岗前培训未能制度化从而导致学生上岗后没能做好充足的准备，实习指导教师缺乏责任心，指导力度不够；

学校与实习基地之间交流偏于形式化，缺乏有效的沟通和反馈。

非师范院校的顶岗实习

尽管顶岗实习最早见于师范院校，但随着顶岗实习的逐步发展，目前在其他职业岗位上也出现了类似顶岗实习的劳动实践体验模式，并且进一步依据职业特殊性进行了优化改进。浙江东方职业技术学院何玉龙老师就撰文对该校非师范专业的新型顶岗模式进行了介绍。针对该校学生的特殊性，学校与企业合作采取"2+1顶岗模式"以及"学工交替顶岗模式"，这两种实习模式都可以看作是顶岗实习的进一步优化。

首先，"2+1顶岗模式"。所谓"2+1顶岗模式"是指学生在校完成2年的理论学习，第三年直接到企业中进行顶岗实习的培养模式。这就是顶岗模式在非教师类行业的运用，其优势在于能将学生的理论学习、实践技能培养与毕业后的就业岗位直接挂钩，将大大提高学生的就业率，也使学生的职业技能得到真正的锻炼和提升。顶岗实习区别于一般的认识实习和短期的实习实训之处在于其时长。因为是完

---

① 吴琼：《"顶岗实习、置换培训"模式的多赢效应》，《现代教育管理》，2010年第12期。
② 高月春、刘茗、李春晖：《高师教育实习改革实践探索——以河北师范大学"顶岗实习"为例》，《河北师范大学学报教育科学版》，2007年第6期。

全的顶替岗位,所以在长达近一年的实习中学生能够通过自己的劳动给企业创造一定的产值,并且能够从企业那里获得相应的报酬。该学院电子技术专业35名学生就与浙江晨泰公司达成协议,施行为期半年的顶岗实习,岗位为技术性较强的一线岗位,在经过半年磨炼和学习后,由学生秉承自主自愿的原则决定是否与企业签署劳动合同,在这样的实习模式下,学校、企业、政府三方面共同帮助学生完成了由高校步入社会的过渡。并且由于"2+1顶岗模式"的实施,学校也调整了教学计划,提前布置规划理论课程的教学安排并将传统学期中的实验、实训课程安排到企业现场教学。

其次,"学工交替顶岗模式"。"学工交替顶岗模式"是让学生学习一年专业理论知识后再到企业完成顶岗实习,实习期为半年或者一年,完成实习后学生再度返校有针对性地继续学习相关理论课程。在授课安排上,学校针对学生在实践过程中遇到的实际问题有目的性地查漏补缺,在教学内容教授上也更有针对性地契合企业实际情况进行组织。在最后半年也就是第六学期,学生在理论知识进一步丰富后再一次进入企业进行毕业实习。由于有了前面"学工交替"的查漏补缺,学生在操作技能和应用知识的能力上大为提高,而且随着具有针对性的理论知识的进一步丰富,学生更加符合企业需求,从而使得就业率显著提高。根据何玉龙论文描述,"学工交替顶岗模式"得到专家的一致认可。此种具有创新性的顶岗模式可以在酒店管理、物业管理、印刷技术以及物流运输这种应用性较强但对于理论知识要求不高的专业上普及开来。这种经历过学校—企业—学校—企业交替的学生与普通实习生相比有更强的竞争能力,更能得到企业的认可。

当然,这种顶岗实习模式在实施过程中也有许多细节需要校方予以支持。比如在授课计划中,与传统院校不一样的地方就在于学时的安排以及课程的设置,对于普通院校必须开设的专业类公共基础课,学校会依据实际情况酌情安排较少课程或课时,这样才能保证有足够的时间给予专业技能课和实践环节课。同样在教学内容上,教师也得按照非常规授课方式进行学时安排,为学生的顶岗实习创造必要条件。在学生顶岗实习返校时,学校得有针对性地开设专业技能课程以及独立实践课程,最终为毕业实习做好充分的准备,最终适应企业需求。

四、职业劳动体验所面临的问题

劳动实践体验的重要性不言而喻。但目前仍然有不少高校忽略实习的积极意义。不少高校四年学习安排中几乎没有专业的实践实习课程。即使有统一安排,实习也仅仅是形式主义的走过场,所谓的实习实践就是到实习企业打打杂、帮帮忙,根本没有任何专业工作的安排。部分教师自身对于实习工作也缺乏认知和足够重视,不知道该如何做好实习安排以及实习监督,从而导致学生在实习期间处于迷茫状态。其主要表现在以下几个方面。

1. 理论与实践的脱节

学生在大学期间掌握了丰富的理论知识,无形之中树立了坚定的专业价值观,学生对于本专业就业前景充满了信心,但是一旦步入社会,看清现实与理想的差距,很容易陷入迷茫，他们会觉得社会对于自己专业不认可，几年所学的丰富的理论知识也毫无意义。因此，帮助学生从专业自主能力、自我认知能力及专业认同感三方面得到提升，帮助学生重塑就业信心，是劳动实践体验首要的任务。

专业自主能力：劳动实践体验意指锻炼学生知识的运用能力，要求学生能够针对具体情况和所处环境迅速分析、评估和解决问题。同时锻炼学生知识体系的整合能力，让学生能够更加深刻地理解理论知识。

自我认知能力：学生在劳动体验中逐步提升自我判断能力，在面对具体问题时学会运用专业知识冷静地处理问题，逐步学会与他人沟通互助并建立良好团队协作意识，最终在社会共同体中完成对自我认知能力的提升。

专业认同感：劳动实践体验过程是学生逐步建立信心及得到社会认可的过程。首先在实践体验中学生逐步学会利用自己的专业知识去处理现实中的各种问题，处理问题过程中不仅完成了专业知识的转化，同时也从问题的解决过程中得到一种认同，获得满足感。其次，学生在实习过程中培养了与他人的沟通、共同解决问题的能力，在某种程度上进一步坚定了专业价值观。

2. 学校以及教师对于实习监督管理的欠缺

劳动实践体验重点要解决的就是学生实践能力和理论知识的衔接问题。学生在这个衔接转换的过程中需要自己不断地摸索与反思。与此同时，教师对于实习工作的合理安排以及对于实习的监督跟进也决定了劳动实习的质量和效果。及时发现问题、跟进问题、解决问题、为学生答疑解惑是教师的责任和义务。之所以会出现部分教师不负责、管理者不作为的局面，主要是因为教师关注重心多放在与自身利益密切相关的职称评定工作上，而职称评定主要又由论文以及科研项目决定。对于一般的实践实习工作，教师缺乏直接动力，很难做到全身心投入与重视。同时，部分学校对于劳动实践体验的重要性也缺乏足够重视。目前高校的实际工作重心是"重项目""抓科研""搞教学"，学校很在意毕业生的就业率，但是对于实习阶段的关注却略有不足，这也就造成了部分高校重就业结果轻实习过程的现状。

3. 企业机构对实习安排缺乏相应的支持

劳动实践体验关键在于学生有工作岗位可以实践。社会机构、企业以及高校是实践体验的重要保障。社会机构提供制度保障，企业给予岗位资源，学校安排专业督导，实行三位一体的保障制度。目前，许多企业已经为在校大学生设置相应的工作岗位用于实习锻炼，以帮助学生能够更好地完成从学校到社会的顺利过渡。但企业所提供的岗位毕竟有限，而且在专业和学校层次上也有所限制，许多企业明确要求学生隶属高校为"双一流"高校，在岗位设置上也多为一些社会热门行业。这就造成了不少普通高校或者冷门专业的学生无法获得足够的实习机会。另外，对于部分缺乏社会责任感的企业而言，实习生就是廉价劳动力，在工作的安排和分配上也较少涉及专业性，学生很难将在校所学的专业知识与实践贯通，劳动实践体验的目的也难以达到。

五、职业劳动体验的完善措施

1. 建立一套相对比较完善的专业实习体系

首先,在实习期间,学习应该依据学生专业、高校现实环境力所能及地构建一个相对合理的课程体系。传统的课程体系主要在于理论学习,大多数课程的设置与安排都未能考虑实践实习环节。所以,如何周全地设计一个以实践为根本目的、蕴含理论知识学习与实习环节,且具有有效监督、督导机制与评估标准的课程体系,是各大高校应该予以重视的问题。其次,在专业理论课程的设置上、在人才培养方案中就应该明确强调实习的重要意义,根据具体科目在课程设置上安排一定的实践课时,让学生能够将所学理论初步和实践相融合。

2. 良好的监督机制和专业督导的指导对于学生的劳动实践体验有着重要作用

这就要求督导教师不仅仅需要扎实的专业知识,还必须具备丰富的实践经验,这样才能更好地帮助学生完成行政指引、专业教导和情感疏通。但大多数高校的实习工作督导往往是由辅导员担任,鲜有辅导员能满足以上要求。要想培养出优秀的督导教师,就必须依托一定的监督机制。在合理的监督机制下,对督导教师的工作能力进行考评和培训是培养优秀督导教师的重要手段之一。同时社会以及学校也应该给予老师一定的保障,在对教师评估细则上除了传统重论文、看科研的标准之外,应将实习指导的工作业绩也囊括进来,这样教师在实习工作的监督和管理上会更有热情和动力。

3. 政府相关部门和社会、企业应该给予足够的政策支持

尽管现在各大高校都在强调校企合作,许多企业也积极响应政府要求,但仍有不少高校学生面临实习专业受限、工作安排受限以及实习环境较差等现实问题。只有政府相关部门有明确的可执行文件,高校管理进行认真的督查,学生在实习过程中所受到的实习阻力才能大幅度降低,更具高效性的实习工作也才能真正地顺利开展。对于一些特殊专业的实习岗位,如医疗行业、法律行业、电力等相关高危行业,出于安全等多方面原因的考虑,实习者在未经专业培训和指导下无法进行实际操作。这就需要学校建立相关实习基地,让学生通过仿真实习的途径,在虚拟环境中用较短时间在安全得以保障的前提下学会实践操作,完成由理论到实践的熟悉和转换。

《教育部关于大力推进高等学校创新创业教育和大学生自主创业工作的意见》明确指出:创新创业教育是适应经济社会和国家发展战略需要而产生的一种教学理念与模式。在高等学校中大力推进创新创业教育,对于促进高等教育科学发展,深化教育教学改革,提高人才培养质量具有重大的现实意义和长远的战略意义。高校在开设专业课程中应该更加注重在专业理论中融入创新教育理念,紧跟时代步伐,建设创新创业体系,开设包括与专业结合紧密的具有行业特性的专业课程。

拓展训练

1. 利用寒暑假时间,结合自身兴趣爱好及专业技能,积极参与社会职业劳动,将劳动经验和专业技能相结合,做到学以致用。

2. 结合实践经验和所学理论知识,有针对性地具体分析某一个行业的职业劳动特

征，并对该职业的未来发展前景作出有理有据的判断及规划。

3. 结合自己所学专业，撰写相关论文，分析个人职业时代特征、发展前景。

思考讨论

1. 你觉得大学生在暑假期间安排专项职业技能实习是否有必要？试说明原因。

2. 根据官方权威统计，至2022年4月，全国高校毕业生去向落实率仅为23.61%。许多高校毕业生第一意愿是选择考研继续深造而逃避就业。请问你如何看待此种现状，结合职业劳动相关知识简单谈谈你的想法。

3. "大国工匠""匠人精神"，这些发自肺腑地对职业劳动者的赞美充分表明了国家对职业劳动者的尊重。请从职业劳动相关内容出发谈谈你对职业劳动和民族形象以及个人价值之间的关系的认识。

测试检验

"黑黑的天空低垂，亮亮的繁星相随……"江夏区杨桐小学五年级教室传来一首动听的《虫儿飞》。孩子们的小手高高举起，争先恐后地回答志愿者哥哥和姐姐们的提问，争相与这些"小"老师们亲近。他们在画本上画彩色的太阳，画长眼睛的大树，画会走路的南瓜……在孩子们热烈的期盼中，音乐、美术课终于重新回到他们的课堂。

原来，武汉设计工程学院第五届"五色阳光"支教志愿服务队的33名志愿者们，近日兵分两路，分别前往武汉市江夏区乌龙泉街道杨桐小学和江夏区鸿华希望小学开展支教志愿服务，受疫情影响一度中断的艺术支教活动再度开启。

杨桐小学和鸿华希望小学都是当地的贫困学校，地理位置偏远，两所学校的生源全部来自农村，学校艺术类课程师资紧张，主课老师一度身兼数职，仍无法满足学生对音体美教育的需求。

据介绍，2016年，该校支教服务队在得知鸿华希望小学的困境后，主动联系学校。在校团委的大力支持下，充分发挥艺术类高校专业优势，主动承担起为该校学生教授音乐、美术课的工作。2019年，受杨桐小学邀请，支教服务队又同时承担起了杨桐小学音乐、美术课程教学工作。

鸿华小学留守儿童服务站站长邬丽介绍，"以前因为场地和老师有限，只有极少数孩子能学这些艺术课程。但是通过这几年的探索和整合，现在除学校毕业班的学生外，1—5年级的所有孩子都能报名参加这些兴趣班了。"

虽然已经过去了一年，但去年10月的那一幕至今令杨桐小学校长任贤广记忆犹新。"告诉同学们一个好消息，武汉设计工程学院的大学生哥哥姐姐们，要来给你们上音乐和美术课了！"当他向孩子们宣布这个消息后，台下的孩子们一片欢呼雀跃。

"学校的留守儿童、单亲家庭儿童很多。非常需要志愿者这样的年轻人对他们的关爱。"任贤广校长对记者提到一件小事，"有一次看大学生教孩子们跳绳，平时根本不愿意跟老师一起跳的小朋友，马上就跟着这群小老师们跳起来了。"

五年级的李凯琪小朋友悄悄对记者说："我三年级的时候就认识王浩哥哥了，他教我唱了好多好多歌儿，也教我画画，还陪我聊天。我现在很喜欢英语，我希望长大以后能和哥哥一起去巴黎看看。"这些曾经想都不敢想的小小心愿，如今在志愿者们的呵护下，插上了梦想的翅膀。

"五色阳光"支教志愿服务队对鸿华希望小学的支教工作，一干就是整整4年。四年间，队伍从3人发展到如今的30余人，课程内容也从当初的音乐、美术两项，增加到如今的包括书法、播音主持、乐器、舞蹈等在内的10项。这群年轻的大学生们，抱着同一个信念，风雨无阻，每周辗转百余公里，为孩子们送去丰富多彩的艺术类课程。四年的坚持不仅换来了孩子们眼里的星光，也促使素质教育在该校全面推开。

"有了志愿者们的助力，我们的孩子也能和城里的孩子一样，接触到素质教育。"鸿华小学校长谢晓华自豪地介绍道："因为这项特色，学校受到区教育部门的重视，希望能将我们的模式复制并推广到全区去，惠及更多的同类学校。"

（《为梦想插上五色翅膀，江夏这群大学生重启艺术支教活动》，《楚天都市报》，2020年11月2日。有改动）

思考：

乡村支教活动对于职业劳动技能的锻炼以及个人价值的实现乃至教育事业的发展都有积极且重要的意义。但有部分专家学者提出反对意见，认为大多数大学低年级学生还不足以担当起教师的职能，在专业技能和学识涵养上还有待提升。请问你对于大学生参与乡村支教持何意见？你认为乡村支教活动对于大学生的职业实践能力的提升是否具有积极意义？

第六章
创新创业劳动

学习目标

1. 了解什么是创新创业劳动，了解创新创业劳动的特征和意义。
2. 掌握创新创业劳动的形式与实施。
3. 能结合学校和自身实际，开展公益创业、"互联网+"创业或科技创业中的至少一种形式的创新创业劳动实践。

导引案例

全国劳模洪斌：让"涩"木瓜产生"甜"效应

2020年11月24日，五年一次的全国劳动模范、先进工作者表彰大会在北京召开，武汉生物工程学院校友洪斌荣获2020年"全国劳动模范"荣誉称号。洪斌是武汉生物工程学院生命科学与技术学院2012届校友，现任湖北耀荣木瓜生物科技发展有限公司工程师。在校期间，洪斌积极参加实践活动，毕业后他扎根山区，积极推进研究成果转化，始终为"郧阳木瓜"这一国家地理标志保护产品的产业化发展、为库区"既增绿又增富"的可持续发展而不懈努力。

1. 胸怀抱负，扎根山区

2012年12月，时年23岁的洪斌在老师的带领下，从省城武汉来到位于国家贫困山区郧阳县的耀荣木瓜公司，进行课题实习和社会实践。时值企业初创，万事开头，举步维艰，公司面临着"一无资金、二无场地、三无人员"的窘境。同期入职的其他实习生不久之后都选择离开，唯有洪斌却在这里"抱"着"木瓜"不撒手。春夏秋冬、年复日始，这一干便是八年。

8年来，洪斌每天践行着他的"木瓜抱负"。在实验室和生产车间进行无数次的实验操作，准确无误地记录所有实验数据，同时对波动较大的数值反复核对，甚至重新再实验、再操作，再操作、再实验……

起初由于技术人员极度匮乏，洪斌除了做好日常本职工作外，还要参与工艺调整、质量监控、产品试制、信息搜集、项目申报、对外联络对接、木瓜基地管理等工作。尽管辛苦，但洪斌毫无怨言。无论是在生产车间，还是在实验室操作台，同事经常会发现这个英俊的小伙子不是在跑前跑后地忙碌着检验每个工序流程，就是在和车间主任探讨产品工艺的改造改进，或是在与质检员就某个化验指标的数值反复比对……如此高强度的工作重压使他在最短时间内得以成长，锤炼了技术和管理能力，成为公司最年轻的工程师和科研领军人物。

2. 研无止境，改良工艺

8年的技术研发和质量管理的经历，让洪斌对公司所有产品的每个技术环节和关键工艺都了如指掌：从木瓜原料筛选到破碎、从发酵到酿制、灌装，甚至对每条生产线、每台机器设备易出现的故障，他都能熟练处理并确保安全有序操作。在这位年轻"领军人"的引领下，公司团队技术力量不断增强，水平不断提高，破解了木瓜科研的一个个难题，生产出的系列木瓜酒和系列木瓜食品不仅本地知名，还成功拿到省内、国内市场订单，深受消费者喜爱，产品供不应求。"只有技术的追求，才有价值的作为。"洪斌常用这句话告诫自己，对研发"追无止境"。这些年来，洪斌不仅参加了大量专业技术培训和系统学习，还经常与研发团队成员共同探讨、攻关"耀荣创新工作室"发展技术课题，不断尝试工艺改善和流程优化，分享着木瓜研发转代成果的喜悦。他还建立了完善规范的研发和质管体系，不断攀登着卓越技术管理之峰。

3. 精心指导促农增收

为做大郧阳木瓜产业，既保证公司生产原料加工，又能推进精准扶贫，洪斌每个月都到木瓜种植基地一线，实地了解木瓜树生长状况，对农户种植的木瓜品种、培植、管护、采摘等，给予技术指导和经验传授。经过不断努力，不仅有效防止了木瓜树的病虫害，挂果率也提高了20%左右，农民收入得到了大幅增加，此举激发了农民大力发展木瓜产业脱贫致富的积极性。

看到"涩"木瓜产生了"甜"效应，越来越多的企业投身到郧阳木瓜的产业中来。全县农村的山坡上、道路旁、房屋边都栽植着木瓜树。一到秋季，满山遍野的木瓜树尽是金黄硕果满枝头，彰显着郧阳木瓜大县的别样风采。

4. 天道酬勤，不负韶华

工作8年来，洪斌的研发成果多次获得省、市、区科技进步奖励；他主持的"木瓜灵芝酵素生产关键技术研究"等多项成果转化项目被科技部门鉴定达到国内先进水平，并获得创新基金立项支持、星火计划立项奖励；他的多项研究成果获得国家授权专利。他参与的"固液回流连续发酵酿造功能型果醋技术研究"及"木瓜精深加工关键技术集成研究"等项目，分别获得湖北省技术发明三等奖、十堰市科技进步二等奖和郧阳区科技进步一等奖。

2015年2月，洪斌负责组建湖北耀荣木瓜生物科技发展有限公司职工创新工作室并指导工作室运行。洪斌劳模创新工作室于2017年被认定为湖北省级创新工作室。在他的引领下，其所在企业先后被评为"国家高新技术企业""国家林业产业化龙头企业""湖北省农业产业化龙头企业"以及"湖北省农业领域产学研合作优秀企业"。

毕业8年，从一名普通的化验员，到质量技术部工程师；由传统调味品转产木瓜深加工研究，获得多项国家授权专利、科技成果奖励，洪斌的事迹充分说明了大学生在劳动岗位上要不断创新，坚持"做一行、爱一行、钻一行、精一行"，利用专业知识认真钻研，创造性开展创新创业劳动工作，在不断探索岗位中的"新工具""新方法""新模式"过程中，从"敬业模范"成长为"创新模范"，成为新时代的劳动模范。

（《郧阳报》，2021年6月23日）

第一节 创新创业劳动概述

一、创新创业劳动的内涵与特征

《辞海》对"创业"的解释为"创立基业",《现代汉语词典》中对"业"的解释为"行业、职业、学业、事业、产业、财产"等。国内外学者对创业给出了不同的界定,比如美国百森商学院教授杰弗里·蒂蒙斯认为创业是一种思考、推理和行为方式,它为机会所驱动,需要在方法上全盘考虑并拥有和谐的领导能力;中国学者郁义鸿、李志能认为,创业是一个发现和捕捉机会并由此创造出新颖的产品或服务,实现其潜在价值的过程。由此可见,创业是一种行为,也是一个过程,既可以在营利性环境发生,也可以在非营利性环境发生。广义的创业包括就业,但是创业是比就业更高层次的劳动。就业以填补社会现有就业岗位为目标,创业以创造性就业或创造新的就业岗位为目标。一般大学生毕业后会先选择就业积累经验、了解市场,然后再选择创业,因此创业教育并不是要求所有学生都选择创业。在现有岗位上创新性开展工作,不断拓展新业务,创造新的就业岗位,一定程度上来说,也属于一种创业。联合国教科文组织早在1995年《高等教育变革与发展的政策性文件》中提出,高等教育培养的学生,不应仅仅是求职者,还应该是就业岗位的创造者,因此本书中讨论的主要是指狭义的创业,即不通过传统的就业渠道谋取职业发展,而是自己创办新企业。

创业本身就是一种创新,创业者必须具有创新思维、创新精神与创新创业能力。创新作为一种理论出现在20世纪的美国,美国经济学家、哈佛大学教授熊彼特指出,创新包括五种,一是采用一种新的产品;二是采用一种新的生产方法;三是开辟一个新的市场;四是取得或控制原材料或半制成品的一种新的供应来源;五是实现新的生产组织或企业重组。这5种创新也被后来人依次对应企业经济中产品创新、技术创新、市场创新、资源配置创新、组织创新。由此可见,在经济学领域中,创新必须通过创业活动产生经济价值。创新创业教育在西方发达国家开展时间较长,我国的创新创业教育在新旧世纪之交受到重视,1998年5月,清华大学在国内首次举办大学生创业计划大赛,随后,教育部发文允许在校大学生、研究生休学保留学籍创办高新技术企业。2015年,《国务院办公厅关于深化高等学校创新创业教育改革的实施意见》《国务院关于大力推进大众创业万众创新若干政策措施的意见》颁发,全国高校创新创业教育进入一个新的发展阶段,创新创业成为促进学生全面发展、提升人力资本素质的重要抓手,大学生成为大众创业、万众创新的生力军。

2019年7月颁布的《中共中央国务院关于深化教育教学改革全面提高义务教育质

量的意见》指出，普通高等学校劳动教育的要求，要使学生形成马克思主义劳动观，提高创造性劳动能力；注重围绕创新创业，结合学科专业开展生产劳动和新型服务性劳动。2020年中共中央、国务院《关于全面加强新时代大中小学劳动教育的意见》中对高等学校劳动教育内容提出明确要求，"要注重围绕创新创业""创造性地解决实际问题，使学生增强诚实劳动意识，积累职业经验，提升就业创业能力"。新时代高校劳动教育是以马克思主义劳动观为基础建立起来的，所体现出来的劳动价值体系、劳动情感熏陶、劳动品格塑造与企业家精神的勤劳、奉献、守法、担当的内核一致。因此劳动教育是创新创业教育的逻辑起点，学生在劳动中产生创造、传承劳动精神和创新精神。创新始于劳动，创业忠于劳动。创新创业教育是劳动教育的高阶形式，体现为知识、能力、素质的有机融合，培养学生解决复杂问题的综合能力和高阶思维。学校要引导学生在创新创业中感受劳动之艰、体味劳动之美，弘扬劳动精神，造就艰苦奋斗、锲而不舍的进取精神和爱岗敬业、精益求精的职业操守，努力成为辛勤劳动、诚实劳动、创造性劳动的有为青年。

二、创新创业劳动的意义

开展创新创业劳动有助于学生树立正确的劳动观。现在部分大学生有不愿劳动、不会劳动、不爱劳动的心理和行为，片面地将劳动简单理解为体力劳动，直接忽略了创造性劳动和脑力劳动，这与培养社会主义现代化创新型人才的教育目标不相符合。大学生作为高等教育的受教育者，不仅需要强调基础的劳动体验，更要通过树立正确的劳动价值观，以积极的创新精神应对未来世界的挑战。习近平总书记经常提到"青年最富有朝气，最富有梦想，是未来的领导者和建设者"，对青年一代寄予厚望。如果大学生在校时没有形成良好的劳动观念或者不具备应有的劳动技能，进入工作岗位后就有可能出现消极怠工的状态，甚至失去奋斗目标，无法实现个人的理想价值。

开展创新创业劳动有助于培养学生的创新意识、创新思维和创新创业能力。习近平总书记指出，"让创新成为青春远航的动力，让创业成为青春搏击的能量"。创新创业劳动是一种培养兼具创新素质和创业素质的复合型人才的教育活动。周光礼认为，高等教育向创业转移是劳动教育的内在要求，应实现教育"向内"与"向外"统一，不仅要塑造学生的身体、精神和灵魂，也要培养学生的核心技能和劳动技能。创新创业教育强调理论和实践课程的系统性和适配性，着重培养学生的创新意识和辩证思维、创新能力以及实践能力。通过开展创新创业劳动，将有效增强青年学生不落窠臼的创造性思维与批判性精神，洞察机遇的敏锐和抓住机遇的勇气，创办和经营企业的果敢、坚持与智慧，培养出理论知识与实践能力兼具、专业素养与创新思维融通的复合型人才。

开展创新创业劳动有助于激发学生学习主动性。大学生受中学被动教育理念的影响，创新创业的意识比较淡薄。很多大学生没有养成提问题、勤思考的习惯，导致在生活和学习中遇到问题不注重思考和寻求解决办法，更不用说创新。通过开展创新创业劳动，改革大学生学业考核评价标准，改变用分数给学生贴标签的做法，强化学生将已有的理论知识转化为实践成果能力的评价和增值性评价，能有效激发学生的学习积极性。很多创业项目存在的问题是学生创业项目创新程度和科技含量水平低,可复制和替代程度高,持续性收益不长久;对于绝大多数学生来说,开展创业项目策划时还没有经受过系统而科学的科研能力培养,这样在科学研究、实践转化和科研能力等方面都存在很大的欠缺。通过创新创业劳动体验,可以让学生充分意识到专业知识和专业能力的不足,从而激发学习主动性,有效实现创新创业知识与专业知识耦合联动,形成以专业知识进行创新创业的局面,使专业知识更加直接高效地融入社会生产实践。

扩展阅读

从"打工仔"到"创业标兵"

卜贤超是武汉生物工程学院97级生物制品专业学生,现任江苏国民消防设备制造有限公司董事长。2004年,卜贤超在连云港租下一间门面,经营消防设备,2006年,营业额已达300万元,代理的消防设备品牌达到几十个,员工38人;2007年,卜贤超筹资450万元,成立江苏国民消防设备制造有限公司,拥有近60家经销商,2008年,他的公司被评为"连云港市百家民企",2011年,他被评为新浦区"十佳创业标兵"。2015年,卜贤超的公司有员工200余人,年产值近5000万元,是连云港市的纳税大户。

1. "要善于发现机遇,把握机遇"

创业的道路不可能是一帆风顺的。毕业之后,卜贤超到苏南发达地区开始了自己的打工生涯,并先后换了几份工作,后来应聘到太平洋集团工作,由于工作表现出色,半年之后就被破格提升为销售经理,一年之后升为该公司的销售副总,分管苏北区域的销售业务,这个职位对于当时的卜贤超来说,是想都不敢想的。正当卜贤超的事业如日中天的时候,太平洋集团突然宣布进行公司重组,卜贤超面临着失业,所有的梦想即将变成泡影,但他并不甘于现状。2004年,卜贤超来到连云港,凭借敏锐的市场洞察能力,他在新浦租了一间门面房,做起了消防设备代销商,并取得了成功。但卜贤超始终觉得"做贸易不踏实。贸易做得再好,也只是个中介,干实业才能算人生事业"。于是,他开始着手创立新的项目,开辟新的市场。

接下来的几个月,卜贤超背着小包独自踏上旅途,沿着长江对上海、南京、武汉、重庆等20多个大中城市进行市场考察。在走遍了成百上千个大街小巷之后,他发现,随着生活水平的提高,人们的生活质量意识尤其是安全意识也日益增强,很多火灾,由于没有科学的消防设施,让本可以避免的事故演变成悲剧。卜贤超想,消防器材在未来很长时期内一定会是"朝阳产业"。2007年3月,卜贤超返回连云港,投资450万元成立了国民消防设备制造有限公司。

公司刚刚起步阶段,经营状况相对顺畅。但随着市场波动,国家宏观调控,加之消防市场鱼目混珠,整个行业面临重新洗牌,公司发展也遇到瓶颈。如何化解危机,渡过难关?卜贤超感受到前所未有的压力。那段时间,他每天从早上7:00一直工作到深夜,用方便面充饥,累了就在办公室躺一会。卜贤超认为:"做什么事情都要讲诚信,不能做损人利己的事。公司需要诚信经营,遵纪守法,业务上要不断创新,打造品牌。机遇与挑战并存,要在危机中寻找契机,发现机遇,把握机遇。"经过改革，卜贤超把自己诚实守信的个性贯穿到国民消防器材的经营中，进一步加大投入，逆流而上，带来了意想不到的收获。

2."要学用结合，推陈出新"

卜贤超说："现在很多大学生想要创业，却没有足够的资金，缺乏市场经验，因此裹足不前，但如何练就'火眼'，在市场中发觉商机和不断创新，远比资金更重要。"十余年的摸爬滚打，卜贤超自认在行业内还是一个"新兵"。他说："科技日新月异，要生存，就要笨鸟先飞，比别人更辛苦一点。无论在事业上还是生活中都要学用结合，推陈出新。"

近年来，传统模式销售额下滑严重，卜贤超果断转变思路，策划多元化的经营模式，由传统的经销逐渐向直销转变，把消费者的身份转变为经销商和消费者的双重身份。卜贤超始终保持清醒的头脑，他认为，要想在行业中站稳脚跟，必须得到消费者的认可。他相继推出免费上门、试用等一系列策略，抢抓市场，提高服务质量，在业界赢得好的口碑。

正是这股不服输的干劲和巧劲，公司业绩蒸蒸日上，如今他的公司已经发展成为一个具有相当规模的消防器材生产企业，依靠科技创新和转变经营模式，在消防器材生产的道路上走出了一片属于自己的天地。2008年，卜贤超的公司被评为"连云港市百家民企"，2011年，他被评为新浦区"十佳创业标兵"。然而，在各种荣誉面前，他显得十分淡定，"老实做人，勤奋做事，注重细节"，卜贤超说这是自己一直坚持的创业理念。

（武汉生物工程学院官网，2015年4月6日。）

第二节　创新创业劳动的形式与实施

一、创新创业劳动类型及基本流程

（一）创新创业劳动的类型和一般过程

根据不同时代、不同领域以及创业者不同，创新创业劳动的类型也多种多样，本书将创新创业劳动分为公益创业、"互联网+"创业和科技创业三种类型。无论哪种创新创业劳动形式，其最基本要素都相同，包括创业者、创业机会、创业团队和创业资源。创新创业劳动的一般过程实质是创业者从产生想法到创办企业并获取创业回报的过程，大体要经历产生创业动机、识别创业机会、寻找创业项目、组建创业团队、整合创业资源、创建新企业、创业经营管理、获取创业回报等。

（二）创业计划书撰写要点

任何创新创业劳动都需要制定科学严谨的创业计划，撰写创业计划书是所有确保创新创业劳动能够顺利开展并可持续发展的基本条件。创业计划可以让创业者明确奋斗目标、分析市场形势、获得投资资金、规划事业发展。计划书一般包括：执行总结；产业背景和公司概述；市场调查和分析；产品技术或服务；营销策略；公司管理（公司战略、管理团队、人力资源、生产组织、采购供应等）；投资分析；财务分析；风险分析；风险资本的退出和附录。

1. 执行总结

执行总结是就公司性质、产品技术、应用领域，产品与市场定位、核心竞争优势，公司成长性，预计投资收益，公司愿景与战略。它是整个创业计划书的浓缩和精华，涵盖计划书的要点，描叙要简洁、清晰、客观、逻辑性强，使人一目了然，在最短时间内了解你是做什么的。

2. 产业背景和公司概述

主要内容包括市场结构分析；行业的性质分析；行业的寿命周期分析；行业稳定性分析及其他有关因素分析。要结合产品技术（服务）、目标市场、竞争对手及竞争优势，描述所选行业的基本特点特征，现状及存在的问题、行业竞争状况等内容。

3. 市场调查和分析

主要阐述以下相关问题，即目标客户群、市场容量和趋势、竞争对手的竞争优势、估计占领市场份额和销售额以及市场发展的趋势。特别要注意产品定位一定要准确清晰，即需要界定目标细分市场在哪里，市场的切入点在哪里，市场进入门槛，市场特征分析、目标市场的规模（容量）、市场占有率、增长率；目标细分市场的主要竞争对手分析及竞争优势比较（定性与定量）。

4. 产品技术或服务

主要对产品技术（或服务）做出详细的说明，说明要准确，也要通俗易懂，使非专业人员（投资者、其他行业的管理人等）也能看得明白，听得明白。内容一般包括产品技术的概念和特征，产品的核心技术、创新性和先进性、核心竞争力及市场前景等。

5. 营销策略

随着互联网的诞生与超速发展，营销策略与营销创意亦日新月异层出不穷。

（1）传统营销策略——4P营销组合策略。4P营销理论被归结为四个基本策略的组合，即产品(product)、价格(price)、促销(promotion)、渠道(place)，由于这四个词的英文字头都是P，再加上策略(strategy)，所以简称为4P营销策略。产品策略主要是指企业以向目标市场提供各种适合消费者需求的有形和无形产品的方式来实现其营销目标。其中包括对与产品有关的品种、规格、式样、质量、包装、特色、商标、品牌以及各种服务措施等可控因素的组合和运用。价格策略主要是指企业以按照市场规律制定价格和变动价格等方式来实现其营销目标，其中包括对与定价有关的基本价格、折扣价格、津贴、付款期限、商业信用以及各种定价方法和定价技巧等可控因素的组合和运用。促销策略主要是指企业以合理地选择分销渠道和组织商品实体流通的方式来实现其营销目标，其中包括对与分销有关的渠道覆盖面、商品流转环节、中间商、网点设置以及储存运输等可控因素的组合和运用。宣传策略主要是指企业以利用各种信息传播手段刺激消费者购买欲望，促进产品销售的方式来实现其营销目标，其中包括对与促销有关的广告、人员推销、营业推广、公共关系等可控因素的组合和运用。

（2）新营销模式——微博（微信）营销，例如"品牌及产品曝光""互动销售""微柜台，电子商务及售后管理""在线客户服务""用户关系管理""硬广形式""搜索引擎优化""植入式营销""舆情监测""危机公关"等十大微博营销模式等。

6. 公司管理

公司管理一般包括公司使命（宗旨、愿景）、公司总体战略、创业团队等内容。公司战略分析最常用的方法是 SWOT 分析法。SWOT 分别代表优势（strengths）、劣势（weaknesses）、机遇（opportunities）、威胁（threats）。优势是组织机构的内部因素，具体包括：有利的竞争态势；充足的财政来源；良好的企业形象；技术力量；规模经济；产品质量；市场份额；成本优势；广告攻势等。劣势也是组织机构的内部因素，具体包括：设备老化；管理混乱；缺少关键技术；研究开发落后；资金短缺；经营不善；产品积压；竞争力差等。机遇是组织机构的外部因素，具体包括：新产品；新市场；新需求；外国市场壁垒解除；竞争对手失误等。威胁也是组织机构的外部因素，具体包括：新的竞争对手；替代产品增多；市场紧缩；行业政策变化；经济衰退；客户偏好改变；突发事件等。SWOT 方法的优点在于考虑问题全面，是一种系统思维，而且可以把对问题的"诊断"和"开处方"紧密结合在一起，条理清楚，便于检验。

7. 投资分析

投资分析包含：①注册资本、股权结构与规模（股东出资与比例）；投资总额，资金来源与运用。②投资假设。经营收入与成本预测，投资收益（回报）分析：项目敏感性分析，盈亏平衡分析，投资报酬率分析，投资回收周期分析，投资回报政策，等等。投资效益的动态分析有净现值法，内部报酬率法。

8. 财务分析

财务分析主要包括主要财务假设及说明，主要财务报表：财务指标分析，如预计营业收入（销售收入）及趋势分析、预计营业额（销售额）分析，杜邦财务分析体系、财务比率分析、分析结论。

9. 风险分析与风险资本的退出

风险分析与风险资本的退出指对进入目标市场将面临的最主要风险与防范措施的分析。例如市场风险、技术风险、管理风险、财务风险、政策风险、进出口汇兑的风险等。风险资本的退出主要是退出的时间与方式。

10. 附录

附录部分就是为创业计划书提供必备的补充资料，专利证书、市场实际调查结果、荣誉证明,已创业企业还需要工商注册、税务登记等相关材料。

(三)创业计划书写作要素"8C"法

(1)公司/团队(company),指创业计划书要注意介绍创业企业和团队的详细情况,以达到让读者了解并信任你的公司和创业团队目的。

(2)概念(concept),指公司的产品,要让读者能快速准确了解公司要销售的产品是什么。

(3)顾客/市场(customer),指要告知读者目标客户定位是谁,对市场分析进行详细介绍。

(4)竞争(competition),在计划书中要阐述公司的竞争对手是谁,他们的优势是什么,与他们相比,自己公司竞争力如何,有没有保证竞争获胜的法宝等。

(5)能力(capacities),指自己要有核心技术或者有具备核心技术的员工,至少要确保合伙人具备企业竞争的核心技术,这样才能具备可持续发展的能力。

(6)资本(capital),计划书中要说明创业项目资本投资多少,资金来源与融资渠道分别有哪些,投资将用于哪些方面等。

(7)经营/管理(conduct),经营管理是创业成败的重要决定性因素之一,因此要在计划书中清楚阐述创业的经营策略、营销策略和管理体制机制等内容。

(8)永续经营(continuation),指当事业赢得开局之后,未来的发展规划是什么,有没有短、中、长期发展规划。[①]

(四)创业计划书评估"十问"

创业者编制完计划书之后,可以通过以下10个问题对计划书进行检查。

(1)你的创业计划书是否向读者展示了创业企业的基本情况,使读者以最快速度了解并信任你的企业?

(2)你的计划书是否说明了你的产品或服务,并让读者了解到你的产品或服务的独特优势?

(3)你的计划书是否能让读者觉得你有一支优势互补的优秀创业团队?你对创业团队的介绍是否足够清楚?

(4)你是否实事求是地向读者描绘了一个充满"诱惑"的巨大市场?是否能让投资者相信你很可能在竞争中胜出,投资你的项目是一个明智的选择?

(5)你是否提供了制造产品或服务的完备计划?

(6)计划书有没有显示你有一套完善的营销策略,保证你的产品能够迅速打开市场或者在已有市场中保持优势?

(7)你的计划书有没有确切可靠的财务规划,使投资者清楚他利用多少投资能获得多少回报?

(8)你对创业风险有没有足够的预见?你将采取何种有效途径规避风险或者减少风险损失?

[①] 洪涛、陆陈波、陈涛:《大学生创业计划书撰写要点与原则》,《文教资料》,2014年第17期。

（9）你是否通过计划书表达对未来的某种期望或目标，从而让投资者相信你的事业可以持续经营并且觉得你是一个真正的追求事业者？

（10）你的计划书是否语句通畅、文法正确、书写规范、表达简练？

（五）创业项目评估的 SMART 标准

SMART 标准是指明确性（specific）、衡量性（measurable）、可实现性（attainable）、相关性（relevant）、时限性（time-bound）等五个英文单词的第一个字母组成的评价标准方面的专有名词，可以用来对一个创业项目进行评估。它有以下五个原则。

1. 明确性

明确性指要用具体的语言清楚地说明要达成的行为标准。目标设置要有项目、衡量标准、达成措施、完成期限以及资源要求，使考核人能够很清晰地看到部门或科室月计划要做哪些事情，计划完成到什么样的程度。

2. 衡量性

目标的衡量标准遵循"能量化的质化，不能量化的感化"，使制定人与考核人有一个统一的、标准的、清晰的可度量的标尺，杜绝在目标设置中使用形容词等概念模糊、无法衡量的描述。

3. 可实现性

可实现性指目标是要能够被执行人所接受的，目标设置要坚持员工参与、上下左右沟通，使拟定的工作目标在组织及个人之间达成一致。既要使工作内容饱满，也要具有可达性。

4. 相关性

相关性指实现此目标与其他目标的关联情况。如果实现了这个目标，但对其他的目标完全不相关，或者相关度很低，那这个目标即使达到了，意义也不是很大。

5. 时限性

时限性指目标是有时间限制的。根据工作任务的权重、事情的轻重缓急，拟定出完成目标项目的时间要求，定期检查项目的完成进度，及时掌握项目进展的变化情况，以方便对下属进行及时的工作指导，以及根据工作计划的异常情况变化及时地调整工作计划。

扩展阅读

"90 后"女孩的创业三部曲

武汉生物工程学院食品工程系 2012 届毕业生李美瑜大学毕业后，进入一家单位上班，过着朝九晚五的生活。两年前，她在工作之余，兼职做微商，月收入达到 7000 余元。去年，尝到微商甜头的李美瑜向原单位递交了辞职信，成为创业大军中的一员。今年，她和两位同龄女孩一起，成立了护肤品公司，主推产品植物塑颜霜的走俏为她带来了可观的收入。此时，李美瑜的月收入已达到 6 位数。

李美瑜出生于 1990 年，从收入微薄的上班族到成为月入 10 余万元的全职微商，她付出了比同龄人更多的努力，也走了很多弯路。8月2日，记者见到她时，她正忙着装修婚房，言语间流露出幸福和满足。关于未来，她有很多的构想。关于过去，她亦清楚地记得自己走过的每一步，作出的每一个抉择。

2014年7月以前，李美瑜跟大多数同龄人一样，是个月光族，每个月的工资到了月底所剩无几。一次偶然的机会，她结识了微商创业者杨阳，上班之余，通过做微商卖手工精油皂，杨阳当时月收入已过万元。起初，为支持好友生意，李美瑜从杨阳那购买了两块精油皂，用了两个月后，皮肤有了明显改善，她决定做这款精油皂的代理。

"当时对我而言，微商是投资和风险最小的创业模式，既不影响我正常上班，还可以额外增加一笔收入。"李美瑜说。她拿出2000元，从杨阳那进了第一批货，成为一名有授权的微商代理，由此跨出她创业的第一步。

当时，微商还属于新兴行业，做的人还不多，李美瑜每天忙完手头的工作，下班后不仅要给客户送货，还要通过微信进行客户回访、收集反馈信息、帮助顾客解决问题，通常忙完这些事，都到凌晨一两点了。她的用心为她留住了一批老客户，也吸引了一批同龄人加入，现在这些人大多数仍是她的合作伙伴。

那时，她每月做微商的收入有4000余元，比她的工资还要高。比起额外增加的收入，李美瑜觉得更重要的是，这段经历放大了她人生的格局，让她不再安于现状，敢于尝试和冒险。

2015年，李美瑜看好某品牌的酵素青梅，经过市场考察和自己连续数月的试吃，李美瑜打算拿下产品的新疆总代理，门槛费是16万元，也就是说，她必须一次性付清货款16万元，毕业后一直独立的她，第一次伸手问父母借了10万元。

"当时听到16万元这个数目时，心里其实也没底，但是我做好了最坏的打算，如果赔钱了，我把每月的工资存起来不花，三年也能凑够10万元，就当是买个教训，这么一想心里也就有底气了。"李美瑜说。

虽然她已经做好了最坏的打算，但一分耕耘，一分收获，在她和团队代理的努力下，3个多月的时间就回了本，把从父母处借的10万元还清。事业越做越大，随着代理产品的增加和团队的壮大，李美瑜有了辞职的想法，虽然父母反对，她仍放弃了原本稳定的工作，这是创业的第二步。

由于和公司的营销理念不一致，她终止了和该品牌的合作。但这次的尝试，让她结识了两位同龄女孩罗棱方和刘敏玲，因为常一起交流微商心得，三人成了很好的朋友。

罗棱方是一款植物素颜霜的经销商，事业做得风生水起，李美瑜也一直使用这款素颜霜。2015年年底，罗棱方决定招募合伙人成立公司，和研发团队达成合作协议，主推这款植物素颜霜，打造自己的品牌。

2016年年初，李美瑜迈出创业的第三步，她和福建女孩刘敏玲赶赴珠海与罗棱方会师。三人进行实地考察后，与研发团队签订了合作协议，并筹备成立公司及品牌包装的相关事宜。目前，李美瑜的公司在珠海已注册成立，主推的植物素颜霜也已上市。辞职后的她比以前更加忙碌，公司的运作、品牌的推广、代理的培训等事情都要操心。她说："事业做得越大，身上的责任也越大，我不能辜负这些信任我、愿意跟我一起创业的人。"

虽然公司成立的时间不长，但是公司的经销商已经有 300 余人，其中李美瑜的直属经销商就有近 130 人，产品上市至今，已销售了近 5 万套。"一个人干事业，利润用加法来算，团队一起干则是乘法。"这是李美瑜所归纳的微商裂变效应，也是她辞职创业的动力所在。

（《伊犁日报》，2016 年 8 月 6 日）

二、公益创业

（一）公益创业的产生和发展

公益创业也叫社会创业、社会创新或公益创新，是近年来在全球范围内兴起的一种全新创业理念，旨在实施追求社会价值和商业价值并重的创业活动。"公益创业"一词是由美国人比尔·德雷顿首创。他在 1980 年成立了一个全球性的非营利组织阿苏迦，致力于在全球范围内推广公益创业，专门物色和培养公益创业人才，为以社会使命为目标的人提供种子基金，使他们有机会能运用自己的创新想法，对社会产生大规模而持久的改进。虽然"公益创业"一词由德雷顿首创，但最早对"公益创业"进行定义的是迪兹。他在 1998 年发表的论文中对"公益创业"定义如下："公益创业通过以下方法为社会带来改变：①选定一项使命来创造和持续创造社会价值（而不仅仅是私有价值）；②发现和不断寻找新的机会来实现这项使命；③不断创新、调整和学习；④对服务对象和行为结果高度负责。"但目前学者对公益创业的认识还存在争议。Seelos 和 Mair 将"公益创业"界定为"创建产品和服务提供的新模型，在当前经济或社会状况中直接迎合并满足人类不满意的最基本需求"。胡馨将"公益创业"界定为"个人在社会使命激发下，在非营利领域援用商务领域的专业作风，追求创新、效率和社会效果，在争取慈善资金的竞争中独树一帜，将公益事业办成一个可持续发展的、有竞争力的实体"。

公益创业作为一种新型的组织形式，近年来在国外蓬勃发展，被认为是解决社会问题的一种新方法。特别是公益创业家穆罕默德·尤努斯获 2006 年诺贝尔和平奖，引起越来越多的学者对公益创业的关注。穆罕默德·尤努斯创建的乡村银行就是一个典型的公益创业组织。尤努斯关于小额信贷的最初想法是在 1974 年形成的。当时，他发现只要 27 美元就可以帮助孟加拉国一个乡村的所有妇女摆脱日夜劳作却仍旧赤贫的生活，他意识到被银行信贷体系拒之门外的穷人其实是最需要贷款的人，于是产生了对穷人进行小额信贷的想法。尤努斯的格拉明银行甚至还向乞丐提供贷款，让他们用贷款买食物和玩具，在乞讨的时候推销，这样乞丐就变成了自食其力的推销员。目前该银行资产质量良好，每年发放贷款的规模超过 8 亿美元，还款率高达 98.89%，远远高于世界上公认的风险控制最好的其他商业银行，已经成为国际上公认的最成功的"穷人银行"。现在全球共有 100 多个国家正在复制其经营模式。

许多著名大学包括哈佛大学和斯坦福大学都开始致力于公益创业领域的研究和实践，像世界银行这样的组织也开始在发展中国家和发达国家推进公益创业的发展。公益创业教育在欧美发展已有20多年,在美国、加拿大和英国至少有30个商学院教授"公益创业"的课程。世界著名大学哈佛大学2004年9月招收了第一批公益创业博士生。牛津大学赛德商学院成立有10多年,已培养许多优秀的公益创业家。在我国,公益创业已经有初步的发展基础,一些青年大学生有志于将社会公益作为终身职业选择。2006年,湖南大学率先创建中国第一个以公益创业命名的大学生社团——滴水恩公益创业协会;2009年,北京大学成立公益创业研究会;2010年,清华大学举办了"北极光——清华"全国大学生公益创业实践赛;2014年1月,由团中央等组织发起的"创青春"公益创业竞赛覆盖了全国2200多所普通高校。在目前兴起的各类公益创业过程中出现的如慈善社团、爱心超市等,往往是由大学生发挥着巨大作用。公益创业能够提升大学生的协调沟通、团队协作、创新实践等综合能力,大学生们对公益创业抱着很大的热情,是公益创业的主要力量。[①]

(二)大学生开展公益创业的优势

利用自身优势,推动创业成功。大学生们年纪轻,精力旺盛,思维普遍活跃,自信心较足,对认准的事情有激情去做,敢想敢干;没有成家的大学生暂无家庭负担,不会受到家庭事务羁绊;可以将掌握的专业知识应用到实际中去,从而开发出满足特殊社会需求的产品或者服务,最终获得创业成功;具有一定的经济头脑,善于发现和把握商机,能够巧妙抓住现代社会发展的各种有利资源,充分利用,推动公益创业迈向成功等优势。

1. 着眼社会利益,广受公众支持

公益创业的首要目的是着眼于社会利益,实现社会价值。正因为这点,公益创业在很大程度上是深受公众支持的,能够使大范围的群体受益。公益创业者饱含公益之心去创业,可以在可持续的基础上不断创造社会价值,让更多慈善力量加入公益创业中,一定是受人瞩目和欢迎的。公益创业者契合社会价值和责任的公益文化基因,满怀公益之心,更符合社会现状。

2. 整合高校资源,建立校企联盟

在社会科技进步中,高校科研成果是公益创业发展的重要推动力之一,通过学校平台进行公益创业是实现创业成功的有效途径之一。高校的师资力量雄厚,拥有比较强大的科研力量,涉及各个课题,诸多学校都拥有自身独特突出的科研成果,合理利用高校资源,借助科研力量,既可以推动公益创业的建立,更能推动其不断发展。此外,高校在本地区甚至在全国范围内都拥有比较突出的影响力,由此便可凭借自身的感召力带动公众支持公益创业项目。

3. 发展公益事业,符合社会发展趋势

一个国家的强大,不仅体现在经济实力和科技水平等硬实力方面,而且要体现在公益事业的发展壮大等软实力上。公益事业做好了,人民安居乐业,国家稳定,社会

---

① 王漫天、任荣明:《公益创业及其在中国的发展》,《安徽师范大学学报》(人文社会科学版),2018年第2期。

和谐。当下,众多企业家都热衷于公益事业,高校毕业生的公益创业也必将成为一种趋势,这反映出了社会的进步,符合社会发展的需要。[①]

(三)大学生公益创业的类型及主要特征

1. 大学生公益创业的类型

(1)非营利组织模式。其经营所得不是为了谋取利益,而是造福社会。在大学生公益创业中,这类模式多以高校社团为基础改良创办,通常是以服务弱势群体的社会性为显著特征,如各种涉及帮扶、支教、技术支持、环境保护等项目,都可归为此类。如东华大学创办的"余晖计划",其基于历史使命感和社会责任心,为抗战老兵提供关怀陪伴,而这一组织实则是从学生社团发展而来,在社团基础上进行更广泛的资源整合和更精密的组织协调,并以回报社会为主要目标,有着明显的非营利性质。

(2)社会企业模式。这是通过商业手法运作赚取利润用以贡献社会的公益创业模式,不同于传统企业,亦不是单纯的社会服务,而是以企业利润盈余完成社会价值的推进和实现,相对于非营利模式的公益创业模式而言,这一模式具有更为深刻的市场导向性。如华东师范大学学生创办的"华容众筹公益合作社",在将筹资模式与公益相结合的过程中,也将金融领域的思想带入到公益的行为中,即形成一种"有回馈"的公益,本着"授人以鱼不如授人以渔"的思想,使公益从单纯的输血型救助走向更加长远的造血型帮扶。此外,创新性也是这一模式的要素所在。这能使得公益创业项目在市场的浪潮中有一席之地。

(3)"产学研"混合模式。高凝缩地融合了各种特性的公益创业模式,是公益创业发展的高级阶段,该模式强调整合多方资源,通过创建非营利组织、兼顾社会利益的营利性企业(社会企业)、志愿公益活动(公益创新)和产学研一体化(公益创业教育)的几种类型,以授人以鱼(公益助学)+授人以渔(就业)+授人以业(创业)+授人以智(研究)的四个层次来构建整个大学生公益创业系统,构建公益创业的生态体系,达到经济效益与社会效益的双赢。由于这种模式往往需要诸多力量参与建设,在目前的大学生公益创业中尚不多见,如湖南大学中国公益创业研究中心、浙江大学全球创业管理研究中心属于这种模式,其产出也不仅仅局限于物质利益的获得,更兼智力人力、技术的生产和输出。

2. 大学生公益创业的主要特征

(1)大学生公益创业具有极强的社会性。

在问及受访者进行公益创业的动机时,"公益"本身就是一个答案。从社会层面来看,大学生公益创业的主要内容基本以社会服务为主要目标,如同济大学的"鹤岗公益",其为鳏寡老人提供生活照料和心理支持,本质上就是一种社会扶助。可以说,服务社会、回报社会乃是大学生公益创业的基础,也是大学生公益创业的主要立足点;而从个人层面来看,大学生从事公益创业多与其理想、信念挂钩。此外,大学生也渴望通过公益创业行动,得到个人能力的提升和锻炼,为今后融入社会积累经验。

[①] 赵宏伟:《大学生公益创业的探索与思考》,《继续教育研究》,2010年第10期。

（2）大学生公益创业项目表现出了较强的创新性。

如上海交通大学学生创办的"海角公益"，突破了传统的家教模式，通过其创新研发的"双向同步书写技术"，以在线教学为主要服务产品，提供丰富多彩的在线互动公益教学。公益创业除了创业意识之外，也应当注重创新精神的培养，这是现代社会从事任何职业都必需的素养。大学生年轻敢为、思维活跃、善于接受和尝试新鲜事物，这是其用于创新的优势条件，而创新性则是保证公益创业项目脱颖而出乃至活力长存的推进器。

（3）学生公益创业也表现出一定的市场导向性。

如华东师范大学学生创办的"启承皮影项目"，依托专利产品"体感皮影表演系统"，以皮影表演为核心开展特色公益服务。该项目的定位、技术、创意使其在市场竞争中占得先机，有利于其进一步形成完整的"数字皮影服务链"，拓展并向纵深方向发展。项目的服务范围和服务内容如何在激烈的市场竞争中存活，并在市场中占有一席之地，是当前大学生在进行自主公益创业前要考虑的一个重要问题。事实上，若一个公益创业项目能把握时代脉搏，适应市场需求，那么其发展必是长久且稳定的。①

扩展阅读

才当服务之星又获劳动奖章

宋雄，男，湖北武汉人，武汉生物工程学院管理学院2006届毕业生，武汉市江汉区冬英福寿苑老年公寓创始人、院长。他用敬老孝亲的大爱奉献社会，被武汉市民政局、市慈善总会誉为"武汉市扎根养老事业的大学生第一人"，先后获得"全国残疾人就业服务之星"、湖北省百名"青年创业榜样"、武汉市"五一劳动奖章"获得者、武汉市"十大杰出青年创业先锋"等荣誉。

"他走过的每一步都很不容易，卖掉房子办老年公寓，收容无家可归的老人，还为50多名老人送终；2012年3月，以第一名的成绩获得全国'社区残疾人就业服务之星'"，江汉区残联副理事长郭少明说。郭少明口中的"他"指的是江汉区肢残青年宋雄。

27岁的宋雄是江汉区残联的心理咨询师，他因遗传性佝偻病，身高不足1.5米。2012年3月，他前往济南参加全国"社区残疾人就业指导员服务竞赛"，获得了第一名的好成绩，中央电视台《新闻联播》对他的事迹进行了报道。

"烟灰缸因为有缺口，不能用来盛水，所以不能发挥杯子的作用，但正因为自己的缺口，他可以发挥烟灰缸的功能，人也是一样，总有发挥自己作用的地方"，竞赛现场，宋雄诉说了自己给一位智力残疾者做思想工作并帮其就业的案例，获得了热烈的掌声。

宋雄介绍，这位智力残疾者以前靠捡垃圾为生，为了帮他就业，宋雄手把手教他浇花、施肥，还通过画画教他认识了《人民日报》和《长江日报》，最终他学会了绿化环境、分发报纸，宋雄又帮其争取办事处的支持，为他安排了保洁保绿的公益性岗位。

---

① 张睿、潘迪：《大学生公益创业的现状及发展对策》，《当代青年研究》，2015年第6期。

除了做咨询，宋雄还自己创业，成功经营一家养老院。2007年，他和母亲用卖掉老房子的10万元和借来的7万元，开了一家"冬英福寿苑老年公寓"。开养老院5年，宋雄总共接待了170名老人，为50名老人送终，近10名是无家可归的老人。凭借着勤劳的双手和一颗爱心，他获得了武汉市2012年的"五一劳动奖章"。

（《长江日报》，2012年4月28日。有改动）

三、"互联网+"创业

（一）"互联网+"创业的背景

随着国家经济的快速发展，网络基础设施的不断完善，人民生活水平的提升，手机普及率逐年提高，中国网民手机商务应用的发展大爆发，手机网购、手机支付、手机银行等手机商务应用用户增长率每年递增，平均增长率超过70%，远超其他手机应用增长幅度。4G、5G平台将为移动增值业务的发展提供更加广阔的天地，移动互联网已进入一个新的时期，出现以生活娱乐为主要内容，结合其他行业服务特点的新型业务。移动互联网应用将呈现出普及化、融合化和多媒体化的态势。

从2010年开始，互联网的发展迎来了新节点：从过去20年信息和互联网产业本身的发展逐步向实体经济渗透，实体产业通过网络化被纳入互联网的经济范畴，从而构成了一个全新的经济形态——"互联网+"经济。"互联网+"经济极大地扩大了消费需求和新的基础设施投资，带动了就业，直接带动经济增长；推动了中国传统流通业、制造业、出口加工业的转型升级；同时，孕育了技术、产品和商业模式自主创新的基因，广泛培育了创业者和小微企业主的企业家精神，开创了大众创新、万众创业的局面。"互联网+"的本质是传统产业的网络化、数据化。网络零售、网络批发、网上金融、电子商务都在努力实现交易的网络化。只有商品、人和交易行为迁移到互联网上，才能实现网络化；只有网络化才能形成"活的"数据，随时被调用和挖掘。在线数据随时可以在产业上下游、协作主体之间以最低的成本流动和交换。数据只有流动起来，其价值才能最大限度地发挥出来。随着互联网的进一步发展，互联网对经济增长的贡献将更加明显。预计2013—2025年，互联网将帮助中国GDP增长率提升0.3～1.0个百分点。同时，互联网经济是内生驱动的经济体，是解决就业问题以及经济长期发展问题的新范式。

（二）"互联网+"创业基本模式

"互联网+"的创业模式是指以互联网提供的技术和信息为平台，将产品和服务进行信息交互，通过信息的时间差进行易货交易，最终实现价值增值的创业模式，可分为基于互联网、基于"互联网+"和基于物联网的三类创业模式。

1. 基于互联网的创业模式

指以互联网提供的技术和信息为平台，将产品和服务进行信息交互，通过信息的时间差进行易货交易，最终实现价值增值的创业模式，主要包括客对客、商对客、商对商等三种类型。

（1）客对客，简称 C2C（customer to customer）模式。

这是消费者个人对消费者个人的互联网创业模式，每个人都可以去开店，每个人也都可以去购买。淘宝就是典型的 C2C 平台，近年兴起的微商也应该属于 C2C 模式。它是一种平民之间的自由贸易，通过网上完成交易，从而便利个人之间商品的流通。

（2）商对客，简称 B2C(business to customer) 模式。

也就是通常说的商业零售，直接面向消费者销售产品和服务。企业通过互联网为消费者提供一个新型的购物环境——网上商店，消费者通过网络在网上购物、在网上支付。如卓越、当当、京东等都属于这种模式。

（3）商对商，简称 B2B（business to business）模式。

是指企业对企业之间的营销关系，进行电子商务交易的供需双方都是商家，它们借助互联网的技术或各种商务网络平台，完成商务交易的过程。

2. 基于"互联网+"的创业模式

随着"互联网+"时代的到来，越来越多的大学生选择将互联网作为技术平台，通过对传统行业的互联网"升级"，将互联网介入相关产品和服务，在产品说明、价值呈现、服务介绍、技术应用等方面向客户提供服务，从而赚取利润。

（1）互联网 + 零售 (internet+retailing)。

网络购物是互联网作为网民实用性工具的重要体现。随着中国整体网络购物环境的改善，网络购物市场的增长趋势明显。随着新零售业态的不断发展，互联网应用工具的使用将为零售业的融合及升级起更大的促进和加速作用，"互联网 + 零售"将为零售业态不断带来惊喜和新的客户体验，网络化不单指电子商务，也表示了零售业通过网络化实现量子营销及拓展的良好前景。

（2）互联网 + 金融 (internet+financial)。

移动互联技术模糊了金融与商业、消费、社交等场景的边界，用户可以随时随地转账，完成支付，查看股市行情，下单买卖证券，就像随身携带着银行和交易所一样。交易随着场景无缝对接，不需要再分离就可以完成。余额宝在短短的半年之间能够发展成中国最大的基金，就是得益于消费支付和利息收入的无缝对接。春节发红包这样看似和金融不沾边的社交场景，也可以成为拓展支付工具的引爆点。

（3）互联网 + 旅游 (internet+travel)。

2020 年 11 月，文化和旅游部、国家发展改革委等十部门联合印发《关于深化"互联网 + 旅游"推动旅游业高质量发展的意见》。该《意见》提出，到 2022 年，建成一批智慧旅游景区、度假区、村镇和城市，全国旅游接待总人数和旅游消费恢复至新冠肺炎疫情前水平。到 2025 年，国家 4A 级及以上旅游景区、省级及以上旅游度假区基本实现智慧化转型升级，全国旅游接待总人数和旅游消费规模大幅提升，对境外游客的吸引力和影响力明显增强。结合新时期"互联网 + 旅游"发展面临的新形势、新机遇和新挑战，《意见》提出加快建设智慧旅游景区、完善旅游信息基础设施、创新旅游公共服务模式、加大线上旅游营销力度、加强旅游监管服务、提升旅游治理能力、扶持旅游创新创业、保障旅游数据安全等八项重点任务。农业农村部公布的测算数据显示，2018年全国休闲农业和乡村旅游接待人次超30亿，营业收入超过8000亿元。近年来，许多热门民宿让原本相对默默无闻的地方走入大众视野。如小猪短租的独家房源、电视综艺节目《向往的生活》中的蘑菇屋，便成为浙江省桐庐县的打卡新地标。《旅游绿皮书》指出，抖音、快手成为旅游目的地成功营销的平台，一批旅游城市，如重庆、西安、厦门等成为移动视频平台上的热门旅游目的地，旅游收入与游客量显著增长。

（4）互联网 + 教育 (internet+education)。

互联网时代的网络应用于教育，任何人都可以在任何时间、任何地点、从任何书本开始、学习任何课程。除此之外，学习者还可以自己掌握学习进度，具有资源利用最大化、学习行为自主化、学习形式交互化、教学形式个性化、教学管理自动化等特色和优势。教育部2018年发布的《关于加强网络学习空间建设与应用的指导意见》指出，到2022年，面向各级各类教育、全体教师和适龄学生，全面普及绿色安全、可管可控、功能完备、特色鲜明的实名制空间，加快推进人人皆学、处处能学、时时可学的学习型社会建设。"互联网 + 教育"的案例比如基于人脸识别的魔镜系统。其利用人脸表情识别等技术，来判断学生上课时的举手、练习、听课、发言等课堂状态和面部情绪变化，生成专属每一个学生的学习报告，是一种人工智能辅助教学系统。英语流利说是比较具有代表性的基于 AI 技术做英语教育的平台，通过语音识别、语义理解、自然语言处理等技术，来帮助用户提高口语能力。目前已支持免税店购物、酒店入住、餐厅点单等日常高频场景。

3. 基于物联网的创业模式

物联网（the internet of things，简称 IOT）是指通过射频识别、红外感应器、全球定位系统、激光扫描器等信息传感设备，按约定的协议，把任何物品与互联网相连接，进行信息交换和通信，以实现对物品的智能化识别、定位、跟踪、监控和管理的一种网络。在这个网络中，物品（商品）能够彼此进行"沟通和交流"，而无须人的干预。基于物联网的创业模式是指以物联网的技术为平台，对物联网的物体识别、物体感知、物体沟通、智能地球等设计研发相关产品与服务的创业模式。此模式相较于前两种模式，对大学生的自主创业更具挑战性。

（1）物联网——物体识别 (things)。

在物联网时代，就如同每个人有身份证一样，物体将不再是一个笼统的品类，而是有唯一标识符、可以识别的。已经有二维码、IPv6 寻址以及 RFID 无线射频识别，通过无线信号识别特定目标并读写相关数据。大学生创业者可以根据所学专业进入此领域。

（2）物联网——物体感知 (perceivable)。

家电必须能够感知环境和人。当前传感器的发展不断突破，温度、湿度、人体红外等技术和市场都已经很成熟了。其他各种新型传感器也在不断突破中，摒弃烦琐的占用物理空间的布线技术，转而使用各种无线成熟技术。当前无线技术百花齐放，

WIFI一马当先,蓝牙、3G、4G都应用很广。通过物体感知可以创造新的产业领域,比如可穿戴设备领域。目前国外大型互联网公司都在研制可穿戴式产品,说明这里面有"金子"可以挖掘。可穿戴设备不仅仅是智能手机或平板电脑的替代品,它还有着更大的发展空间。

(3)物联网——沟通(communication)。

移动互联网的兴起、智能手机的普及让物与人的沟通变得随时随地。目前在工业领域,信息化需求尤为迫切,在柔性生产的要求下,流水线上的各个单元都有连接的需求。此外,在健康领域、安全领域、家居智能化领域,甚至是看起来相对冷门的细分领域,物联网应用都有很多的机会,这是大学生创业者应该关注的方向。

(4)物联网——智慧(intelligence)。

物联网是手段,智慧地球、智慧城市是目标,需要具备思维逻辑与行为交互能力。目前,我国智慧城市正处于建设提速阶段。截至2014年底,住建部公布的国家"智慧城市"的试点城市数已达277个。智慧是一个课题,单纯技术型或者产品型的公司很难做到,需要具备研究能力的公司来实现。作为智慧城市建设的支撑,大学生创业者可以从一些需求迫切、智能化难度较低的家电,如热水器、饮水机、空调入手,逐步深入到城市交通、环境保护、大气监测等领域。①

扩展阅读

"快小客"徐略:"互联网+"创业梦

说起"快小客",武汉生物工程学院的不少同学都知道它的帮拿快递服务。而今,"快小客"的"主人"——该校管理学院2012级财务管理专业学生徐略,在它的基础上在校创办了武汉聚客网有限公司,以"智慧校园,轻松生活"为理念,主推"快小客"品牌,已经逐步提供了取快递、查信件、查电费、报修、大屏幕等众多便利服务功能,并与多家企业实现了合作。2015年4月,徐略获得"武汉市新洲区青年创业先锋"称号。"互联网+"的创业历程伴随着徐略走过了大学校园的每一个角落,谈起创业经历,他坦言"艰辛并坚持着"。

初尝创业的酸甜苦辣

每天行走在大学校园,看着络绎不绝的师生。徐略读大一时,正逢学校举办首届创业大赛,于是他递交了一份关于送外卖的创业策划书。由于没有做充分的市场调研,对有关政策也了解得不太全面,徐略的第一次创业梦破碎。

吸取了第一次的教训,到了大二,徐略开始围绕学生生活展开市场调研,积累了很多校园行情。他发现,师生们平时忙于学习,或有时外出办事,不能及时领取快递和信件,对这一块的服务需求比较大,于是以徐略为中心的快小客工作室在2013年9月底成立了。他们基于现有的微博、微信平台,第一份业务就此拉开帷幕——微博留言,帮忙取快递。

一开始的市场推广,如贴海报等,见效不大,所以快小客工作室要抓住每一位

---

① 徐明:《"互联网+"时代的大学生创业模式选择与路径优化》,《中国青年社会科学》,2015年第5期。

师生的好评。如遇雨雪天气，为保障时效、保证服务，团队成员依然会选择在约定时间之前送达，风雨无阻，赢得了客户的良好口碑，达到了口口相传的宣传效果。

"门外汉"学计算机编程语言

成立之初的"快小客"微信平台，还是一个空盒子。想要创业成功，就得自己在现有微博微信平台上搭建服务。只学过计算机基础的徐略，便硬着头皮开始钻研起 PHP 和 MySQL 语言。那段没日没夜地写代码生活，让徐略铭记于心。"有时一下午就为了调试一两个 Bug，结果调试来调试去，发现代码没问题，有问题的只是标点符号，中英文不同状态下的引号和分号很难被发现。感觉这编程语言故意在欺负自己这个门外汉。越是这样，我就越要调试成功。"熬夜写代码对他来说是常有的事，"是团队的责任感让我坚持下来"。凭着这一股拼劲，徐略搭建的功能服务从以前的取快递，到现在增加了查信件、查电量、文化产品、宿舍报修和大屏幕等功能服务。

"今天更残酷，明天更残酷，后天会很美好。"马云的一些经典语录，徐略自己录了音，每天除了朗读外，还像听歌一般听录音，时时警醒自己不要放弃，要坚持才能成功。

快小客的"互联网+"便民服务

谈起"快小客"的便民服务，徐略总是停不下来。在增加的服务里，由于涉及学校的多个职能部门，在推行各项服务时，必须提前到这些部门靠人工去收录相关数据，再导入到"快小客"的功能里。比如，去学校收发室一次性抄录的信件多则上百份，目前累计达 474 封；学生寝室用电量信息的收录，则需直接到后勤集团抄写全部数据，再进行导入。若想查询某种服务，不用到特定地点去，直接通过"快小客"的微博微信平台就能实现，比如宿舍报修，可通过平台直接跳过宿管员，由后勤集团派人过来维修，更加方便快捷。

"今天我从快小客微信订阅号上查到我们寝室的电量额度低于 20 度了，我们须到财务处缴费。"东八 218 室的李珊提醒室友。"以前缴电费的信息，一般是从管理室的小黑板上看到，自从有了快小客的便民服务，同学们在校园里就能感受到'互联网+'给生活带来的便利了。"

2014 年，该校绿泉文艺社举办的交谊舞大赛现场，使用了"快小客"的微信大屏幕服务功能，可以直接过滤掉敏感词汇，代替人工审阅，实现了现场刷屏，有效地和现场观众进行交流和互动。

除此之外，"快小客"的品牌，已经逐步扩展到了校外。"校外的一家珠宝店和一家化妆品店已经通过了我们的文案，正式和我们建立了合作关系。"徐略透露，团队的大部分盈利是来源于校外的，校内的便民服务基本上是免费的。

拓宽易班服务，让师生更"亲密"

为响应该校的"双创"号召，徐略通过创业学院老师的帮助，成功在易班平台拓宽了服务功能，为老师全面了解和解决学生的困难提供了帮助。学生们在使用易班时，通过与老师的聊天界面，便可点击左下角的"生活"，出现查电量、查信件和宿舍报修等服务选项。除了使用微博和微信外,易班也已经是"快小客"的主要推广渠道了。"这样快小客已经是一个立体化网状结构的格局,覆盖全校师生,为师生们提供了诸多服务。"徐略在聊到"快小客"的未来前景时,充满了信心。

(荆楚网,2015年6月8日)

四、科技创业

(一)科技创业内涵

科技创业是创业者利用商业机会,优化配置社会资源,把新技术、新知识、新工艺转化为市场需求的产品或服务,以实现其应用价值与创造物质财富的活动,具有显著的科技属性。大学生科技创业是以大学生为创业主体,利用所学专业知识创新,生成创新成果,并将该创新成果投入市场成为一项服务或产品并获得效益的科技创新活动。大学生科技创业的参与者不仅包含在校大学生,还包含大学毕业五年内的大学毕业生群体。大学生科技创业具有专业性、创新性,有别于传统创业,不是简单摆摊开店做买卖,而是将科研创新融入市场所需产品与服务中,运用先进管理理论与模式经营。大学生科技创业是大学生最能体现自我价值及群体价值的创业实践活动,也是最能体现其科技创新能力用于服务社会建设的重要方式。从人力资源和社会保障部公布的权威数据来看,2016—2018年,大学生毕业进行自主科技创新创业的比例稳步上升,从2016届的2.0%上升到2018届的4.0%左右,而毕业后半年内参与科技创新创业的比率从2011年的1.6%上升到2018年的3.3%。同期来看,发达国家大学生科技创新创业参与率仅为1.6%,而据中国与全球化智库调研发现,有参与科技创新创业意向的学生比例占在校大学生总人数的4成左右。2018年,高校大学生科技创新创业人数总量相较2014年已经翻了一番,2018年净增长量已超25万人。

(二)科技创业常见模式

国内对大学生科技创业模式研究比较多,按照不同标准划分为不同的模式。如郝红军将科技创业分为高知识高技术群体创业、科技型创业、高校扶持创业以及依托大学科技园区准备创业四大类,并详细介绍了四类创业模式的特点。陈东帆通过对上海大学在校大学生科技创业模式的综合调查发现,学校依托教育、科研、设备等综合资源,形成了科技成果转化带动大学生科技创业和大学生科技创业带动就业等两种典型的大学生科技创业模式。马晶月以工科大学生为研究对象,基于创业理论和管理学组织设计理论,归纳并设计了三种适用于工科大学生的科技创业模式,即自主创业模式、师生合作创业模式、学生参与创业模式。黄健柏通过对长沙高新技术创业企业实地调研,基于对调查样本进行综合分析,归纳设计出五种创业新模式,即个人+投资商合作制创业模式、个人+公司合作制创业模式、导师+学生合作制创业模式、同学合伙制创业模式和家族合伙制创业模式等。①

---

① 朱亮、吴磊:《当代大学生科技创业模式分析——以苏北高职院校为例》,《就业与保障》,2020年第17期。

（三）大学生科技创业面临的问题

1. 专业知识储备有限，技术创新不足，实战经验缺乏

大学生知识储备不足，专业知识不扎实等情况影响科技创业。大学生科技创业多是建立在对现有技术进行创新性的组合和应用基础上，缺乏更深层次技术挖掘，绝大多数大学生学习停留在知识层面，科研参与度低，实践能力不足。由于缺少创业经验，大学生在创业融资过程中，对资金需求衡量不到位，对初创企业估值不确定，对融资流程与规则不熟悉，不能及时提供完整项目材料等。这都影响投资者对创业者的投资。

2. 创业资源限制大学生科技创业

资金问题是大学生科技创业的首要难处。大学生科技创业资金多数来自兼职存款、父母的资金支持、银行贷款，也有风险投资、股权众筹。大学生选择创业项目存在盲目性、投机性、跟风性，不懂得全方位考察，科技创业项目合适性差。好项目应在多项考察后确定，要具有先进性，能解决实际问题，适应市场需求，能在市场上引起反响，长期发展后仍可盈利。团队建设失败也是大学生科技创业的短板。缺乏有效管理，创业成员工作态度涣散，凝聚力低，导致工作效率低；使用不可靠、不具备专业水准的人员，将导致团队遭遇损失；奖惩不当，引起利益分歧，善始难终，不欢而散。

3. 科技创业相关政策不够完善

科技创业氛围仍需加强。政府仍需完善与大学生科技创业相关的专门政策。尽管一些政策起到一定的积极作用，但存在与当地科技创业主体缺少联系、扶持不够精准，与当地实际情况结合不够紧密等问题。许多政策出发点虽好，但缺乏实施细则，可实施性差，政府部门联系性较差，缺乏体系性，导致创业者无法及时享受优惠。大学生申领创业基金时，因不符合毕业年限或注册年限而申请不到基金。例如天使基金申领年限在大学毕业5年以内，许多大学生科技创业者因超出年限而无法申领。政府和学校之间信息不对称，无法有效传达与落实科技创业政策。政策所带来的科技创业氛围仍需加强，政府缺少特色创业品牌活动，与科技园、科技创业孵化基地互动较少，创业基金会发展缺少政策指引。政府对各类社会资本的倡导力弱，公共创业服务机构、创业孵化基地等渠道仍需相关政策打通"最先一公里"与"最后一公里"。

（四）提高大学生科技创业的建议

1. 提升对科技创业的认知

大学生要想成为一名成功的科技创业者，不仅要认真学好专业知识和技能，而且要广泛学习政治学、经济学、社会学、管理学等学科领域知识，尤其是市场营销、企业管理、人际交往等方面相关知识。这样才能形成较为完善的知识体系，对科技创业有较全面的认识，真正做到"理论自信"，才能够突破传统就业价值观念的束缚，在纷繁复杂的市场经济中以常人不具备的眼光及时捕捉到科技创业的机会，树立科技创业的理想并为之奋斗不息。大学生要结合专业学习打牢科技创业"资本"，使创业更具有技术含量，提高核心竞争力；要借助国家提出的"大众创业、万众创新"的良好

时代背景，主动融入学校创新创业教育中，通过各种途径完善自身科技创业知识结构。

2. 内化对科技创业的情感认同

兴趣是推动人从事某项活动持久而有效的原动力，"95后"大学生创业不只为理想，更为满足自己的兴趣爱好。智联招聘2016年对近9万名应届毕业生进行的"2016年应届毕业生求职力"调研数据显示，选择"兴趣所在"而创业的学生从2015年的20.8%提升至24.2%，而选择"实现自己理想"的则从27.4%降至24.7%，由此可见兴趣对大学生科技创业的推动作用。大学生如果对科技创业感兴趣，内心就会充满激情，有了对科技创业的情感寄托，在未来艰辛的创业路上无论遇到什么困难，都能以积极的心态去面对和解决，能够享受为科技创业奋斗的过程，不断激发自身强大的内在动力，因此，大学生要通过不断学习和实践培养自身对科技创业的兴趣，激发情感认同。

3. 培养科技创业的坚强意志

大学生科技创业不可能一帆风顺，作为一名创业者，需要具备健全的人格，要有敢闯敢拼、知难而进、百折不挠等优秀品质。因此，大学生要想在科技创业道路上一路驰骋，就要培养坚强的意志力和抗挫折力，要有不达目的不罢休的闯劲，能够经受住科技创业过程中的挫折和失败，树立长远的战略眼光，不为眼前小利所惑，培养自己吃苦耐劳和团队合作的精神，在遇到难题时，学会沉着冷静，迎难而上，始终朝着自己既定的创业目标勇往直前。

4. 提升科技创业实践能力

大学生科技创业动力最终体现在能否将科技创业梦想转化为科技创业实践，成功的创业实践会给大学生带来成就感和满足感，反过来激发大学生更大的创业动力。有志于科技创业的大学生从入学开始，就要及早做好自己的职业生涯规划，确定自己的人生目标。在学好相关知识的同时，更应该通过参加各类创新创业大赛、专业技能竞赛、校外实习、勤工俭学等积极主动投身到科技创业实践中，借助校内外各种有效资源，不断寻求创业机会，了解创业过程，积累创业经验，提升创业能力和技巧，增强科技创业的自信心和胜任力，以实力激发科技创业的内在动力。

大学生科技创业正是在内外部动力系统共同推动下进行的，两者缺一不可，在实践中必须正确认识并处理好两者关系。内外部动力系统存在着正相关的关系，即内部动力系统和外部动力系统越完善，大学生科技创业的动力就越强，反之则越小；内部动力系统越强大，其利用外部动力系统的动机和能力也更强，效果更明显。同样，外部动力系统发挥越充分，越能激发内部动力系统的活力，产生积极效应，更大程度催生大学生科技创业动力。从大学生科技创业的特殊性看，由于大学生缺乏创业资金和经验，他们的科技创业意识和行为更多来自政策舆论导向、市场刺激等外力推动，因此，外部动力系统在大学生科技创业动力形成中起着更为显性的先期影响作用。但外部动力系统还必须通过内部动力系统主观能动性发挥才能最终促进大学生科技创业动力的形成。

扩展阅读

创业三年获国家专利
王贤江：跌倒是为了走更远的路

2016年2月底，王贤江收到了国家知识产权局发来的"授予专利权及办理登记手续通知书"，他申报的"一种食用菌木签菌种的制作方法"通过审核。这是王贤江创业三年来收到的最好消息，也坚定了他走"核心技术"这条路的决心。鲜有人知，这个不善言谈、精瘦的小伙子在短短的三年里，经历了低谷、狂奔、断尾求生的跌跌撞撞，咽下了许多苦涩。"我不怕跌倒，跌倒是为了走更远的路。"

"一穷二白"的小伙子想当老板

王贤江是武汉生物工程学院2012届生物技术及应用专业毕业生。毕业后，他在荆州市一家食用菌生产企业做技术工。经过激烈的"思想斗争"，2013年春，他决定给自己打工。在咨询了母校食用菌栽培学专业教师姚志伟、食品工程系党总支副书记罗全等多位老师后，王贤江注册成立了武汉岁岁丰农业科技开发有限公司，确定了自己的发展方向——食用菌。

"我的父母都是农民，他们并不支持我创业，更不谈资金帮助。"王贤江的创业是从"一穷二白"开始的，在罗全的帮助下，王贤江在学校附近勉强租下一间闲置毛坯房。尽管艰难，但他"想当老板"的愿望却强烈而执着。"早在学生阶段，创业的冲动就一直萦绕着我。"

"没资金，没项目，谁会给我钱？"王贤江不止一次地问自己。在母校老师的点拨下，他定下了两个"找钱"的方向。一是为农户做技术培训。自己在企业里就经常培训工人，有教学经验，最重要的是不用投入资金。二是出售菌种。武汉目前做菌种培育的企业还不多，投入少，场地需要小，竞争也小。

认准目标的王贤江信心满满，准备大干一场。到了8月，他终于迎来了第一名学员，是熟人介绍，学费还打了折。"不管怎样，总算开张了。"王贤江安慰自己。这是一段艰难的岁月，"最落魄的时候，全身上下外加银行卡，只有100来元。"王贤江常常觉得自己陷入无边的黑暗之中，而每每这时，母校的老师总会为他加油打气，提供一些农业政策知识，讲述培育菌类的应用前景。

这样的逆境，也坚定了王贤江发展自己公司的"核心技术"的决心。"我能够卖的只有技术，现在我卖出去的技术都是老师教的，课本里学的，这些技术不是仅属于我王贤江一个人。我要在商海立足，必须有自己的技术，自己的专利，这才是我的本钱。"抱定这个目标，王贤江在苦心经营公司的同时，开始不停钻研新技术，开发新产品。

急于飞奔，忽略了"黎明前的黑暗"

通过农户口口相传和网上宣传，到了2014年8月，来"岁岁丰"参加农业培训的学员每月有20人左右，而王贤江最大的本事就是把所有学员都变成客户。"学员学成后都回乡进行菌类生产，他们信任我，在我这里购买菌种，我为他们免费提供技术咨询，甚至上门服务。"与此同时，他的新技术木签菌种和高产栽培技术研究也有了实质性进展。尤其是木签菌种技术克服了传统木签菌种菌丝生长弱、接种后不萌发、不适合批量生产和易感染等缺点。该项技术与传统棉籽壳、木屑菌种相比，可以节省30%至50%菌种成本，节省80%的运输成本和60%的人工开支，发菌周期提前了10至20天。

"终于看见了希望的曙光。"王贤江这样形容这个夏天。他第一时间将喜讯告诉给了关心支持他的母校老师。2014年10月，在母校生命科学与技术学院、食品工程系、创业学院的共同推荐和帮助下，王贤江向国家知识产权局提交了专利申请书，与此同时，他正式入驻武汉生物工程学院校内的创业孵化器。

王贤江的新技术产品，得到了市场的广泛认同，菌种销量直线上升。他透露，2014年暑假的两个月，他仅购买用于育种的雪糕棍就达两吨多。打有"岁岁丰"名字的各类菌种销往江西、山东、新疆等地，以及马来西亚、老挝等国家。他的新技术甚至还吸引了来自韩国农村经济研究院的专家。2015年2月，该院的闵庚锋博士、朴美艳研究员专程到王贤江的公司调研其发明技术专利的优势及成果转化情况，并对该发明专利给予了高度赞赏和认可，认为有极大的发展前景。

王贤江兴奋地开始拓展自己的新市场。2015年初，他在武汉东西湖租下近6亩土地，新建厂房，开创育种、生产、销售"一条龙"的运营模式。但是，快速的扩张和多样化的经营，让王贤江品尝到了苦果。"前进得太快了，急切想接近成功，却忘了'黎明前的黑暗'。"王贤江回顾近一年跨步向前的发展时表示，"人工成本过高，效率低下，最后几乎入不敷出。"10月，他果断放弃土地续租，"斩断"了"一条龙"的格局，回归到了最初的育种加技术培训上来。

寒冬不冷，母校"撑一把创业的腰"

2015年的冬天寒冷而漫长，母校武汉生物工程学院再次对王贤江敞开了怀抱，在学校临街的晨光创业园，为他免费提供了120余平方米的场地，用于"岁岁丰"办公、培训和菌种培育。除此之外，还免费提供实验设备支持和技术指导，更让王贤江感到贴心的是，学校还为他和员工及前来培训的学员提供了宿舍，并共享学校其他优质资源。

2015年12月，经母校推荐，王贤江成功入选武汉市2015年度"大学生创业先锋"。而早在2015年8月，也是母校的推荐，"岁岁丰"入选了2015年湖北省大学生创业扶持项目。

"专利技术才是我的核心竞争力。"王贤江这样总结。愈来愈多的学员前来咨询、报名参加培训。1993年出生的小伙子陈中强中专毕业已经三四年，毕业后从事食用菌销售。他所在的公司想做实业，老板专程驱车送他过来培训。陈中强坦言："老板期望值很高，自己压力较大，不过'岁岁丰'是我们对比了多家培训公司后选定的，又在大学创业园区，还享受大学的优质资源，绝对信得过。"四川小伙子徐留福来"岁岁丰"学习已经有些日子了，他忍不住称赞王贤江："王总不厌其烦手把手地教，我学得也带劲。"

王贤江的学员来自全国各地，甚至还有来自加拿大、老挝、越南等国家的。"今天我刚发了一批菌种到老挝。"王贤江对这位来自老挝的学员记忆犹新，"30多岁的男子，很精干"。王贤江会根据客户的远近，计算好时间，个性化地发货。"到老挝要过关，所以菌种不能等到'熟'太狠再发货。"这些外国学员均是华裔，每逢过节，王贤江都会收到他们漂洋过海的祝福。来自加拿大的张晶莹母子是同一期学员，张晶莹懂中文，她既是学员也是儿子的翻译。为了照顾这对爱学习的母子，王贤江时常为她们"开小灶"补课。回国前，张晶莹母子特地送了一瓶从加拿大带过来的红酒给他，以表感谢。

王贤江时常接到学员的报喜电话，每每他都"偷偷乐了"。王贤江认为"做出来是必然，这是别人努力的结果"。当然不是所有学员都是"一次过"，实际操作受影响的因素非常复杂，半夜十一二点接到学员的求助电话也是常事。"一般农户灭菌都在晚上进行，温度上不去等等各个环节都可能出状况。"王贤江也不嫌烦，"他们是我的学员，更是我的客户，客户需要，我就应该为他们提供优质服务。"

有了核心技术和优质服务，王贤江的事业逐渐上了轨道，面对未来，他信心十足。

（荆楚网，2016年3月25日）

拓展训练

结合学校或上级部门举办的大学生创新创业比赛要求，撰写一份创业策划书。

高校一般会提供很多开展公益创业的机会，请结合你所在学校实际，积极寻找可参加的公益创业项目，根据创业实践总结公益创业如何实现可持续发展。

详细分析社会中常见的"互联网+"创业的类型及特点，以促进自己家乡经济发展为目标，策划以某一类型为主的"互联网+"创业。

请结合自己专业阐述开展科技创业的机会有哪些，要提高科技创业成功率，在大学期间还需做哪些充分准备。

思考讨论

如何看待创新创业劳动？

你认为自己是否有意愿开展创新创业劳动并分析原因。

如何看待几种类型的创新创业劳动？

测试检验

结合自己的社会经验，分析自己身边有哪些创业机会。

分析你熟悉的创业人物，他们创业成功的因素有哪些。

第七章
劳动素养提升

学习目标

通过本章学习，掌握劳动素养、劳动观念、劳动态度、劳动技能等基本概念和主要内容，理解马克思主义劳动价值观和新时代劳动价值观的内涵，从而树立正确的劳动价值观，崇尚劳动、尊重劳动，大力弘扬劳动精神，端正劳动态度，增强对劳动人民的感情，报效国家，奉献社会。

导引案例

"每一件衣裳都需要被读懂"

旗袍，会说话；西装，会说话；制服，也会说话……每一件衣裳都需要被读懂，读懂了，才能洗出专业水准——这，就是上海正章实业有限公司技术总监陈爱华的职业信条。

从业25年，"70后"陈爱华荣誉等身，从一名普通工人成长为全国劳模，她也是上海洗衣行业中唯一的技能大师。

"60岁旗袍"修旧如旧

一件真丝旗袍，曾是嫁衣，箱底压了60年。60年后，当年的新娘已是老太太，想再穿穿当年嫁衣。"60岁旗袍"就送到了陈爱华手上。褪色、脱线、珠花掉落……难修理，可陈爱华还是决定试一试。洗涤、去渍、补色、修复……前后10多道工序花了20多天时间。珠花是60多年前的老工艺，上海配不到，她就特地去浙江海宁配货，珠子太新，她就特意做旧。旗袍金线是手绣的，手法独特，她就跑去请教老师傅……千辛万苦，旗袍修旧如旧，终于放回到老太太手上。

老人对着洗衣店的试衣镜比试了一下，突然放下衣裳转身走出了门。过了一会儿，老人拿来一个信封塞给陈爱华，竟是2万元！陈爱华谢绝了老人的好意，"洗衣都是明码标价，额外的钱一分不收。只要您满意，我就很高兴了！"

25年来，陈爱华"救活"过很多难洗的衣裳，"60岁旗袍"只是其中一件。因为技能拔尖、技艺精湛，陈爱华被称为上海破解洗衣疑难杂症"第一人"。衣物颜色修复，更是她的独门绝活，在去除衣物沾染的杂色的同时完整保留本色，形成独有"去渍拔色"工艺。她将修色工艺用于奢侈品皮衣皮具修复，拿下一线品牌都不愿意承接的工艺难题。她曾修复贵重国礼，精雕细琢的技艺独树一帜。

重大任务"零事故"

2010年上海世博会期间，陈爱华连续184天未休，每天23时至次日3时进驻场馆服务，确保及时维护特殊面料、衣物织品，得到一致好评。2014年亚信上海峰会，陈爱华负责熨烫各国国旗。国旗无一备用，又不能带出会场，任务紧迫。陈爱华带领徒弟，用最传统的水滴法和手感将熨斗温度控制在"最优120℃"，温度不能高也不能低，巡烫、焖烫、轻轻提、慢慢移，一气呵成。连轴转三天，108面国旗没有丝毫闪失。2018年"进博会"，陈爱华带领"劳模"创新工作室团队，分类单独制定洗涤流程、单车摇摆洗涤方法、使用蒸汽充烫……圆满完成任务。陈爱华的精湛技艺，一次次经受住了重大任务考验，确保"零事故"。

荣誉等身"技"无止境

"洗衣技艺,进步无止境。有了成熟的技艺,更应该将它传授出去!"陈爱华先后成立了首席技师工作室、技能大师工作室,改造新设施、独创新模式、独有新技艺、培养新人才,提升整个洗衣行业的专业素质。

近年来,陈爱华带领着工作室改造和研发洗涤相关设备设施10项,省时、省力、省能源,为企业节省了近百万元。2017年申请了行业中首个将皮革环保喷房科研成果转化为工厂实施,获得行业中第一个环保及保护从业者健康的实用新型专利并积极推广。至今,工作室已有创新工艺45项、改进工艺136项,解决和研究救治洗涤事故疑难杂症200多例,汇编事故案例324个,编著了企业教材10本,行业教材6本,国家职业资格题库7套,其中一套为国家中央题库。迄今,工作室共培养出高级技师4名,二级技师5名,高级工10名,3人获得"全国技术能手"称号。

中山南一路正章公司,有一个荣誉室,室内一张大方桌,铺满各种荣誉证书,证书的主人是陈爱华。这些荣誉,是职业赋予一位全国劳模的精神财富,将来会有更多年轻同道在这里读懂"职业洗衣人"的劳动价值,就像证书的主人"读懂了每一件衣裳"。

(《新民晚报》,2021年11月14日)

百年奋斗,初心弥坚。诚如"每一件衣裳都需要被读懂",每一位辛勤的劳动者、创造者、奋斗者都应该被铭记。习总书记曾说:"劳动创造幸福,实干成就伟业。"强调了劳动对幸福、实干对伟业的重要性。回望历史,中华民族能够取得现在的辉煌成就,离不开全体中华儿女的辛勤劳动和努力奋斗。在新时代,我们要继续弘扬劳动精神,加强劳动教育,准确把握社会主义建设者和接班人的劳动精神面貌、劳动价值取向和劳动技能水平的培养要求,全面提高学生的劳动素养。

第一节 劳动素养构成

教育是国之大计、党之大计。教育必须为社会主义现代化建设服务,必须与生产劳动相结合,新时代要全面贯彻党的教育方针,落实立德树人根本任务,培养德智体美劳全面发展的社会主义建设者和接班人。因为德智体美劳是对人的素质定位的基本准则,也是人类社会教育的趋向目标,所以其中的劳动教育的最终指向就是劳动素养的养成。

一、劳动素养的内涵与特质

（一）劳动素养的基本内涵

劳动素养孕育于劳动实践中，是劳动教育的指向目标和基本要求，也是学生核心素养框架体系中的重要组成部分。进一步明确劳动素养的科学内涵与基本结构，是全面认识劳动、有效开展劳动教育、促进劳动素养培育的首要问题。

1. 劳动

"劳动"一词最早出现在《庄子·让王》中："春耕种，形足以劳动。"这里主要指农业生产，从事的是体力劳动。在《现代汉语词典》中，"劳"有辛勤、劳苦之意；"劳动"有两层含义，一是指体力劳动，二是指人创造财富和价值的活动。综上所述，劳动是人类社会生存和发展的基础，主要是指生产物质资料的过程，通常是指能够对外输出劳动量或劳动价值的人类活动。劳动是人维持自我生存和自我发展的唯一手段，可分为脑力劳动和体力劳动两大类。在商品生产体系中，劳动是劳动力的支出和使用。

2. 素养

素养一词最早出现在《汉书·李寻传》中，"马不伏历，不可以趋道；士不素养，不可以重国"。这里主要指修习涵养。在《现代汉语词典》中"修养"被解释为"平日的修养"，指"理论、知识、艺术、思想等方面的一定水平，也指正确待物接人的态度"。综合来讲，素养主要指个体在后天实践活动中逐渐形成的知识、思想、价值观念等，以及与之相适应的各种能力的总和。

3. 劳动素养的提出

"劳动素养"一词从字面上分析，由"劳动"和"素养"构成。"劳动素养"最早出自苏霍姆林斯基。他认为劳动教育是培养全面发展人才的重要渠道，劳动素养就是经过劳动教育后形成的与劳动有关的人的素养，具体包括劳动知识和技能、劳动价值观、劳动品德和劳动习惯等。一个人的和谐全面发展，不仅涉及德智体美素养，而且只有在劳动素养上达到较高阶段才能实现。他所指的劳动包括生活和工作中的方方面面，不仅指体力劳动，还指脑力劳动。

4. 劳动素养的相关政策

劳动是人类生存和发展的基础，劳动教育是中国特色社会主义教育制度的重要内容，是全面发展教育体系的重要组成部分。特别是近些年来，随着社会的不断发展进步，我国逐渐加强和完善了"五育"教育，对劳动和劳动教育更加关注，同时对劳动素养的培育也有了新的要求和期待。

历史上我国对劳动教育的实践探索源远流长，且形式多样。但在劳动素养的教育理论上成型比较晚，直至 2016 年 9 月 13 日《中国学生发展核心素养》发布后，劳动素养教育才逐渐成为学校劳动教育的核心内容。

2018 年 9 月 10 日，习近平总书记在全国教育大会的讲话中明确提出，"要在学生中弘扬劳动精神，教育引导学生崇尚劳动、尊重劳动，懂得劳动最光荣、劳动最崇高、劳动最伟大、劳动最美丽的道理，长大后能够辛勤劳动、诚实劳动、创造性劳动。"

2019年9月，教育部发布《关于职业院校专业人才培养方案制订与实施工作的指导意见》，其中明确指出，要结合实习实训强化劳动教育，明确劳动教育时间，弘扬劳动精神、劳模精神，教育引导学生崇尚劳动、尊重劳动。

2019年11月，习近平主持召开中央全面深化改革委员会第十一次会议。会议强调指出：劳动教育是中国特色社会主义教育制度的重要内容，要把劳动教育纳入人才培养全过程，贯穿家庭、学校、社会各方面。

2020年3月，中共中央、国务院印发《关于全面加强新时代大中小学劳动教育的意见》（以下简称《意见》）。《意见》指出："劳动教育是中国特色社会主义教育制度的重要内容，直接决定社会主义建设者和接班人的劳动精神面貌、劳动价值取向和劳动技能水平"。

2020年7月教育部下发的《大中小学劳动教育指导纲要（试行）》（以下简称《纲要》）中关于劳动教育的总体目标，明确指出要准确把握社会主义建设者和接班人的劳动精神面貌、劳动价值取向和劳动技能水平的培养要求，全面提高学生劳动素养，使学生树立正确的劳动观念，具有必备的劳动能力，培育积极的劳动精神，养成良好的劳动习惯和品质。

结合国家近些年来对劳动和劳动教育的相关政策，以及习近平总书记相关的重要论述和讲话精神，可见劳动和劳动教育对全面建设社会主义现代化国家具有重大意义。其中劳动教育的首要目标是为社会主义现代化建设培养合格的建设者和接班人，重点在于培养和提升学生的精神面貌、价值观念、技能与品格等方面的劳动素养。

5. 劳动素养的相关研究

近年来，劳动教育的重要性愈发凸显，很多学者开始关注劳动和劳动教育，并对劳动素养的内涵做了很多研究和探索。黄济认为："劳动教育是劳动观点、劳动态度和劳动习惯等基本素养的教育。"[1] 檀传宝从广义和狭义两个维度来界定劳动素养，认为劳动素养是经过生活与教育活动形成的与劳动有关的人的素养，包括劳动价值观（态度）、劳动知识与能力等维度。广义的劳动素养包括劳动价值观，狭义的劳动素养专指劳动知识、能力和习惯。[2] 曲霞、刘向兵认为，劳动素养的构成要素主要有劳动价值观、劳动情感态度、劳动品德、劳动习惯和劳动知识技能。[3] 邵长威认为，劳动素养是实践主体在掌握一定知识储备和劳动技能基础上，在开展实践活动中所展现的优良品质的集合，包括劳动意识、劳动精神、劳动能力以及知识储备和创新精神等维度。[4] 关颖认为劳动素养是人在劳动过程中的劳动观念、劳动心态和劳动技能的综合体现[5]。

---

[1] 黄济：《关于劳动教育的认识和建议》，《江苏教育学院学报（社会科学版）》，2004年第5期。
[2] 檀传宝：《劳动教育的概念理解：如何认识劳动教育概念的基本内涵与基本特征》，《中国教育学刊》，2019年第2期。
[3] 曲霞、刘向兵等：《新时代高校劳动教育的内涵辨析与体系建构》，《中国高教研究》，2019年第2期。
[4] 邵长威：《思想政治教育视域下提升大学生劳动素养的途径探索》，《辽宁工业大学学报（社会科学版）》，2019年第4期。
[5] 关颖：《劳动素养，孩子一生的财富》，《人民政协报》，2018年5月2日11版。

此外，我国发布的《中国学生发展核心素养》以培养"全面发展的人"为核心，将学生发展核心素养细化为人文底蕴、科学精神、学会学习、健康生活、责任担当、实践创新六大素养。其中实践创新素养要求学生具备"劳动意识"，即尊重劳动，具有积极的劳动态度和良好的劳动习惯；具有动手操作能力，掌握一定的劳动技能；在主动参加的家务劳动、生产劳动、公益活动和社会实践中，具有改进和创新劳动方式、提高劳动效率的意识；具有通过诚实合法劳动创造成功生活的意识和行动；等等。① 这里的"劳动意识"实际上就是对劳动素养的一种解读。

6. 劳动素养的界定

目前，社会各界对劳动素养的内涵尚未形成完全统一的认识和标准，有的研究从内容上对劳动素养的概念进行界定，有的从功能上对劳动素养的作用进行描述，有的则将劳动素养放在其他概念下进行解释，研究成果众多且各有短长。

我们认为，劳动素养就是个体在长期的劳动或者劳动教育过程中逐步形成的劳动素质，具体包括适应个人终身发展和社会发展所需要的基本劳动知识、必备劳动品格、关键劳动技能和正确劳动价值观等。其重点在于引导和培养学生树立正确的劳动价值观，掌握基本的劳动知识和技能，弘扬劳动精神，养成良好的劳动习惯和品质。

7. 大学生的劳动素养

在新的时代背景下，大学生的劳动素养需要在把握劳动素养内涵的基础上，结合大学生这个特定群体的特征和实际来界定。众所周知，大学生作为新时代改革创新的主力军，既要具备一般劳动者所必需的基本劳动素养，也要崇尚劳动、尊重劳动，大力弘扬劳动精神，提高劳动能力，更要勇于尝试，积极挑战，具备更高水平的劳动素养，能够辛勤劳动、诚实劳动、创造性劳动，力争成为高素质高水平的新型劳动者。

所以，大学生的劳动素养应展现出新的时代内涵。第一，明确实践的主体是大学生。第二，大学生通过劳动教育，在学习与实践过程中，进一步端正劳动态度，树立正确的劳动价值观，具备必要的从事学习生活和创新创造的劳动知识、劳动精神、劳动品格和劳动技能等。第三，强调"双劳"，既强调"劳力"，即体力劳动，也强调"劳心"，即脑力劳动。第四，重视"古今"，既重视传统劳动对大学生身心健康的培育，也注重新时代科学技术劳动对大学生创新水平和创造性能力的提升。

（二）劳动素养的基本特征

劳动素养的基本内涵随着时代的变化而不断完善，因而在社会主义现代化进程中，劳动素养的基本特征与我国社会主义现代化教育发展和改革要求一脉相承，且具有鲜明的中国特色，主要特点体现在以下几个方面。

1. 劳动素养具有实践性

劳动是人类特有的基本的社会实践活动，劳动创造了世界，劳动创造了人类，劳动创造了价值，决定了劳动素养具有实践性。"读万卷书，不如行万里路"，劳动素养不是先天而来，也不是一蹴而就的，需要个体通过后天教育，在学习和社会实践中不断养

---

① 汪瑞林，杜悦. 凝练学生发展核心素养 培养全面发展的人 [N]. 中国教育报，2016-09-14.

成。人只有通过劳动实践，才能有获得劳动素养的机会与可能性。劳动素养的培育、习得是一个动态多变的过程，要坚持实事求是，坚持理论联系实际，坚持知行统一。

2. 劳动素养具有育人性

劳动是人类社会生存和发展的基础，人类个体就是在劳动过程中不断实现自我、发展自我和超越自我。自古以来，我国教育就非常重视劳动的育人价值，新中国成立后，一系列政策也强调了劳动教育的重要性。在2018年全国教育大会上，习近平总书记明确提出将劳动教育纳入社会主义建设者和接班人培养的总体要求。2020年，教育部在关于劳动教育的总体目标中明确提出要全面提高学生的劳动素养。这些都充分体现了党和国家对劳动育人功能的肯定和重视。

3. 劳动素养具有时代性

劳动和劳动素养都随着社会生产力的变革不断演变，其中劳动形态的变化直接影响劳动教育的内容与目标，影响着劳动素养的内涵。当前正处于科技高速发展的新时代，对劳动价值和劳动能力也提出了更新更高的要求，因此劳动素养在内涵上要紧密结合新时代特点，不断更新劳动观念，创新劳动素养培育方式，努力培育适应新时代发展的高素质劳动者。

4. 劳动素养具有社会性

社会性是人的本质属性。人是劳动的主体，劳动体现了人的社会性，劳动教育是人类特有的社会实践活动。而劳动素养属于劳动教育的结果，是学校、家庭和社会三位一体协同共育的成果，社会性的教育活动造就了劳动素养的社会性特点，为学生未来社会化发展奠定了基础。新时代，随着信息技术的飞速发展，个体在劳动素养的培育上需要建立学校、家庭、社会联动机制，营造良好的"大社会"育人环境。

5. 劳动素养具有综合性

我国坚持"五育并举"育人原则，致力于培养德智体美劳全面发展的人才，只有采取综合的劳动素养培育体系，才能使学生的劳动素养得以全面提升。在培育劳动素养过程中，也需要进行身体素养、道德素养、知识素养、政治素养、审美素养等各种形式素养的教育，从而促进学生在德智体美劳方面综合发展。此外，劳动素养并不单指某一学科知识，而是与其他学科相互渗透相互促进，需要多方配合，综合培育。

二、劳动素养基本构成要素

新时代，随着信息技术的快速发展，劳动素养的内涵也有新的变化和要求。要顺应时代发展，融入更多的科技文化和创新创意等元素，重点从人的主体性、创造性和幸福追求等方面来拓展，既需要个体有热爱劳动、尊重劳动、敢于劳动等"想劳动"的思想认识，也需要有劳动知识、劳动技能、劳动创造等"会劳动"的过硬本领，更需要有"劳动最光荣、劳动最崇高、劳动最伟大、劳动最美丽"的价值追求，进而形成主动、真诚和积极的劳动习惯，从而为人的自由和幸福发展奠定坚实的基础。

基于此，劳动素养的基本体系要坚持以马克思主义劳动观为基础，以习近平新时代中国特色社会主义思想为指导，根据《意见》和《纲要》中的重要指示，结合新时代学生身心健康发展规律和劳动教育发展的具体要求，综合构建劳动素养的四个主要维度，具体包括劳动观念、劳动能力、劳动精神、劳动习惯与品质。这四个维度的内容各有侧重和特色，相互联系、相辅相成。

1. 劳动观念是劳动素养体系的基础

具体指的是个体在劳动实践中逐渐形成的对劳动、劳动者和劳动成果的总体看法和态度，它是劳动素养提升和培育的基础，重在引导个体正确认识劳动、尊重劳动、崇尚劳动，理解劳动对个体和人类社会发展的重大意义，树立劳动最光荣、劳动最崇高、劳动最伟大、劳动最美丽的价值观，进而端正劳动态度，积极参与劳动实践，习得劳动素养。

2. 劳动能力是劳动素养体系的保障

具体指的是保障个体能够顺利完成某项劳动任务的条件和能力，是个体生存和发展所必须掌握的基本劳动知识、劳动技能和劳动创造能力的综合。有了劳动能力，个体能够正确使用劳动工具和设备，解决劳动问题，完成劳动任务，表达劳动情感，创造劳动成果等。新时代对劳动者劳动能力的要求更高，因而学生要自觉学习劳动知识，掌握劳动技巧，大胆在劳动实践中实现创新创造，促进劳动实践的改革与进步。

3. 劳动精神是劳动素养体系的核心

具体指的是个体在劳动过程中所秉持的与劳动相关的精神风貌、道德品质和人格气质等。它是个体思想、情感、意识和思维等心理认知方面的凝练与升华，指导和规范着个体的外在劳动行为表现。劳动精神是每一位合格劳动者必须具有的精神，没有劳动精神，也很难有工匠精神和劳模精神。新时代劳动教育要培养学生勤俭、奋斗、创新、奉献的劳动精神，大力弘扬工匠精神和劳模精神，切实尊重和保障每一位劳动者的权利，维护和发展好每一位劳动者的利益，坚持公平公正，实现劳动者的体面和尊严。

4. 劳动习惯与品质是劳动素养体系的关键

具体指的是个体在长期的劳动实践中逐渐形成的稳定行为倾向和积极品格特质，主要表现为良好的劳动习惯、坚强的劳动意志和高尚的劳动道德品质等方面。在劳动教育中要注意培养学生良好的劳动习惯与品质，因为它们不仅是衡量学生劳动素养发展水平的关键指标，也是保障学生坚持完成劳动实践活动的重要条件，二者相辅相成，内外统一，共同促进学生劳动素养的形成与转化。

第二节　强化劳动观念

2020年7月，教育部下发的《大中小学劳动教育指导纲要（试行）》中关于劳动教育的总体目标，明确要求全面提高学生劳动素养，使学生树立正确的劳动观念。即引导学生认识到劳动是人类发展和社会进步的根本力量，劳动创造了人、劳动创造了世界、劳动创造了财富以及美好生活，并学会尊重劳动，尊重全体劳动者，树立劳动最光荣、劳动最崇高、劳动最伟大、劳动最美丽的思想观念。新时代，要充分认识到劳动教育的重要性，进一步强化劳动意识，弘扬劳动精神，着重引导学生树立正确的劳动价值观。

一、马克思主义劳动价值观

（一）正确把握马克思主义劳动价值观

人之所以为人，是因为劳动，劳动创造了人和人类一切。马克思主义学说就是一部关于人类劳动解放的学说。劳动是紧密连接马克思主义哲学、马克思主义政治经济学和科学社会主义的理论纽带，也是马克思"两个伟大发现"的基石。要全面认识和把握马克思主义劳动价值观，离不开对劳动和马克思的劳动思想进行深入解读。透过马克思主义经典作品，我们可以清晰地看到劳动教育的价值所在，而劳动教育的核心就是培养人的劳动价值观。

1. 价值观

价值和价值观问题在人类社会实践中是一个历久弥新的话题。所谓价值，在哲学范畴上，反映的是现实的人需要与事物属性之间的一种关系，也就是客体能够满足主体需要的效益关系。价值观是主体对客体有无价值、价值大小的立场和态度，是对价值及其相关内容的总体评价，是个体判断应该做什么和不应该做什么的依据，也是区分善恶、对错、好坏和美丑的总标尺。价值观反映个体的认知与需求，并对个体的行为起着规范和导向作用，与世界观和人生观相辅相成，相互影响、相互促进，是辩证统一的关系。

2. 劳动价值观

劳动价值观是劳动观与价值观的融合体，其中劳动观是人对劳动的总体看法和态度，而劳动价值观是人对劳动价值的总体观点和看法，是人对于劳动能够满足人的需要程度的看法以及对劳动和劳动者的态度。它反映了人们参加劳动的思想动机以及在劳动过程中的行为表现，直接决定着人的价值判断和价值选择。正确的劳动价值观可以激发人热爱劳动，努力完成劳动任务，做好劳动产品和服务；错误的劳动价值观则会导致人厌恶劳动，远离劳动，贪图享乐，不思进取。劳动价值观是在劳动实践中产生的，是一种价值标尺，对人的实践具有导向作用。

3. 马克思主义劳动价值观

马克思主义劳动价值观的形成并非一蹴而就的，是继承性和批判性的统一体。结合马克思主义经典著作，可以看到马克思和恩格斯重点从三个维度对劳动价值观进行了解读。一是从历史唯物主义层面，强调劳动的本源性价值，即劳动创造世界、劳动创造历史和劳动创造人本身；二是从政治经济学层面，强调劳动的经济价值，即劳动是商品价值的唯一源泉，劳动剥削是资本主义的社会本性，按劳分配是实现社会正义的重要原则；三是从教育学层面，强调劳动的教育价值，即劳动是形成人的本质，劳动是实现人全面发展的重要途径，教育与生产劳动相结合是社会主义教育的根本原则。总之，马克思主义劳动价值观在理论溯源和内容上都很丰富，其根本目的就在于让人们认识劳动，肯定劳动的价值，引导人们树立正确的劳动价值观。

（二）从历史唯物主义层面认识劳动价值观

历史唯物主义是哲学中关于人类社会发展一般规律的理论，是马克思主义哲学的重要组成部分。马克思认为人类历史是一部以劳动作为载体的历史，强调劳动创造了历史，劳动改变了世界。历史唯物主义就是用劳动的观点来认识和把握客观世界的发展。具体来看，在历史唯物主义层面上，马克思对人类劳动价值的认识主要体现为三个方面：劳动创造世界、劳动创造历史和劳动创造人本身。其核心就在于揭示劳动的本源性价值。

1. 劳动创造世界

马克思曾说，"哲学家们只是用不同的方式解释世界，而问题在于改变世界"。如果说解释世界是为了改变世界，那么改变世界唯有通过劳动。马克思认为人的劳动是构成现实客观世界的重要因素之一，这种劳动不是模糊抽象的劳动（比如用"金木水火土"来解释世界本原），而是具体的实实在在的感性物质劳动，也就是"生产劳动"，它是人类实践活动最基本的形式，也是一种有意识的生命活动。马克思认为，当人类开始生产自己所需的生活资料时，人类就已经开始把自己与动物区分开来了。人类的物质生产不仅"生产自己的生活资料"，而且"同时间接地生产着自己的物质生活本身"。由此可见，人类的生产劳动是有意识有目的的，不仅能够生产出满足自身需求的物质资料，而且也尝试生产出能够满足自身需求和发展的物质世界。然而，在马克思眼中，从事生产劳动的个体"并不是处在某种虚幻的离群索居和固定不变状态中的人，而是存在于现实中可以观察到，在一定条件下进行的发展过程中的人"。这证实了，人类个体的生产劳动不仅生产出外部世界的现实性，同时也生产出了人类社会生活的现实性。随着人类有意识的劳动，不断的人际互动，在改变和创造周遭环境的同时，原来自在意义的自然界也逐渐分化出自为意义的人类世界。这表明，人类在通过生产劳动改变自己和世界的同时，也在间接地创造出新的物质世界和社会生活。所以，劳动创造了世界，促进了人类的解放，具有社会性。

2. 劳动创造了历史

整个人类的历史就是一部劳动发展史，劳动是历史发展的前提。正如马克思所言，他在人类的劳动实践中找到了解开历史发展秘密的金钥匙。马克思认为，"人们为了能够创造历史，必须能够生活。但是，为了生活，首先就需要衣、食、住以及其他东西。因此，第一个历史活动就是生产满足这些需要的资料，即生产物质生活本身。"这就表明了，是劳动拉开了历史活动的序幕，劳动是历史创造的基本手段，也决定了历史发展的走向。只有真正立足于人类劳动，才能真正理解历史，才能推动历史向前发展。难能可贵的是，马克思看到了劳动实践的伟大意义，毫不犹豫地批判了那些独立于人的生产劳动之外的唯心主义历史观，坚定地将劳动视为建立历史唯物主义的基石，并进一步揭示了生产劳动对社会发展的重要作用，从而发现了人类社会发展的客观规律，同时也肯定了人民群众在历史发展中的主体地位。所以，是人民群众用劳动创造了历史，推动了历史的发展和进步，人民群众是历史的主人，劳动是人民群众幸福生活的金钥匙。

3. 劳动创造了人本身

马克思认为人类通过劳动摆脱了最初的动物状态，劳动在创造世界和创造历史的实践过程中，也创造了人类本身。"劳动首先是人和自然之间的过程，是人以自身的活动来引起、调整和控制人和自然之间的物质变换的过程。"面对未知的自然界和环境，人类只有使自己的肢体运动起来才能够自我保护，获得食物，最终生存下去。而当人类"动手动脚动脑"改变外在世界的时候，也同时改变着人的社会关系和他自身。因此"劳动是整个人类生活的第一个基本条件，而且达到这样的程度，以致我们在某种意义上不得不说：劳动创造了人本身"。正是由于在改造世界的过程中，劳动使人从自然界中分离出来，使得人区别于猿，让人的手、语言和大脑等功能发挥出来，进而实现了从猿到人的转化，以及从"自然人"转化为"社会人"。没有劳动实践，也就没有办法区分"本能"和"自由自觉"的活动，可以说劳动就是人类能动的类生活，使人有着不同于一般动物的语言和肢体结构，有了区别于其他动物的生物特性。所以说，是劳动创造了人本身，促进了人类的解放和发展。

（三）从政治经济学层面认识劳动价值观

劳动不仅是理解马克思历史唯物主义的逻辑起点，亦是把握马克思政治经济学的枢纽。两者的区别在于，前者主要是一种对劳动的哲学规定，它主要是从劳动的社会历史形态、劳动的存在论内涵来把握劳动的价值；而后者主要是一种对劳动的政治经济学规定，它提出了劳动者是劳动主体、劳动创造价值、按劳分配等一系列政治经济学命题。其回答的主要问题是，价值是谁创造的，又是被谁占据的及如何被分配的。① 具体来看，在政治经济学领域中，马克思的主张重点强调了劳动的经济价值，即劳动是商品价值的唯一源泉，劳动剥削是资本主义的社会本性，按劳分配是实现社会正义的重要原则。

1. 劳动是商品价值的唯一源泉

劳动是马克思创立自己政治经济学的钥匙。马克思主义对政治经济学的研究是以商品为起点，以劳动为核心的。马克思超越古典劳动价值论，在《资本论》中提出了劳动二重性，即把劳动区分为具体劳动和抽象劳动，劳动的二重性统一于劳动过程之中。马克思认为，"人类劳动在生理学意义上的耗费"和"人类劳动在特殊的有一定目的的形式上的耗费"都是生产劳动，劳动是商品价值的源泉。社会的、相同的或抽象的劳动创造出这种商品的价值；个人的、具体的劳动则创造这种商品的使用价值；商品是使用价值和价值的统一体，其中使用价值是商品的自然属性，价值是商品的社会属性。马克思的劳动价值论系统地论证了劳动在商品价值中的作用。马克思强调商品的

---

① 胡君进、檀传宝：《马克思主义的劳动价值观与劳动教育观：经典文献的研析》，《教育研究》，2018年第5期。

价值是由劳动者生产商品所耗费的劳动量决定的,而劳动量是按照劳动时间来计量的,决定商品价值量的不是生产商品的个别劳动时间,而只能是社会必要劳动时间。

2. 劳动剥削是资本主义的社会本性

马克思的劳动价值论和剩余价值论科学地揭示了资本主义生产方式的本质和资本主义剥削的秘密。马克思通过对资本主义社会生产过程的全面剖析,认为资本主义社会生产过程的价值增殖和资本财富快速积累的全部基础,就在于资本家对雇佣工人剩余劳动的剥削。这里的"剩余劳动"是"必要劳动"的对称,指超过维持劳动力生产和再生产需要的劳动。在私有制社会中即为剥削者所占有的劳动。所以,"劳动剥削"就是指资本家对雇佣工人的剩余劳动的无偿占有。正如马克思所言,"罗马的奴隶是由锁链,雇佣工人则由看不见的线系在自己的所有者手里。"因为在资本主义社会制度下,资本家拥有生产资料的所有权,劳动者与生产资料相分离,为了维持生存,劳动者不得不出卖剩余劳动,剩余劳动创造剩余价值,资本家就是凭借对生产资料的所有权占有雇佣工人剩余价值的。马克思正是通过对剩余价值的研究考察了劳动者受资本家剥削的程度,由此发现了劳动剥削就是资本主义的社会本性。

3. 按劳分配是实现社会正义的重要原则

在资本主义制度下,资产阶级通过生产资料所有权无偿占有他人劳动成果反映了一切剥削阶级社会的普遍现象。马克思以唯物史观为基础,克服了空想社会主义按劳分配思想的根本缺陷,并使其按劳分配理论成为科学。马克思认为按劳分配是在以生产资料公有制为基础的集体社会中,不管个人所创造的或者协助创造的产品具体形式如何,都应该按照劳动者个人所提供的劳动量的比例,在劳动者之间进行分配。在这里,劳动是决定个人消费资料分配的同一的、唯一的尺度,劳动者据此从社会领取与他向社会提供的劳动量成比例的一份消费品。①此外,马克思也指出分配的结构完全决定于生产的结构。分配本身是生产的产物,人类参与劳动的形式决定了其进行劳动分配的形式。这就是马克思分配思想中多劳多得、少劳少得、不劳不得的原型。可见,这种"劳动者得其应得"的分配方式关注的是对分配行为的道德衡量和价值评价,是从根本上否定不劳而获的剥削分配制度,故而被马克思看作实现社会正义的重要原则,体现了对具备不同劳动能力的劳动者有效劳动的承认,也体现了对不同劳动者之间劳动正当、合理性差异的承认。②

(四)从教育学层面认识劳动价值观

劳动贯穿于马克思主义理论体系,劳动价值观是马克思主义的基本观点。马克思认为劳动不仅是谋生的手段,更是客观世界与主观世界的媒介,也是实现人性至美至善、彻底自由的必由之路。马克思主义经典著作中有很多关于教育的论述,马克思和恩格斯关于教育问题的一些重要论述基本上都是围绕劳动价值观进行的。具体来看,马克思认为,劳动是形成人的本质,劳动是实现人的全面发展的重要途径,教育与生产劳

---

① 周为民、陆宁:《按劳分配与按要素分配——从马克思的逻辑来看》,《中国社会科学》,2002年第4期。
② 赵云伟:《论劳动正义的逻辑框架——基于政治经济学的分析视角》,《学术论坛》2013年第9期。

动相结合是社会主义教育的根本原则。

1. 劳动是形成人的本质

人的本质问题是马克思主义理论的重要问题。马克思指出："人的本质不是单个人所固有的抽象物，在其现实性上，它是一切社会关系的总和。"马克思关于人的本质问题的论述，不同于以往历史上思想家们用一般的或者抽象的人性来说明人的本质的思路，他关注的是现实的、具体的人，强调把人与人之间的社会关系作为研究对象去发现历史上变化着的人的本质。所以在对人进行教育时，也要面向人身上所有的社会关系，将人的社会关系作为起点来考察教育对人的作用和意义。然而，人的社会关系的建立和维持，离不开人的生产劳动，生产劳动和实践活动是人的本质的形成基础，人只有在生产实践的基础上，才会发生理性、意识和交往，才有可能从事政治、哲学、科学、意识、宗教等精神生活，才会产生生产力与生产关系的矛盾运动及其对人的本质的解释。因此，马克思和恩格斯主张教育必须让人接受各种形式的生产劳动，以便得到通晓整个生产系统的人。可见，教育既承载于劳动，又服务于劳动。一方面教育需要通过劳动来提高人的生产实践能力，另一方面人在各种劳动实践中得到锻炼和成长，又很好地展现了教育的育人功能。

2. 劳动是实现人的全面发展的重要途径

人的全面发展思想贯穿马克思主义始终，马克思在《德意志意识形态》中，首次提到了人的全面发展，并指出其是建立人是"现实的个人"的前提条件。这里的"现实的个人"是具体的、从事生产实践且处于一定社会关系之中的。为了满足个体的需求，人不得不去从事各种生产实践和社会活动，这是人类发展的根本动力。但是，必须注意的是，马克思和恩格斯最开始说的人的全面发展，并不是指人在德、智、体、身心各方面都得到发展，而是指人的劳动能力的全面发展。具体指的是体力和脑力。体力指的是人体所具有的自然力，脑力指的是人在精神方面的生产能力。这是由于社会分工的出现使得人类劳动出现异化，分工迫使人们从事自身不愿意从事的生产活动，人的发展止步于片面追求基本生存的体力劳动，而脑力劳动受到限制。这样是不利于个人的全面发展的。因此，只有不断提高劳动能力，达到体力劳动和脑力劳动相结合，人才能够适应不断变化的生产实践。同时劳动内容和形式的不断丰富与完善，会促进人类劳动能力的提升，也会进一步实现人的能动性、自主性和创造性的全面发展。

3. 教育与生产劳动相结合是社会主义教育的根本原则

随着资产阶级革命和工业化大生产的出现，马克思站在工人阶级的立场，反对资产阶级的剥削、压榨，提出了"教育与生产劳动相结合"的思想。其形式主要是指"教育要使儿童和少年了解生产各个过程的基本原理，同时使他们获得运用各种生产的最简单的工具的技能"。这样既适应了现代劳动形式的变化，也间接使工人获得尽可能多的发展。个人的发展为社会造就新的生产力，社会生产力的提高也有助于将人从繁重的劳动中解放出来，进而实现人的自由发展。所以，马克思认为教育要同机器化大生产相结合，要实施综合技术教育，儿童要按年龄和能力的不同参加适度的体力劳动。

然而马克思"教育与生产劳动相结合"思想的实质是消灭旧的社会分工所造成的脑力劳动与体力劳动的分离，只要资本主义生产和物质资料私人占有的矛盾存在，就不可能完全消除脑力劳动和体力劳动相分离的状态，所以要做到两者真正的融合就要建立社会主义社会，社会主义制度下的教育天然地与劳动紧密结合。中国共产党坚持和发展马克思主义，重视劳动和劳动教育的育人功能，以马克思主义劳动价值观为理论基础，用习近平新时代中国特色社会主义思想引领发展中国特色社会主义教育，坚持教育与劳动相结合，培育社会主义合格建设者和接班人。

二、新时代劳动价值观及其产生的时代背景

党的十九届六中全会通过的《中共中央关于党的百年奋斗重大成就和历史经验的决议》深刻总结了中国共产党百年奋斗的历史意义，明确指出党的百年奋斗展示了马克思主义的强大生命力。马克思主义揭示了人类社会发展规律，是认识世界和改造世界的科学真理。在新时代，我们要继续坚持用马克思主义的立场、观点、方法来观察时代、把握时代、引领时代。基于此，新时代劳动价值观以马克思主义劳动价值观为理论指导，是在新时代劳动教育基础上进行的价值观培育，是对马克思主义的继承和发扬。

（一）新时代劳动价值观产生的时代背景

人民群众创造了伟大历史，辛勤劳动开创了美好未来。党的十八大以来，我国在政治、经济、文化、科技和教育等方面取得了令人瞩目的成就。然而，一切伟大成就都是在辛勤的劳动和接续奋斗中实现的。特别是当前，我国社会发展面临新的机遇和挑战，要实现中华民族的伟大复兴，必须依靠全国人民的辛勤劳动、诚实劳动和创造性劳动来实现。因而，要进一步加强劳动教育，弘扬劳动精神，在全社会树立正确的劳动价值观，引导人们在劳动中追求、感受和实现幸福生活。由此，新时代劳动价值观应运而生，而且特色鲜明。

1. 培养担当民族复兴大任时代新人的需要

当前，我国还处于并将长期处于社会主义初级阶段，距离中华民族伟大复兴的中国梦目标还有显著差距。实现这一伟大目标必须依靠广大劳动人民辛勤付出劳动和智慧，才能创造出更多的物质财富，不断缩小理想与现实之间的差距，不断向着目标奋勇前进。习近平总书记指出："全面建成小康社会，进而实现中华民族伟大复兴的中国梦，必须依靠知识，必须依靠劳动，必须依靠广大青年。"这里既指出了实现中国梦的基本路径，也充分肯定了在中国梦实现过程中的劳动与劳动者的根本地位。中国梦的实现要依靠全体中国人民的共同努力，特别是广大青年一代的接续奋斗。因为"青年兴则国家兴，青年强则国家强。青年一代有理想、有本领、有担当，国家就有前途，民族就有希望。"只有引导新时代青年树立正确的、积极向上的劳动价值观，他们才能在时代的浪潮中坚守岗位，积极工作，用辛勤劳动铸就中华民族伟大复兴的中国梦。

2. 落实高校立德树人根本任务的需要

立德树人是高校办学治学的根本使命。习近平总书记在全国教育大会上明确强调社会主义教育要"坚持把立德树人作为根本任务","培养德智体美劳全面发展的社会主义建设者和接班人"。作为培养人才重要阵地的高校,要坚持以习近平新时代中国特色社会主义思想为指导,一切工作必须紧紧围绕立德树人这一核心来开展,不仅要加强德育、智育、体育和美育,更不能忽视劳动教育。人只有通过劳动才能获得知识和财富,才能创造价值。一个人的劳动能力将会直接影响其综合素质的发展。高校要落实立德树人根本任务,就必须坚持教育与生产劳动相结合,充分发挥劳动教育在立德树人中的重要作用,认真开展劳动教育,积极搭建学生劳动实践平台,让学生在劳动中增长知识、强健体魄、修身明德,学会审美等,引导学生健康成长。

3. 回应新时代错误劳动价值观的需要

长期以来,随着享乐主义、消费主义、拜金主义、不劳而获等错误思潮的影响,在青少年群体中出现了一些不珍惜劳动成果、不想劳动、不会劳动的现象,导致劳动的独特育人价值在一定程度上被忽视和弱化。这些错误的劳动价值观严重影响了当代大学生的健康成长,造成一些大学生在生活中和学业上急功近利、不思进取、不愿吃苦、不愿努力,总想着走捷径,总想着不劳而获;在就业问题上表现为好高骛远,不愿意拿低薪水、不愿意从事辛苦的工作、不愿意到基层特别是偏远地区岗位就业。随着当今现代科技日新月异地发展,人类社会已经从工业化时代迈入信息化时代,尤其是5G、人工智能、云计算、大数据等高新技术极大地影响着人们的日常工作、生活和学习,将人们从以前繁重的劳动中解放出来。虽然劳动形态发生了变化,但这并不意味着人们不再需要劳动了。劳动有体力劳动和脑力劳动,新时代脑力劳动越来越重要,智力、信息、创造性和创新性是劳动者所必备的基本素养,因此学校劳动教育应顺应时代对人才发展的总体要求,改变对劳动教育片面化、陈旧性的认识,形成新的劳动教育观。

(二)新时代劳动价值观的基本内涵

劳动教育是国民教育体系的重要组成部分。党和国家高度重视劳动教育,通过制定政策、领导人发表重要指示等方式,规定着劳动教育的价值导向和系统设计。在2018年全国教育大会上,习近平总书记提出将劳动教育纳入社会主义建设者和接班人的总体要求,首次把劳动教育纳入党的教育方针。2020年,中共中央、国务院《关于全面加强新时代大中小学劳动教育的意见》和教育部印发的《大中小学劳动教育指导纲要(试行)》,将劳动教育纳入大中小学人才培养方案,要求高校应担当起大学生劳动教育的主导作用,教育引导学生系统掌握劳动科学知识,养成日常生活劳动习惯,强化服务性劳动,积极参加生产劳动锻炼,树立科学的劳动价值观。

劳动价值观具有时代特性,不同时代的劳动价值观有不同的意蕴。新时代劳动价值观,根植于中华优秀传统文化,是对马克思主义劳动价值观及其中国化的继承和发展。它以马克思主义劳动价值观为基础,并立足于中国国情和现代教育发展规律,被赋予了崭新的中国特色社会主义内容和价值取向。本书这里所指的大学生劳动价值观是以新时代为背景、以新时代的大学生为对象的劳动价值观。其基本内涵主要体现在：树立正确的劳动价值认识，即以劳动最光荣、劳动最崇高、劳动最伟大、劳动最美丽为价值认识；坚持正确的劳动价值原则，即以坚持辛勤劳动、诚实劳动、创造性劳动为价值原则；坚持明确的劳动价值目标，即以培养德智体美劳全面发展的高素质人才为价值目标。

1. 树立正确的劳动价值认识

树立正确的劳动价值观，首先要对劳动价值有正确的认识和把握。劳动价值认识是个体对于劳动价值意义的主观反映，正确的劳动价值认识才能够促进劳动价值目标的实现。习近平总书记强调，必须在全社会树立劳动最光荣、劳动最崇高、劳动最伟大、劳动最美丽的观念，才能让全体人民进一步焕发热情、释放创新创造潜能。第一，劳动最光荣。这是对劳动者个人价值和社会价值的认可，是新时代对劳动者劳动的全新研判。在剥削阶级社会里，劳动带有屈辱色彩，而今人民是国家的主人，劳动没有高低贵贱之分，任何一份劳动和职业都很光荣。尽管劳动形式、劳动岗位和劳动成果不尽相同，但只要是辛勤劳动则都为社会创造了一定的财富，都为国家的发展进步作出了贡献，因而都是光荣的。第二，劳动最崇高。这是对劳动者精神品质的高度赞扬与肯定，是新时代对劳动者吹响的号角。人类历史就是一部劳动史，劳动是一切价值的源泉，历代劳动者就是在各行各业的辛勤劳动中创造了越来越发达的人类文明。因而要对劳动充满敬意，带着虔诚之心去劳动，要学习和发扬劳模精神、工匠精神，不断提升自信心与自豪感，增强对劳动的认可和热爱之情。第三，劳动最伟大。这是对劳动者在推动社会发展中伟大作用的肯定，是新时代对劳动作用的最高礼赞。没有劳动就没有一切，劳动是促进历史变革、社会进步的根本动力。中华民族从站起来、富起来到强起来的伟大飞跃，离不开每一位劳动者的辛勤付出与奉献。劳动是一切成功的必由之路，人只有通过辛勤劳动才能创造伟大的事业，才能成就最好的自己。第四，劳动最美丽。这是对劳动所带来的正向影响的肯定，是新时代对劳动者最深情的告白。马克思在《1844年经济学哲学手稿》中提出"劳动创造了美"的观点，科学揭示了美的根源在于劳动。劳动之美在于过程虽曲折但结果却甘甜。这不仅是指劳动本身所具有的价值很美，还指每一位劳动者在劳动过程中所展现出来的不畏艰难、奋勇拼搏的最美精神和姿态，给人以温暖，给人以鼓舞，给人以动力。总之，只有让"劳动最光荣、劳动最崇高、劳动最伟大、劳动最美丽"的观念深入人心，才能使劳动人民得到尊重、劳动成果得到珍惜，才能激发人民的劳动热情、深化与人民的血肉联系，才能激励广大青年积极投身到劳动社会实践中去，实现"以劳树德、以劳增智、以劳强体、以劳育美"的"五育"并举局面，从而落实立德树人根本任务。

2. 坚持正确的劳动价值原则

坚持正确的劳动价值观，必须要有科学的劳动价值原则作为指导。劳动价值原则是劳动过程中应该遵循的基本要求和规范。习近平总书记强调："实现我们的奋斗目标，开创我们的美好未来，必须紧紧依靠人民、始终为了人民，必须依靠辛勤劳动、诚实劳动、创造性劳动。"这一论述指明了新时代劳动价值观要遵循的基本规范。第一，要辛勤劳动，提倡"苦干"。所谓辛勤就是劳动中勤劳且肯于吃苦。"功崇惟志，业广惟勤。民生在勤，勤则不匮。"中国的社会发展、科技奇迹都是中国人民千辛万苦奋斗出来的，只有勤劳的人民才能推动历史向前发展，才能创造出更多的奇迹。世界上没有一种美好生活是不经过辛勤劳动获得的。再瑰丽的生活梦想，没有辛勤，也只会成为空想。在新时代，不论经济社会如何发展，勤劳致富的观念永不变，"一分耕耘一分收获"，只有勤于学习、勤于实践，才能拥有幸福人生。第二，要诚实劳动，提倡"实干"。所谓诚实就是劳动中要讲诚信，要实事求是，脚踏实地，不弄虚作假，不投机取巧。习近平总书记强调："人世间的美好梦想，只有通过诚实劳动才能实现；发展中的各种难题，只有通过诚实劳动才能破解；生命里的一切辉煌，只有通过诚实劳动才能铸就。"诚实是一种美好的品格，诚信是基本的职业道德规范，也是个体获得劳动成功的基石。每个人在劳动中只有坚持诚实守信，才能满足其物质需要，也能赢得他人尊重和信赖，进而创造更多价值，实现人生梦想。第三，要创造性劳动，提倡"巧干"。所谓创造性就是劳动过程中善于创新创造，提倡首创精神，呼唤创新意识和创造性思维。创新是一个民族进步的灵魂，也是一个国家兴旺发达的不竭动力。实践证明，不论是一个国家还是一个人，只有不断坚持创新、大胆进行改革，紧紧依靠创造性劳动，才能赢得生存与发展的主动权。"唯创新者进，唯创新者强，唯创新者胜。"这是一个呼唤创新的时代，也是一个成就创新的时代，创新是引领发展的第一动力。抓创新就是抓发展，谋创新就是谋未来。

3. 坚持明确的劳动价值目标

树立正确的劳动价值观，还需要坚持明确的劳动价值目标。劳动价值目标是劳动价值观的最终指向，有了目标就有了方向和动力。新时代劳动价值观的最终目标指向就是培养德智体美劳全面发展的高素质人才。众所周知，德智体美劳五个方面是相辅相成、不可或缺的有机整体。德育主要是加强品德修养教育，引导学生培育和践行社会主义核心价值观，成为品行高尚之人；智育主要是增长知识见识教育，引导学生珍惜学习时光，认真学习，成为有学识的人；体育主要是加强健康教育，引导学生在体育锻炼中强身健体，磨砺意志，成为拥有健康体魄之人；美育主要是培养审美观，发展学生鉴赏美、创造美的能力，成为有审美能力的人；劳育主要是加强劳动观念、品格、技能和精神等方面的教育，引导学生崇尚劳动、尊重劳动，懂得劳动最光荣、劳动最崇高、劳动最伟大、劳动最美丽的道理，成为劳动创造型人才。然而我国的教育目标，曾有很长一段时间忽视了"劳育"，错误地把劳动教育排除在培养目标之外，这对学生的成长是极其不利的。劳动具有树德、增智、健体、育美、创新的综合育人价值。所以，在新时代要充分认识到劳动和劳动教育的重要性，积极培育学生正确的劳动价值观，引导学生理解劳动与立德树人、劳动与增长才智、劳动与强健体魄、劳动与美之间的关系，进一步增强学生的劳动责任感和使命感。要通过多种途径和方法提高学生的劳动素养，培养学生成为德智体美劳全面发展的高素质劳动者，激发学生在积极参与实现中国梦的伟大实践中创造更加幸福美好的生活。

（三）新时代劳动价值观的主要特征

新时代呼唤新人才，培养新人才呼唤新教育。大学生是拥有较高知识水平的群体，肩负着实现中华民族伟大复兴的重任，进一步加强大学生劳动教育，引导大学生正确认识劳动的本质和劳动的价值，并指导大学生的劳动生产与生活实践，促进大学生形成正确的劳动价值意识和劳动价值行为，具有非常重要的时代意义。因而新时代劳动价值观有其独特的时代内涵，它以大学生群体为主要对象，集中展现出了大学生群体在劳动上的共同性和互通性。具体体现在以下三个方面：一是实践性，二是创新性，三是职业引导性。

1. 实践性

实践出真知。在新时代，实践越发重要。实践性是指大学生劳动价值观的培育需要引导大学生热爱劳动，积极参加劳动实践，让学生在实践中不断形成对劳动价值的认知和判断。实践是人生命存在的根本特征，人的生命存在正是由于人在实践中得到生存和发展。大学生劳动价值观培育的内容来源于实践，大学生劳动价值观的确立也依赖于实践、体现于实践。因而实践对大学生劳动价值观的培育起到了决定性作用。高校在开展大学生劳动教育时，要积极引导学生真正参与到社会实践中，即组织学生走出课堂、走向实践，通过开展社会实践、实习实训、专业训练、勤工助学等方式，不断增强大学生的劳动观念，帮助他们积累职业经验，提升其就业创业水平和能力。

2. 创新性

创新驱动发展。新时代，社会的发展需要创新创意创造。随着我国高校把劳动教育课纳入必修课，意味着对新时代大学生的综合素质提出了更高的标准，同时也要求高校要紧跟时代步伐，结合学生特点与实际，探索劳动教育和价值观培育的新方式新方法。高校要强化马克思主义劳动观教育，注重围绕创新创业，结合学科专业开展生产劳动和服务性劳动，培育学生创造性劳动能力和诚实守信的合法劳动意识。此外，在劳动教育过程中，要善于运用现代信息技术和媒介开展创造性实践活动，可以以赛促学，结合大学生"互联网+"比赛、创新创业创意比赛、挑战杯比赛等，引导学生在创新创业比赛中提高实践动手能力，提升学生的劳动价值感，增强劳动教育的时效性。

3. 职业引导性

职业是实现人生价值的舞台。在选择职业时，马克思指出应该遵循的主要指针是人类的幸福和我们自身的完美，而且只有为同时代的人的完美，为他们的幸福而工作，自己才能达到完美。马克思选择了为人类幸福工作，且为人类的幸福做出了卓越的贡献，他自己也很幸福。新时代在对大学生劳动价值观培育的同时也要注重职业引导性。大学是大多数学生读书生涯的最后时光，一旦毕业就面临就业，然而现实中很多大学生缺乏对职业的合理规划，导致他们在职业选择时非常迷茫，甚至不是很清楚成为职业人后所需要遵守的职业道德和职业规范，这就要求高校在开展劳动价值观培育时，既要加强劳动教育，培养学生的劳动技能和品质，也要重视对大学生进行职业方面的专门引导，培养学生树立正确的劳动观、职业观和职业道德，引导学生在为人民服务，为社会主义现代化建设中实现自我价值与社会价值的统一。

（四）新时代劳动价值观的启示

新时代，大学生作为民族复兴伟大进程的重要参与者，其劳动价值观正确与否直接关系到自身的全面发展，更影响到未来整个社会的劳动价值取向。党的十八大以来，习近平总书记多次提及"劳动"，阐释了劳动的价值，丰富了新时代劳动价值观的内涵，强调了劳动价值观教育的重要性，奠定了劳动在新时代的地位，同时也对大学生劳动教育提出了新的要求和期待。尽管现在高校在开展劳动价值观教育方面进行了很多尝试和探索，也取得了很多实效，但由于时间尚短且经验不足，仍有许多需要改进和探索的地方，所以，高校在进行新时代大学生劳动价值观的培育上依然需要更多关注，也面临更多挑战。

1. 认真开展高校劳动教育课程

新时代劳动价值观的培育是劳动教育的核心目标，高校要积极响应国家政策要求，紧紧围绕立德树人这一根基，结合学校实际与办学特色，大力推进和丰富高校劳动教育的内容和形式，循序渐进地培育学生的劳动价值观。其一，设置劳动教育课程。将劳动教育纳入高校专业人才培养方案，可在已有课程中专设劳动教育模块，也可专门开设劳动专题教育必修课。其二，明确劳动教育课程内容。主要包括日常生活劳动、生产劳动和服务性劳动中的知识、技能与劳动价值观。要强化马克思主义劳动观教育，注重围绕创新创业，结合学科专业开展生产劳动和服务性劳动，积累职业经验，培育创造性劳动能力和诚实守信的合法劳动意识。其三，在学科专业中有机渗透劳动教育。将劳动教育有机纳入专业教育和创新创业教育，不断深化产教融合，加强高等学校与企业的紧密协同，在专业类课程上主要与实习实训、科学实验、课程设计、毕业设计等相结合开展各类劳动实践，在公共必修课上强化马克思主义劳动观教育、劳动法律法规与政策教育。其四，在课外活动中安排劳动实践。将劳动教育与学生的生活结合起来，可设置劳动周或者劳动月，开展劳动教育相关专题讲座、主题演讲、劳动技能竞赛、劳动成果展示、劳动项目实践、志愿服务等形式的活动。其五，在校园文化建设中强化劳动教育，将劳动习惯、劳动品质的养成教育融入丰富多彩的主题教育或者社团文化，潜移默化地提高学生的劳动素养，形成正确的劳动价值观。

2. 加强马克思主义劳动价值观理论教育

"劳动是人的本质存在方式"是马克思主义经典的劳动价值思想，也是大学生劳动价值观培养的直接理论来源。中国特色社会主义建设事业必须始终坚持以马克思主义思想为重要指导方针，所以，要进一步加强马克思主义劳动价值观教育。其一，要让大学生了解并熟悉马克思主义劳动价值观的基本内涵。可以结合思政课理论教学，或者劳动教育课，或者读原著等来品味马克思主义劳动价值思想。其二，要让学生在实践中体悟马克思主义劳动价值理论的伟大意义。可以结合劳动教育课，在积极引导学生深化理论学习的同时能够在实际生活中运用劳动价值思想抵制错误劳动思潮的侵害。其三，要高度重视马克思主义劳动价值观教育的亲和力和针对性，充分结合大学生的个性特点和生活需求，选择合适的方法传授理论知识，进一步强化学生对马克思主义劳动价值理论的认同。

3. 重视中国优秀传统劳动思想教育

从古至今，劳动就一直伴随着人类，见证着中华文明的进步，是中华民族的优良传统美德。习近平总书记强调要"坚持扎根中国大地办教育"。具体到劳动教育来说，不仅要立足新时代社会发展的具体实际，还要扎根于中华优秀文化传统。在中华文化的思想宝库中，有很多关于劳动的思想。整理发掘这部分思想成果，有助于开展新时代的劳动价值观教育，加强对中国传统优秀劳动思想的继承和发展。其一，要因地制宜。开展新时代劳动价值观教育，需要吸收借鉴传统劳动思想的精华，但不能完全照搬照用，要立足新时代大学生劳动教育的具体实际，本着古为今用的态度，对传统劳动思想去粗取精、去伪存真，进行科学的扬弃，并在此基础上实现创造性转化和创新性发展。其二，要因材施教。要结合学生的特点、兴趣和专长，有针对性地把优秀传统劳动思想融入他们的学习、工作和生活中，提高学生对传统劳动文化的学习热情和积极性。

4. 开展创造性劳动价值观教育

习近平总书记强调青年是社会上最富活力、最具创造性的群体，理应走在创新创造前列。新时代大学生是创新创业的主力军，不仅要怀揣以辛勤劳动共筑中国梦的使命与担当，而且要具备创造性劳动与创新性工作的扎实技能与过硬本领。因此，高校在对大学生进行劳动价值观培育时应做到如下几点。其一，加强大学生创新素质培养。教师要不断更新教学观念，创新教学方式方法，运用现代化教学手段，引导学生独立思考，激发学生创新意识，鼓励学生大胆质疑，提高学生分析问题和解决问题的能力，培养学生不怕吃苦、坚持不懈的创新品格和创新意志。其二，强化大学生创新创业实践。学校要营造良好的创新创业环境和平台，结合劳动教育、创新创业教育以及专业课等引导大学生积极参加创新创业类比赛或者创新创业训练计划项目等实践，并给予学生及时的帮助和指导，以赛促学、以赛促训、因势利导，不断提高学生的创新实践能力。

5. 构建学校、家庭社会联动教育机制

劳动价值观教育是一项长期复杂工程，需要学校、家庭和社会多方协作、合力育人，形成全面完整的劳动价值观教育体系。其一，以学校教育为主。高校要切实肩负起大学生劳动价值观教育的主要责任，全面贯彻落实新时代党的教育方针，坚持教育与劳动相结合，统筹制定劳动价值观教育内容和目标，开设劳动教育课程，完善劳动教育师资力量，丰富劳动教育文化和环境等，循序渐进地对学生进行劳动洗礼，提高学生的劳动素养和实践能力。其二，以家庭教育为要。家庭是人生的第一所学校，尽管大

学生大都在学校学习和生活，但家长的思想和行为、家庭文化和氛围等对于子女的劳动观念和行为塑造依然影响很大。学校要利用信息化手段、国家政策和学校制度等联动家庭教育，得到其支持和帮助，旨在通过良好的家风环境，为学生开启正确的劳动价值观取向。其三，以社会教育为重。学校要合理利用社会这个大课堂为学生创造良好的劳动环境和资源。社会要充分发挥各项资源优势，积极为学生提供劳动教育的机会、物质条件和平台等，让学生在社会中感悟劳动价值，提高学生服务国家、服务人民的社会情感与责任。

第三节　端正劳动态度

在新时代，劳动和劳动教育的重要性不言而喻。大学生劳动价值观的培育问题是高校劳动教育关注的首要问题。有什么样的劳动价值观，就有什么样的劳动态度和行为。综合来看，劳动态度是个体在劳动过程中针对劳动活动和内容展现出来的心理和行为倾向，常常外化为个体的行为表现。所以，要进一步加强高校劳动教育，培育学生社会主义劳动价值观，不断引导学生端正劳动态度，养成良好的劳动行为习惯，增强对劳动和劳动人民的真挚情感。

一、劳动态度的内涵与特征

（一）劳动态度的内涵

态度来源于人们对外界的欲望、需求和信念，是人们在自身道德观和价值观基础上对客观事物的评价和行为倾向，它常常外化为个体的行为表现，主要构成要素有三个方面，即对外界事物的内在感受（道德观和价值观）、情感（喜欢—厌恶、爱—恨等）和意向（谋虑、企图等）。只要激发态度中的任何一个要素，都会引发另外两个要素的相应反应，这体现了感受、情感和意向三个要素的协调一致性。但当它们不协调时，情感成分往往占据主导地位，决定态度的基本取向与行为倾向。

劳动态度是劳动价值观的重要内容，指向以劳树德，重点培养学生的劳动意识、劳动尊重感、劳动责任感，让学生知劳动、爱劳动、会劳动、勤劳动、善劳动。劳动态度是个体在劳动价值观基础上对劳动的评价和行为倾向，常常外化为个体的劳动行为。劳动态度直接决定劳动行为，所以要引导学生树立正确的劳动态度，培养学生崇尚劳动、尊重劳动，懂得劳动最光荣、劳动最崇高、劳动最伟大、劳动最美丽的道理，促进学生全面发展、健康成长。

（二）劳动态度的特征

1. 社会性

劳动态度不同于本能，它和劳动紧密相连，具有社会性。它是通过后天的社会学习获得的。那些不经过学习、与生俱有的行为倾向不是劳动态度。劳动态度是个体在长期的劳动实践生活中，通过与他人的相互作用，以及周围环境的不断影响而逐渐形成的对劳动的基本看法。劳动态度形成以后，反过来又会影响个体对劳动及劳动活动中的人的反应。在这种相互作用过程中，一个人的劳动态度经过不断的循环和修正后，会逐步形成日益完善的劳动态度体系。

2. 对象性

态度必须具有特定的态度对象。态度对象可能是具体的，即实实在在的人或者物，也可能是抽象的，即一种状态或者观念。由于劳动态度是主体对客体的一种关系的反映，所以，态度总是离不开一定的客体，总是与态度对象相联系，因此，劳动态度的存在不是孤立的、抽象的，它总是针对着某一特定的劳动对象。

3. 协调性

劳动态度是由劳动认知、情感和意向三种心理成分组成的。对一个正常人来说，这三种心理成分是协调一致的，它们相互补充、相互完善、相互促进。劳动认知会影响劳动情感的表达和劳动的意向。反过来，劳动情感的表达又会影响劳动的认知和劳动的意向，劳动的意向也会影响劳动的认知和劳动情感的表达。三者构成了一个生态统一体，起到相互协调作用，综合反映出个体对外界的态度。

4. 稳定性

劳动态度是在劳动需要的基础上，经过长期的劳动感知和情感体验形成的，劳动态度一旦形成，就比较稳定、比较长久，不会轻易被改变。其中情感体验占有重要位置，它使得一个人的劳动态度往往带有强烈的情感色彩，这种情感一旦沉淀下来就具有稳定性和持久性。正是由于态度具有这种稳定性和持久性，才使个体能够更好地适应客观世界。

5. 潜在性

态度是一种内在结构，它虽然包含有行为的倾向，但并不等同于行为，因为行为是受思想支配而表现出来的外表活动，而态度是一种心理现象，需要通过人们的言论、表情和行为来反映，其本身不能被人直接观察到。又由于态度的稳定性和持久性，一个人的劳动态度往往可以通过他的言论、表情和行为来加以推测。

二、劳动态度的功能

劳动态度有积极、中性和消极之分，对于一个人的行为具有重要的影响作用，它不仅会影响一个人的知觉与判断，还会影响一个人的工作和学习的速度与效率。同时，它还可以帮助人们决定是否加入某一群体，选择某一职业或者坚持某种生活信念等。

因此，在劳动价值观培育中要高度重视劳动态度的作用，有针对性地培养个体积极的劳动态度，引导其自觉抵制和消除不良劳动态度的荼毒。

尊重劳动和崇尚劳动属于积极的劳动态度。尊重劳动是对待劳动的基本态度，包含着对劳动者的尊重、对劳动资料的节俭、对劳动过程的体悟、对劳动成果的爱惜等。《悯农》诗句"锄禾日当午，汗滴禾下土。谁知盘中餐，粒粒皆辛苦"典型地反映了对劳动者、劳动过程、劳动产品的尊重情怀。崇尚劳动则蕴含着对劳动的崇高性的高度认同和自我内化。崇尚劳动不仅反映在学生日常生活中的劳动态度，而且还会影响到学生对职业劳动的认识和职业选择的价值取向。崇尚劳动体现了一个时代、一个社会的劳动文化和文明水准。①

此外，劳动态度的稳定性，有助于劳动习惯的养成和习得，对大学生进行劳动教育，最好是在他们劳动态度尚未稳定、尚未形成的时候，因为这个时候态度的组织结构尚未固定，引进新的思想和经验，容易促进态度的改变。然而，一旦态度形成，再进行教育就会十分困难。所以要及时教育引导大学生端正劳动动机，树立积极的劳动态度，不断提高劳动效率，掌握一定的劳动技能，养成良好的劳动习惯和品质，不断提高其自身的劳动素养。

三、转变劳动态度

劳动态度是经过学习而形成的，因此要改变态度的强度，或以新的态度取代原来的态度（即改变态度的方向），并不是不可能的事。但是，由于态度具有稳定性的特质，它一旦形成，便构成了个性的一部分，进而影响人的整个行为方式。因此，劳动态度的改变和取代，并不像一般的学习那么简单。

态度的改变主要包括两个方面，一是态度的方向，二是态度的强度。以一种新的态度取代原有的态度，这就是方向的改变。只是改变原有态度的强度而方向不变，这就是强度的改变。同时，态度的方向和强度也是密切相关的，一个人从一个极端转变到另一个极端，这本身既包含方向上的转变，又包含强度上的变化。

社会心理学家凯尔曼（H. Kelmen）于1961年提出了态度形成和改变的模式。他认为态度的形成和改变经历了三个阶段，即顺从、同化和内化。

1. 顺从阶段

顺从又叫服从，是表面上改变自己的观点与态度，这是态度形成或改变的第一个阶段。在生活中，个体一方面不知不觉地在模仿着他所崇拜的对象，另一方面也受一定外部压力或权威的压力而被迫接受一定的观点，但内心不一定接受该观点，这是形成或改变态度的开端。

2. 同化阶段

同化又叫认同，是在思想、情感和态度上主动地接受他人的影响。这个阶段比顺从阶段进了一步，即态度不再是表面的改变，也不是被迫的，而是自愿接受他人的

---

① 顾建军：《劳动教育要抓住灵魂科学实施》，《中国教育报》，2018年11月28日第9版。

观点、信念、行动或新的信息。使自己的态度和他人的态度（自己要形成的态度）相接近。但在这一阶段，新的态度还不稳定，很容易改变，新的态度还没有同自己的态度相融合。

3. 内化阶段

内化是将所看、所听、所想等思想观点经过内证实践，而领悟出的具有客观价值的认知体系。这个阶段，人在思想观点上与他人的思想观点相一致，将自己所认同的新思想与自己原有的观点结合起来，构成统一态度体系。这是形成态度的最后阶段，此时人的内心发生了真正的变化，把新的观点、新的情感纳入自己的价值体系，彻底形成了新的态度，并用以指导实际行动。

那么，针对社会上出现的错误、消极的劳动态度，又该如何去消除？

一是运用劳动制度约束劳动态度。针对部分大学生消极的劳动态度，学校可以采取制定规范的劳动管理制度和条例，按照国家相应政策将大学生的劳动教育纳入人才培养方案，进行学分和学时的限定，从而有助于引导学生扭转片面的、消极的劳动态度，积极参与到劳动课程的学习和劳动实践活动之中，逐渐改变学生对劳动的认知、对劳动的情感和意向。

二是在实践活动中转变劳动态度。随着信息技术的快速发展，劳动的具体形态发生了很大的变化，导致一些学生对劳动实践认可度不高，参与度不高，久而久之，淡化了对劳动的正确态度和价值取向。所以要积极开展各种各类的社会实践活动，构建学校、家庭、社会的联动机制，通过榜样示范和丰富多彩的实践形式，鼓励学生参加到具体的实践活动之中，增加他们的劳动体验感和获得感，不断提高和培养他们的劳动能力，进而端正他们的劳动态度。

扩展阅读

一位农电工的逆袭"密钥"

在最近的一次劳模精神宣讲活动中，全国劳动模范、浙江工匠何贝被问道："人生逆袭的'密钥'是什么？"他的回答十分质朴："脚踏实地。"

这几个字也饱含了他朴素的劳动观。

从一名农电工成长为高技能人才，国网浙江诸暨市供电公司客户服务中心党支部副书记何贝靠的就是脚踏实地的敬业态度。

"先干了再说！"

时间回到2021年12月17日凌晨，浙江诸暨。一阵冷风吹过，何贝打了个寒战，他咬咬牙，向下一台将要送电的变压器走去。

此刻，装满沙石的大卡车正一辆接着一辆排成长龙，卡车在黑夜的灯光中穿梭，发动机的轰鸣声划破夜幕。

"3天之内新建一个防疫隔离点，尽快送电。"12月16日傍晚，国网浙江诸暨市供电公司接到市政府命令，要求争分夺秒推进隔离点电力配套。得知这个消息后，何贝主动"请战"，连夜参与到现场作业中。

1小时集结队伍，2小时敲定施工方案，3小时将配套设备陆续运抵现场……在不眠不休的18个小时里，何贝和同事们一起，顺利保障了隔离点按时供电。"但凡接手的事，不吃不睡也要把它干好。"多年来，何贝接到工作任务时，从不挑三拣四，也不说困难、谈条件，总是爽快地答应下来。

"先干了再说。"这是他的口头禅，也是他朴素的职业价值观。

发光的金子

2003年起，何贝开始参加技能竞赛。"是金子总会发光，有付出才会有收获。"这句母亲常对何贝说的话，让他在屡战屡败中始终葆有信心和勇气。

2008年，为参加国家电网公司农电工岗位技能竞赛，他进行了高强度的训练。"到后来，差不多形成了条件反射，一见题目，脑子里立刻就蹦出了答案。"何贝说起当时吃的苦，颇有些感慨。终于，凭借扎实的理论功底、娴熟的操作本领，何贝连续两届获得浙江省电力公司供电"服务之星"竞赛第一名、国网公司竞赛第二名。

"现在很多年轻人总想走捷径，其实脚踏实地就是最大的'捷径'。只要沉下心来踏踏实实地干好一件事，遇到困难不放弃，就能超过大部分的同龄人。"何贝说。

点亮万家灯火

2015年，何贝被评为全国劳动模范。此时，更为艰巨的任务摆在了他的面前。国网浙江诸暨市供电公司研究决定，由何贝牵头，成立劳模创新工作室，带领劳模团队开展创新活动。

如今，何贝领衔的劳模创新工作室占地5000余平方米，团队成员有30人。几年来，工作室培养出各级劳模工匠28人、高技能人才459人。在何贝带领下，团队研制的多功能抄表棒等创新产品，获浙江省优秀QC成果一等奖。工作室先后荣获"中国长三角地区劳模工匠创新工作室""浙江省职工高技能人才创新工作室"称号。

近年来，何贝还作为骨干力量，参与公司电力"枫桥经验"实践，解决电杆架设、变压器安装、装表接电等引发的矛盾纠纷。在他带动下，公司已有200多位"电力老娘舅"。

在单位，何贝是让同事们称赞的"金字招牌"，是让客户放心的"电力保姆"，但他最满意的头衔是儿子心目中的"超人"。儿子曾在一篇作文里写道："以前觉得爸爸心里只有客户，客户一个电话打过来，他就出门了。后来，妈妈告诉我，爸爸很厉害，是能点亮万家灯火的'超人'。"

尽管现在何贝还是会常常因为工作繁忙没时间陪伴儿子，但随着儿子渐渐长大，对父亲也多了一份理解。最近，儿子在《我辈少年 薪火相传》的作文中写道："等我长大了，我也要像爸爸那样，做一个对社会有贡献的人。"

（《工人日报》，2022年5月16日第5版。有改动）

第四节　提高劳动技能

当前，在核心素养框架下，很多国家都将劳动能力视为劳动素养不可或缺的一个维度，由此体现了劳动能力的重要性。此外，我国劳动教育也高度重视学生劳动能力的提高，2020年7月，教育部下发的《大中小学劳动教育指导纲要（试行）》中关于劳动教育的总体目标，明确要求学生具有必备的劳动能力。即：掌握基本的劳动知识和技能，正确使用常见劳动工具，增强体力、智力和创造力，具备完成一定劳动任务所需要的设计、操作能力及团队合作能力。

一、劳动能力的内涵

劳动能力是保障学生顺利完成相应劳动任务的胜任力，是一种综合性能力。它主要体现在劳动知识、劳动技能和劳动创造等方面，是个体的劳动知识技能、思维行动方式、劳动创新创造等在劳动实践活动中的综合表现。

具体来讲，劳动能力主要表现为：个体能够掌握满足日常生活和社会发展所需要的基本劳动知识和技能，能够正确使用常见劳动工具和设备，能够采用一定的技术方法解决问题和实现需求；能够在学习和借鉴他人丰富经验、技艺的基础上，勇于尝试新方法、探索新技术；能够发现劳动实践过程中存在的问题，并提出创造性的解决方案，从而促进劳动实践活动的变革与进步。

二、劳动能力的分类

劳动能力根据不同的标准有不同的分类形式。比如：一般性劳动能力，多指日常所需的劳动能力，包括为自己服务的穿衣、吃饭等和为他人服务的简单体力及脑力劳动；职业性劳动能力，指的是经过专业训练，具备专门知识的劳动能力（如工程师、教师等）；有些职业的专长性很强（如歌唱家、钢琴师等），需要具备专门的劳动能力。

三、劳动能力的训练

劳动能力不是人人都有，也不是一蹴而就的，其在能力类型、能力水平和能力表现上都具有差异性，因而需要经过系统的学习和训练。劳动教育就是有目的、有意识、有计划地对学生的劳动能力进行引导和训练的活动。当前，结合新时代大学生的特点，可以从以下几个方面找到突破口。

1. 加强理论授课，优化学生的劳动知识结构

要结合学生实际特点，以贴近学生生活的劳动内容为基础来传授多样性的劳动文化知识。例如，课堂上教师可以结合学生常见的熟悉的劳动现象或者热点问题，引导学生对劳动工具、劳动形态、劳动者、劳动价值等知识的深入学习，以此方式解决学生相关劳动知识的盲点，不断优化学生的劳动知识体系和结构。

2. 加强实践锻炼，提升学生的劳动技能水平

实践是检验真理的唯一标准。要进一步加强劳动教育和劳动实践课的开展，通过不同形式的劳动实践和实操活动，让学生在亲身劳动中体验劳动、感受劳动，并强化对劳动工具的充分认识和劳动方法的熟练运用，进而提高学生的劳动意识，培养学生良好的劳动习惯，促进学生劳动技术水平的提升。例如，学校可以采用项目式、主题式等方式开展各种志愿服务、实习实训等劳动实践，不断增加学生劳动锻炼的机会，提高学生的劳动技能与水平。

3. 加强创新训练，提高学生的劳动创新能力

劳动创新能力主要表现在思维和实践等方面的创新，它是利用现有的劳动知识和物质条件，有针对性地改进或创造出新的事物并能获得一定有益效果的劳动行为。劳动创新能力的提升，首先要尊重学生的个性差异，注重学生的个性发展，要为学生营造良好的创新创业氛围和环境，激发他们的创新欲望；其次要注重劳动教学方法和手段的创新，运用启发式和讨论式教学，培养学生独立思考和创新意识；最后要注重创新实践，广泛开展创新类的劳动实践、劳动实训实习等活动。

扩展阅读

靠技能实现梦想的工人"明星"

2000年出生的孟凡东，是同事们眼里的技能"明星"。这位徐州重型机械有限公司总装分厂的调试钳工，在2021年第七届全国职工职业技能大赛上一战成名，勇夺钳工第一名。这一年，他获得了全国五一劳动奖章。

"没想到，当初作为陪练的他，能够一举拿下国赛冠军。"孟凡东一鸣惊人的表现，让教练董波很是感慨。

从一位"后进生"，成长为全国钳工冠军，这背后凝聚着孟凡东不为人知的付出。

"每天都在进步！"

2015年，孟凡东来到徐州工程机械技师学院，开启了钳工技能学习生涯。他发现，钳工作业有很多门道，便在心里暗下决心："一定要学好。"

2016年，学校的钳工兴趣班开始海选，采用淘汰制，干得好的可以进入精英班。孟凡东毫不犹豫地报了名。一开始，兴趣班里有18人，孟凡东的成绩总是垫底，而好友李万里的成绩一直是前3名。看着好友的作品，孟凡东心想："为什么他能做得这么好，我就不行？"

孟凡东的"倔脾气"上来了。他利用课后时间，不断打磨工件，常常练习到凌

晨两三点甚至通宵。夏天时，为了节省往返宿舍的时间，他常常会在车间里找个角落，或是在起重机模拟器的座椅上和衣而睡。

经过大半年的"魔鬼训练"，孟凡东如愿留下，进入精英班，成绩稳居前3名。

2019年4月，孟凡东进入徐州重型机械有限公司总装分厂调试工段。一线生产任务繁重，为了赶制产品，常常要加班到很晚，孟凡东从来没有"掉链子"。

调试一线又苦又累，和他一起来的8名同学，不到半年走了6人。"孟凡东能吃苦、不浮躁，并且非常好学。"工段长陈昉辉说，孟凡东的口袋里总会装着个小笔记本，边学边记。

"几乎每两天就会换一台新车调试，可以说每天都在进步，感觉非常好！"孟凡东如饥似渴地吸收着新知识。

"努力没有白费！"

2021年初，得知第七届全国职工职业技能大赛即将开赛的消息，孟凡东决定试一试。12本指定教材，15300多道题目，离比赛还有8个月，孟凡东像着了魔一样地背书、分析、做题、实操……

4月伊始，孟凡东开始全心备战国赛，吃、住都在钳工工作室里。每天早晨5点起床背书，7点开始实操训练，一直到晚上12点，然后继续背书到凌晨2点才休息。完成一个大工件至少需要6个小时，在收尾时需要长期保持一个姿势细细打磨。他手上的茧子长了又掉，工作台上的汗水、铁屑也越来越多……

"钳工最重要的是手感，工件要求的加工精度要达到头发丝直径的六分之一，加工时一定要拿着劲、用巧劲。"为了加工好每一个工件，孟凡东经常会蹭破手上的皮肤。每次工件完成后，他的手背上总是扎满了细小的铁屑，将这些细小的铁屑从手背上取下来都要花费很长时间。

"备赛期间最不容易的就是，每天要在两平方米的操作台边站立十几个小时，面对着工件，过程非常枯燥，也非常磨炼心性。"孟凡东说。

2021年10月14日下午，成都国际博览城灯火通明。长达6个小时的比赛和巨大的心理压力，让刚结束比赛的孟凡东直接瘫坐在工具箱上，休息了十几分钟才缓过劲来。第二天，理论考试，孟凡东仅用了三分之二的时间就做完了题目，并取得了99分的好成绩。成绩揭晓，孟凡东以超第二名10.15分的好成绩取得了钳工赛项的第一名，在88名参赛选手中脱颖而出。"努力这么久，没有白费。"

"只要肯努力，照样有前途！"

斩获国赛冠军的孟凡东，没有一点张扬，他有着超出年龄的稳重。在孟凡东看来，能够获得国赛冠军，离不开公司的全力支持，离不开教练们的手把手指导。

"小伙子悟性很高。"师傅张胧升看着好学的孟凡东，打心眼里喜欢。下班后，张胧升常常背着电脑到孟凡东的住处给他补课。

孟凡东还加入了公司技能大师工作室，成为"江苏工匠"李戈的徒弟。他参与完成3项技术攻关项目，参与完成降低产品回转晃动等QC质量改进项目2项，其中一项获2021年度全国机械工业优秀质量管理小组活动成果一等奖。

第七章 劳动素养提升

徐州重型机械有限公司工会副主席袁尹说,公司对人才培养非常重视,为职工搭建起了良好的职业发展通道。"孟凡东是好苗子,企业给他配备了两名师傅。"在薪酬分配上,政策也向"技高者"倾斜,孟凡东拿了国赛第一名,公司一次性奖励10万元,每个月享受技能津贴2000元。

现在,孟凡东有了新的奋斗目标:把师傅们身上的核心技术尽快学到手,利用一到两年时间精通起重机调试工作,成为独当一面的岗位能手。

"我学历不高,起点可能有点低,但是起点决定不了终点,只要肯努力,照样有前途。"孟凡东说,希望自己能够不断进步,靠技能实现梦想。

(《工人日报》,2022年5月17日第1版)

课后习题

一、判断题

1. 劳动教育的最终指向就是劳动素养的养成。( )
2. 劳动教育是学校的责任,与家庭无关。( )
3. 劳动是人类特有的基本的社会实践活动,体现了劳动的育人性。( )
4. 新时代科学技术可以取代一切,所以不再需要劳动了。( )
5. 劳动素养是先天遗传的,不需要培养。( )
6. 马克思主义学说就是一部关于劳动解放的学说。( )
7. 价值观对个体的行为并没有什么影响。( )
8. 劳动没有高低贵贱之分,任何一份劳动和职业都很光荣。( )
9. 劳动态度具有稳定性。( )
10. 劳动能力是保障学生顺利完成相应劳动任务的胜任力,是一种综合性能力。( )

二、选择题

1. 劳动素养的基本特征包括( )。
   A. 实践性   B. 育人性   C. 时代性   D. 社会性   E. 综合性
2. 劳动素养的四个维度包括( )。
   A. 劳动观念   B. 劳动精神   C. 劳动习惯和品质   D. 劳动能力
3. 新时代劳动价值观的主要特征是( )。
   A. 实践性   B. 创新性   C. 职业引导性   D. 综合性

三、简答题

1. 如何提升学生的劳动素养?
2. 如何端正劳动态度?
3. 如何提升劳动能力?
4. 如何理解"劳动创造幸福,实干成就伟业"?
5. 在你成长过程中,家庭是如何对你的劳动价值观进行引导培育的?
6. 当前大学生在劳动价值观方面有哪些突出问题?如何解决?

7. 如何理解"以劳树德、以劳增智、以劳强体、以劳育美"？

8. 如何理解"再瑰丽的生活梦想，没有苦干实干，也只会成为空想"？

9. 你对大学开展劳动教育课程有什么好的建议和对策？

思考讨论

1. 2018年9月10日，习近平总书记在全国教育大会的讲话中指出，"要在学生中弘扬劳动精神，教育引导学生崇尚劳动、尊重劳动，懂得劳动最光荣、劳动最崇高、劳动最伟大、劳动最美丽的道理，长大后能够辛勤劳动、诚实劳动、创造性劳动。"

结合材料和自身实际，谈谈你对"劳动最光荣、劳动最崇高、劳动最伟大、劳动最美丽"的认识。

2. "社会主义是干出来的，新时代是奋斗出来的。"在长期实践中，我们培育形成了崇尚劳动、热爱劳动、辛勤劳动、诚实劳动的劳动精神。然而在现实生活中，仍存在不少"巨婴"，有一些大学生生活能力丧失、劳动能力弱化甚至退化，不仅是"青春的痛点"，亦是这个社会的痛点。

结合材料和所学知识，谈一谈你的认识和感悟。

测试检验

一、测一测

（1）在你看来，学校在劳动价值观教育方面存在的主要问题是？（多选题）

A. 学校不重视劳动教育。

B. 关于劳动教育方面的实践课程太少。

C. 有的同学违反了劳动纪律并没有受到惩罚。

D. 有的同学靠投机取巧实现了不劳而获。

E. 老师在劳动教育方面的引导和示范不够。

F. 校园文化缺乏劳动教育相关内容。

（2）在你看来，你更愿意接受下列哪种形式的劳动教育？（多选题）。

A. 家长言传身教，耳濡目染。

B. 朋辈群体充满正能量，相互学习。

C. 向自己崇拜的偶像（如明星、劳模、企业家等）学习。

D. 学校开设专门的劳动课程。

E. 劳动模范/大国工匠进校园活动（如讲座、座谈会等）。

F. 学校和社会创造更多与专业相关的实习机会。

G. 以知识竞赛、实践类比赛等形式。

H. 多惩罚一些投机取巧、不劳而获的人。

I. 其他形式。

（3）你认为对你的劳动价值观产生影响最大的3个因素是？（多选题）。

A. 家庭教育。

B. 学校教育。

C. 社会风气。

D. 传统文化。

E. 榜样力量。

F. 个人理想。

G. 网络媒体。

H. 报刊书籍。

I. 其他（请说明）。

（4）通过学习，你对劳动相关知识的了解程度如何？

A. 有了一些认识，拓宽了知识面。

B. 有了很多认识，收获也比较多。

C. 没什么新的认识。

D. 枯燥无味。

二、检一检

结合本课程所学，完成课后劳动训练。

请你积极参加劳动，并结合你最近的一次劳动体验，写一篇不少于800字的感悟。

第八章
劳动保障

学习目标

1. 了解劳动实施保障的内涵。
2. 了解劳动实施保障具体内容。
3. 了解和掌握劳动实施保障的途径并通过具体案例分析。

导引案例

2006年10月14日凌晨0时44分，28043次车到达骆驼巷车站后，行车调度员布置补轴。1时21分左右，作业至第一钩8+29东头出，调车长杨胜卫在机车车梯上，连结员梁小红在车列第7位，连结员胥文清在车列第29位。8道牵出后，在调15信号机外方等信号时，连结员胥文清站在1～2道线间（陇海上行线1707+650米）被正在通过1道的89171次车（机车号：SS5047，编组41辆，计长60.0，牵引吨数981）撞伤。1时54分，由车站值班副站长王卫民，调车长杨胜卫护送，利用51211次车单机将伤者送往兰州进行抢救，并通知兰州120急救中心在兰州车站接站。51211次车2：23分到达兰州后，由120急救车送往甘肃省第二人民医院（铁路中心医院）进行抢救，经抢救无效死亡。

原因分析：一是陇西车务段连结员胥文清在调车作业中，安全意识淡漠，违反铁道部《铁路车站行车作业人身安全标准》(TB 1699—85)1.6条"不准在钢轨上、车底下、枕木头、道心里坐卧或站立"的规定，在邻线通过列车时个人防护不当，侵入限界，是造成此次事故的直接原因，对此次事故应负主要责任。

二是调车长杨胜卫在安排调车计划时，没有认真执行《铁路调车准备作业标准》(GB/T 7178.2—1996)"向调车组人员传达计划时，要明确分工，布置重点注意事项，并及时听取复诵。调车长确认有关人员均已了解作业计划后，方可开始作业"的规定。

三是值班干部王卫民、焦爱军对安全关键监控不到位，没有把住调车作业的关键环节。在一批作业开始前，也没有重点强调安全注意事项和防范措施。

第一节 劳动安全保障

一、劳动安全概念及其重要性

（一）劳动安全的概念

劳动安全是指在生产劳动过程中，防止中毒、车祸、触电、塌陷、爆炸、火灾、坠落、机械外伤等危及劳动者人身安全的事故发生。

（二）劳动安全的重要性

保护劳动者在生产劳动过程中的安全与健康，是党和国家的一项基本方针，是坚持社会主义制度的本质要求，是发展生产、促进经济建设的一项根本性大事，也是社会主义物质文明和精神文明建设的一项重要内容。

二、劳动安全保护的概念及其重要性

1. 劳动安全保护是党和国家的一项基本政策

"加强劳动安全保护，改善劳动条件"，是载入我国宪法的神圣规定。新中国建立以来，党和政府十分重视劳动保护工作。早在1956年国务院发布《工厂安全卫生规程》《建筑安装工程安全技术规程》和《工人职员伤亡事故报告规程》时就指出："改善劳动条件，保护劳动者在生产劳动中的安全健康，是我们国家的一项重要政策。"在全国人大七届四次会议上通过的国民经济第八个五年计划纲要中，明确规定了要"加强劳动保护，认真贯彻安全第一、预防为主的方针，强化劳动安全监察，努力改善劳动条件，努力降低企业职工伤亡事故率和职业病发作率。加强安全技术政策，劳动保护科学的研究和科技成果推广，努力完善检验、检测手段。"我国已经制定《劳动法》《劳动合同法》等法律，强化劳动保护监察和安全生产管理，推进安全技术、职业卫生技术与有关工程等措施，来保证宪法所要求的这一基本政策的实现。

保护劳动者在生产劳动中的安全健康是党和国家的一项基本政策，也是社会主义国家各类企业进行经营管理的基本原则。只有加强劳动保护，才能确保安全生产，从而改变长期以来不少企业中工伤事故频繁和职业危害严重的不良局面。否则，势必严重损害千百万职工的切身利益，降低他们建设社会主义的积极性和主观能动精神，不利于社会安全和现代化建设事业的持续、稳定发展。所有这些，都有悖于中国共产党和社会主义制度国家的根本宗旨，损害国家在国际上的形象，必须努力防止。

2. 劳动安全保护是促进国民经济发展的重要条件

劳动安全保护不仅包含着重要的政治意义，也有着深刻的经济意义。在生产过程中，人是最宝贵的，人是生产力诸要素中起决定作用的因素。探索和认识生产中的自然规律，采取有效措施，消除生产中不安全和不卫生因素，可以减少和避免各类事故的发生；创造舒适的劳动环境，可以激发劳动者热情，充分调动和发挥人的积极性，这些都是提高劳动生产率、提高经济效益的基本保证。同时，加强劳动保护工作，还可减少因伤亡事故和职业病所造成的工作日损失和救治伤病人员的各项开支；减少由于设备损坏、财产损失和停产造成的直接或间接经济损失。这些都与提高经济效益密切相关。

经济发展的历程表明，做好劳动保护是发展经济的一条客观规律。人们很好地认识它和利用它，就能达到理想的效果；反之，就会受到处罚。如美国在印度博帕尔化学公司甲基异氰酸盐贮罐泄漏，导致大量毒气外泄事故；苏联切尔诺贝利核电站4号反应堆爆炸，导致大量放射性物质严重污染大气事故；我国哈尔滨亚麻厂粉尘爆炸事故；我国山西三交河煤矿特大瓦斯煤尘爆炸事故，都造成了巨大的人身伤亡和经济损失，污染了环境，破坏了生态平衡，扰乱了社会生产的正常秩序。

3. 劳动安全保护是实现社会主义生产目的的重要措施

社会主义的生产目的，是满足人民日益增长的物质和文化生活的需要，让人民能安居乐业，过上幸福美满的生活。生产过程则是达到这一目的的一种手段。如果在生产过程中劳动者的安全和健康得不到保障，将直接影响这一目的的实现。这不仅给国家造成经济损失，而且会给劳动者及其家庭带来极大的不幸。这就直接违反了社会主义的生产目的。当前，在人民生活水平普遍提高和大部分家庭选择优生少生的情况下，人们对职业的选择性会越来越强。所以，加强劳动保护工作有利于人们安居乐业，家庭幸福美满，社会安定团结，从而加速社会主义的建设步伐。

三、劳动卫生规程

劳动卫生规程是指国家为了保护职工在生产和工作过程中的健康，防止、消除职业病和各种职业危害而制定的各种法律规范。职业病是指在劳动过程中，由有害健康的工作背景和劳动条件长期影响所造成的人体器官的疾病。随着现代化工业的发展，劳动卫生的法律保障将占有更加重要的地位。其主要内容有：

（1）防止粉尘危害的规定。劳动卫生规程要求各生产单位，凡是有粉尘作业环境的，要努力实现生产设备的机械化、密闭化，设置吸尘、滤尘和通风设备。

（2）防止有害有毒物质危害的规定。在劳动生产过程中，有毒有害的气体和液体的长期影响会严重地损害工人的安全和健康。

（3）防止噪音和强光的规定。在从事衔接、锻压、电焊、冶炼等作业环境中所产生的噪音和强光，对作业工人的视觉和听觉都有不良影响。劳动卫生规程要求作业环境要有消音设备，工人操作时要配备个人防护用品等。

（4）防暑降温和防寒的规定。作业时环境的温度应有统一规定，高温和高寒对工人都有不良影响。工厂安全卫生规程规定，室内工作地点的温度经常高于35摄氏度时，应采取降温措施；低于5摄氏度时，应设取暖设备。

（5）通风照明的规定。工作场所的光线应该充足，采光部分不要遮蔽。通道应该有足够的照明。

（6）个人防护用品的规定。从事有灼伤、烫伤或者容易发生机械外伤等危险的操作，在强烈辐射热或者低温条件下的操作，散放毒性、刺激性、感染性物质或者大量粉尘的操作，经常使衣服腐蚀、潮湿或者特别肮脏的操作，都要按照规定发工作服、工作帽、口罩、手套、护腿、鞋盖、防护眼镜、防毒面具、防寒用品等防护用品。

（7）职工健康管理的规定。对职业病患者，必须进行定期复查和鉴定。矽肺病患者每年复查一次，石棉肺、煤矽肺和其他尘肺患者每两年复查一次。

第二节 劳动者权益维护

📊 **导引案例**

三次被拒,只因是女生

2014年6月,黄蓉在某网站看到杭州新东方招聘两名文案的消息。随后,便在网上向该校投了简历。大学期间,黄蓉实践经验丰富,成绩也还不错,她觉得自己各项条件都符合岗位要求。但投简历之后,左等右等,始终没收到任何回复。心急之下,她打电话到学校人事处询问应聘情况,但得到的结果是,该职位"仅限男性"。

"后来才发现,当时招聘信息,确实对性别有要求。"黄蓉说,但没过多久,自己又在另一家网站上看见了同一条招聘信息。"但这次没有标注仅限男性,我当时高兴坏了,马上又投了简历。"可是,第二次投出的简历,依旧石沉大海。黄蓉打电话询问,对方人事处工作人员依旧告诉她,"仅限男性"。

第三次,面对同一个岗位,黄蓉选择带着自己的简历,直接"杀"到学校的人事招聘处应聘。"我们这个职位要经常出差,所以仅限男性。"据黄蓉回忆,校方的招聘人员还是直截了当地拒绝了她。"没关系,我可以接受出差,我能自己调节好工作和生活。"黄蓉回答。"但我们学校的校长都是男的,你们一起经常出差,要开两间房,成本太高了!"这让黄蓉很气愤,"不能因为校长都是男的,就不招女生了呀!"她对记者说。

黄蓉向法院起诉,杭州新东方答辩中认为自己并不存在歧视女性行为,相反,是充分尊重和照顾女性。但法院认为,根据我国相关法律规定,劳动者享有平等就业的权利,劳动者就业不能因性别等情况不同而受歧视,国家保障妇女享有与男性平等的劳动权利,用人单位招用人员,除国家规定的不适合妇女的工种或者岗位外,不得以性别为由拒绝录用妇女或提高对妇女的录用条件。在本案中,根据发布的招聘要求,女性完全可以胜任该岗位工作。学校不对黄蓉是否符合招聘条件进行审查,而是直接以黄蓉为女性、需招录男性为由拒绝,其行为侵犯了黄蓉平等就业的权利,对黄蓉实施了就业歧视,判定赔偿黄蓉精神损害抚慰金2000元,但以法律依据不足为由,驳回了黄蓉要求被告书面赔礼道歉的诉讼请求。

一、劳动者基本权益

劳动者享有平等就业和选择职业的权利、取得劳动报酬的权利、休息休假的权利、获得劳动安全卫生保护的权利、接受职业技能培训的权利、享受社会保险和福利的权利、提请劳动争议处理的权利以及法律规定的其他劳动权利。

（1）平等就业的权利。《劳动法》规定，凡具有劳动能力的公民，都有平等就业的权利，即劳动者拥有劳动就业权。劳动就业权是有劳动能力的公民获得参加社会劳动和切实保证按劳取酬的权利。公民的劳动就业权是公民享有其他各项权利的基础。如果公民的劳动就业权不能实现，其他一切权利也就失去了基础和意义。

（2）选择职业的权利。《劳动法》规定，劳动者有权根据自己的意愿、自身的素质、能力、志趣和爱好，以及市场信息等选择适合自己才能、爱好的职业，即劳动者拥有自由选择职业的权利。选择职业的权利有利于劳动者充分发挥自己的特长，促进社会生产力的发展。这既是劳动者劳动权利的体现，也是社会进步的一个标志。

（3）取得劳动薪酬的权利。《劳动法》规定，劳动者有权依照劳动合同及国家有关法律取得劳动薪酬。获取劳动薪酬的权利是劳动者持续行使劳动权不可少的物质保证。

（4）获得劳动安全卫生保护的权利。《劳动法》规定，劳动者有获得劳动安全卫生保护的权利。这是对劳动者在劳动中的生命安全和身体健康，以及享受劳动权利的最直接的保护。

（5）享有休息休假的权利。我国宪法规定，劳动者有休息的权利。为此，国家规定了职工的工作时间和休假制度。

（6）享有社会保险的福利的权利。为了给劳动者患疾病时和年老时提供保障，我国《劳动法》规定，劳动者享有社会保险和福利的权利，即劳动者享有包括养老保险、医疗保险、工伤保险、失业保险、生育保险等在内的劳动保险和福利。社会保险和福利是劳动力再生产的一种客观需要。

（7）接受职业技能培训的权利。我国宪法规定，公民有受教育的权利和义务。所谓受教育既包括受普通教育，也包括受职业教育。接受职业技能培训的权利是劳动者实现劳动权的基础条件，因为劳动者要实现自己的劳动权，必须拥有一定的职业技能，而要获得这些职业技能，就必须获得专门的职业培训。

（8）提请劳动争议处理的权利。《劳动法》规定，当劳动者与用人单位发生劳动争议时，劳动者享有提请劳动争议处理的权利，即劳动者享有依法向劳动争议调解委员会、劳动仲裁委员会和法院申请调解、仲裁、提起诉讼的权利。其中，劳动争议调解委员会由用人单位、工会和职工代表组成，劳动仲裁委员会由劳动行政部门的代表、同级工会、用人单位代表组成。

（9）法律规定的其他权利。法律规定的其他权利包括：依法参加和组织工会的权利，依法享有参与民主管理的权利，劳动者依法享有参加社会义务劳动的权利，从事科学研究、技术革新、发明创造的权利，依法解除劳动合同的权利，对用人单位管理人员违章指挥、强令冒险作业有拒绝执行的权利，对危害生命安全和身体健康的行为有权提出批评、举报和控告的权利，对违反劳动法的行为进行监督的权利等。

二、劳动者权益保护的法律法规

（一）《中华人民共和国劳动法》

《中华人民共和国劳动法》（以下简称《劳动法》）的立法目的，不仅在于保护劳动者的合法权益，而且还同时确立、维护和发展用人单位与劳动者之间稳定和谐的劳动关系。

确立用人单位与劳动者之间的稳定和谐的劳动关系，其实质是要求用人单位与劳动者建立劳动关系时，必须在平等自愿、协商一致基础上，充分考虑双方各自的利益要求，依法形成一种良好的、健康的劳动关系，不隐含发生冲突的各种人为因素。这一立法目的，在我国《劳动法》中，主要通过第二章"就业促进"和第三章"劳动合同"法律制度保证实现。根据就业促进立法，建立起劳动者之间平等就业的社会就业机制，使劳动者在与用人单位确立劳动关系时，不因民族、性别、宗教信仰等不同而在就业方面有所差别。通过劳动合同法律制度，建立平等自愿、协商一致的确立劳动关系的原则，保障用人单位与劳动者之间意志的合理实现，为确立稳定和谐的劳动关系构建和谐的人际环境。

维护用人单位与劳动者之间稳定和谐的劳动关系，就是指通过各项法律制度和法律措施，使已经确立的良好的劳动关系得到巩固。确立良好和健康的劳动关系，仅仅是稳定和谐的劳动关系存在的良好开端和基础，它并不能保证正常的劳动秩序的实现。因此，《劳动法》不仅要求确立稳定和谐的劳动关系，而且更重要的还在于维护和巩固已经确立的稳定和谐的劳动关系。这一立法目的，在《劳动法》中具体表现为：通过劳动纪律和劳动监督等立法，防止和制裁劳动过程中破坏稳定和谐劳动关系的越轨行为；通过签订集体合同巩固已经形成的劳动关系；通过劳动争议的处理，解决和消除用人单位与劳动者之间的冲突和矛盾，以维护稳定和谐的劳动关系。

发展用人单位与劳动者之间稳定和谐的劳动关系，是我国《劳动法》确立、维护、发展稳定和谐劳动关系，建立社会主义市场经济的劳动制度立法目的中一个重要目的层次。这一目的不仅将稳定和谐劳动关系置于发展变化之中，使其更切合实际和便于实现；同时，还对稳定和谐的劳动关系提出了更高的要求，即最大限度地激发劳动者的劳动积极性和创造性，以及高涨的劳动热情，使稳定和谐的劳动关系不断地提高其存在的质量。

（二）《中华人民共和国劳动合同法》

由于企业形式和劳动关系日趋多样化，劳动用工制度也发生了深刻变化，劳动用工领域存在劳动合同签订率低、劳动合同短期化等问题，用人单位利用自己在劳动关系中的强势地位侵犯劳动者合法权益等方面情况影响了劳动关系的和谐稳定，因此，《中华人民共和国劳动合同法》（以下简称《劳动合同法》）的颁布实施意义重大。《劳动合同法》的颁布实施，为构建与发展和谐稳定劳动关系提供了法律保障，为保护劳动者的劳动权益提供了明确的法律依据，有着改变劳资双方"强资本、弱劳工"状况的作用。这部法律有其鲜明的特点。

（1）明确了保护劳动者的价值取向，有利于维护劳动者的合法权益。劳动关系双方主体经济地位的不平等决定了立法必须给予劳动者倾斜保护。《劳动合同法》旗帜鲜明地强调保护劳动者的合法权益，并在具体内容中强化了对劳动者保护的力度。

（2）拓展了法律适用范围。将除公务员以外的其他单位劳动者纳入同一用人制度，建立起统一的劳动力市场。同时，在进一步完善全日制用工规范的基础上，对劳务派遣、非全日制用工两种用工形式专门进行了规范，使不同就业形态下劳动者的合法权益都能得到有效保护。

（3）明确了用人单位的法律责任。为保证劳动合同制度在各类用人单位切实得到执行，保护守法企业的积极性，《劳动合同法》加大了对用人单位违法行为的处罚力度，从而将有效改善企业劳动用工制度"法外运行"的尴尬局面。

（4）加强了劳动行政部门的监督检查和法律责任。对用人单位和劳动者违反劳动合同的行为应承担的法律责任给予细化，并着重规定用人单位的罚则，突出了保护劳动者合法权益的主旨，加强了劳动合同制度的普遍推行。

因此，《劳动合同法》的实施，将从法律层面督促企业健全劳动者保护机制，强制推动企业加大人力资本的投入，有效改善当前我国在劳动报酬、劳动者素质、劳动生产率等方面存在的问题。

三、劳动合同

（一）劳动合同的定义及类型

劳动合同，又称劳动契约、劳动协议。劳动合同是调整劳动关系的基本法律形式，也是确立劳动者与用人单位劳动关系的基本前提，在劳动法中占据核心的地位。制定劳动合同法的目的是完善劳动合同制度，明确劳动合同双方当事人的权利和义务，保护劳动者的合法权益，构建和发展和谐稳定的劳动关系。《中华人民共和国劳动合同法》第10条规定："建立劳动关系，应当订立书面劳动合同。"劳动合同一经订立，就成为规范双方当事人劳动权利和义务的法律依据。

为强化保护劳动者权益，我国《劳动合同法》明确规定了劳动合同的书面形式要求。这是由于书面形式比较严肃慎重、准确可靠且有据可查，有利于加强合同当事人的责任感，促使合同所规定的各项义务能够全面履行；有利于劳动行政部门进行监督检查；也有利于在发生劳动争议时查明事实、分清是非和解决纠纷，能更有力地保护作为弱势群体的劳动者的利益。

用人单位与劳动者协商一致，可以签订不同期限的劳动合同。以合同期限为标准，劳动合同可分为三类：固定期限劳动合同、无固定期限劳动合同和以完成一定工作任务为期限的劳动合同。劳动合同期限，是指劳动合同的有效时间，是双方当事人所订立的劳动合同起始和终止的时间，也是劳动关系具有法律约束力的时间。固定期限劳动合同，是指用人单位与劳动者约定合同终止时间的劳动合同。固定期限劳动合同终止时，是否续订在很大程度上取决于用人单位，因而不利于劳动者建立职业稳定感。

无固定期限劳动合同，是指用人单位与劳动者约定无确定终止时间的劳动合同。从就业保障的角度，无固定期限劳动合同对于劳动者来说是一种保护，让劳动者拥有更加稳定的工作环境，防止用人单位在使用完劳动者"黄金年龄段"后不再使用劳动者。许多国家和地区在立法中把无固定期限劳动合同作为劳动合同的一般类型，我国《劳动合同法》第14条也规定了用人单位应当订立无固定期限劳动合同的情形。以完成一定工作任务为期限的劳动合同，是指用人单位与劳动者约定以某项工作的完成为合同期限的劳动合同。此类合同实际上也是一种定期的劳动合同，一般用于完成单项工作任务、项目承包、季节原因临时用工等情形。

随着社会主义市场经济体制的健全和完善，劳动者就业方式的日益多样化，如临时工、派遣工、自由职业者等，据此也可划分出多种形式的劳动合同。其中，劳动合同用工是我国的企业基本用工形式，劳务派遣用工是补充形式。劳务派遣用工与劳动合同用工不同之处在于：劳务派遣用工只能在临时性、辅助性或者替代性的工作岗位上实施。从事非全日制用工的劳动者可以与一个或者一个以上用人单位订立劳动合同，建立劳动关系。劳动合同期限在一个月以下的，经双方协商同意，可以订立口头劳动合同，但劳动者提出订立书面劳动合同的，应当以书面形式订立；但是，后订立的劳动合同不得影响先订立的劳动合同的履行。全日制劳动合同的内容由双方协商确定，应当包括工作时间和期限、工作内容、劳动报酬、劳动保护和劳动条件五项必备条款，但不得约定试用期。非全日制劳动合同的终止条件，按照双方的约定办理。

劳动合同明确劳动合同双方当事人的权利和义务，重在对劳动者合法权益的保护，被誉为劳动者的"保护伞"，为构建与发展和谐稳定的劳动关系提供法律保障。作为我国劳动保障法制建设进程中的一个重要里程碑，《劳动合同法》的颁布实施有着深远的意义。

（二）劳动合同应当具备的条款

（1）用人单位的名称、住所和法定代表人或者主要负责人；
（2）劳动者的姓名、住址和居民身份证或者其他有效身份证件号码；
（3）劳动合同期限；
（4）工作内容和工作地点；
（5）工作时间和休息休假；
（6）劳动报酬；
（7）社会保险；
（8）劳动保护、劳动条件和职业危害防护；
（9）法律、法规规定应当纳入劳动合同的其他事项。

劳动合同除以上规定的必备条款外，用人单位与劳动者可以约定试用期、培训、保守秘密、补充保险和福利待遇等其他事项。

（三）劳动合同无效或者部分无效的情形

（1）以欺诈、胁迫的手段或者乘人之危，使对方在违背真实意思的情况下订立或者变更劳动合同的；

（2）用人单位免除自己的法定责任、排除劳动者权利的；

（3）违反法律、行政法规强制性规定的。

对劳动合同的无效或者部分无效有争议的，由劳动争议仲裁机构或者人民法院确认。

（四）关于试用期

试用期又称适应期，是指用人单位和劳动者为相互了解、选择而在劳动合同中约定的不超过6个月的考察期，目的是让劳动者和用人单位相互考察，以决定是否建立劳动关系。《劳动法》规定，劳动合同可以约定试用期。"可以"二字表明，劳动合同中约定试用期不是必备条款，而是协商条款，是否约定由劳动者和用人单位协商确定。但是，只要协商约定试用期，就必须遵守有关试用期的规定。

在《劳动合同法》中，以劳动合同期限的长短来确定试用期限。《劳动合同法》第19条规定，劳动合同期限3个月以上不满1年的，试用期不得超过1个月；劳动合同期限1年以上不满3年的，试用期不得超过2个月；3年以上固定期限和无固定期限的劳动合同，试用期不得超过6个月。同一用人单位与同一劳动者只能约定一次试用期。以完成一定工作任务为期限的劳动合同或者劳动合同期限不满3个月的，不得约定试用期。试用期包含在劳动合同期限内。劳动合同仅约定试用期的，试用期不成立，该期限为劳动合同期限。该条规定对于用人单位滥用试用期，将整个劳动合同期限约定为试用期，重复约定试用期，将试用期排除于劳动合同的正常期限外，不对试用期进行事先约定，在辞退劳动者时按其所需地将其工作期间解释为试用期，在试用期限届满后仍然不与劳动者签订劳动合同等情形是具有针对性并行之有效的。

为解决"试用期压低工资"，在工资、社会保险和社会及本单位福利等方面对同一单位甚至同一岗位的劳动者实行差别待遇的问题，我国《劳动合同法》第20条规定："劳动者在试用期的工资不得低于本单位相同岗位最低档工资或者劳动合同约定工资的80%，并不得低于用人单位所在地的最低工资标准。"同时，为解决用人单位"试用期间任意解除劳动合同"的问题，我国《劳动合同法》第21条规定："在试用期中，除劳动者有本法第39条和第40条第1项、第2项规定的情形外，用人单位不得解除劳动合同。用人单位在试用期解除劳动合同的，应当向劳动者说明理由。"上述规定都有效保障了劳动者在试用期的合法权益。

在劳动合同中约定试用期，一方面可以维护用人单位的利益，为每个工作岗位找到合适的劳动者，试用期就是供用人单位考察劳动者是否适合其工作岗位的一项制度，给企业考察劳动者是否与录用要求相一致的时间，避免用人单位遭受不必要的损失。另一方面，可以维护新招收职工的利益，使被录用的职工有时间考察了解用人单位的工作内容、劳动条件、劳动报酬等是否符合劳动合同的规定。在劳动合同中规定试用期，既是订立劳动合同双方当事人的权利与义务，同时也为劳动合同其他条款的履行提供了保障。

四、劳动者福利

（一）劳动者福利的概念及分类

劳动者福利是指用人单位为劳动者举办的集体福利以及建立的某些补助和补贴，泛指在支付工资、奖金之外的所有待遇。其目的在于保证劳动者身体健康，便利职工生产和生活，解决职工生活的特殊困难。劳动者福利不同于工资和奖金。劳动者享受集体福利待遇的高低，并不取决于职工劳动的数量和质量，而是根据他们的实际需要与生活困难程度，以及社会劳动生产率和企业的经营成果。劳动者福利能发挥社会稳定器的作用，保证社会劳动力再生产顺利进行，有利于实现社会公平，有利于推动社会进步。

根据福利的法定性，福利可分为法定福利与补充福利两类。法定福利是指按照国家法律法规和政策规定必须发生的福利项目；补充福利是指在国家法定的基本福利之外，由企业自定的福利项目。企业补充福利项目的多少、标准的高低，在很大程度上要受到企业经济效益和支付能力的影响。

（二）法定福利内容

法定福利亦称基本福利，是政府要求用人单位为雇员提供的一系列保障计划，其特点是只要企业建立并存在，就有义务、有责任且必须按照国家统一规定的福利项目和支付标准支付，不受企业所有制性质、经济效益和支付能力的影响。

1. 社会保险

《中华人民共和国劳动法》第70条规定，国家发展社会保险事业，建立社会保险制度，设立社会保险基金，使劳动者在年老、患病、工伤、失业、生育等情况下获得帮助和补偿。

（1）养老保险。养老保险制度是国家和社会根据一定的法律和法规，为解决劳动者在达到国家规定的解除劳动义务的劳动年龄界限，或因年老丧失劳动能力退出劳动岗位后的基本生活而建立的一种社会保险制度。目前世界上实行养老保险制度的国家可分为三种类型，即投保资助型（也叫传统型）养老保险、强制储蓄型养老保险（也称公积金模式）和国家统筹型养老保险。

（2）失业保险。我国过去称待业保险，是指劳动者因失业而暂时中断生活来源的情况下，在法定期间从国家和社会获得物质帮助的一种社会保险制度。失业保险制度的类型包括国家强制性失业保险、非强制性失业保险、失业补助制度、综合性失业保险制度等。

（3）医疗保险。医疗保险是指国家立法规定并强制实施的、在人们生病或受伤后由国家或社会给予一定的物质帮助，即提供医疗服务或经济补偿的一种社会保险制度。医疗保险具有与劳动者的关系最为密切、和其他人身保险相互交织、存在独特的第三方付费制、享受待遇与缴费水平不是正相关等特点。

（4）工伤保险。工伤保险又称职业伤害保险或伤害赔偿保险，是指依法为在生产工作中遭受事故伤害和患职业性疾病的劳动者及其亲属提供医疗救治、生活保障、经济补偿、医疗和职业康复等物质帮助的一种社会保险制度。我国现行的《工伤保险条例》从2004年1月1日开始执行，2010年修订。工伤保险制度有三条实施原则，即无过失补偿原则，风险分担、互助互济原则，个人不缴费原则。

（5）生育保险。生育保险是指妇女劳动者因怀孕、分娩而暂时中断劳动时，获得生活保障和物质帮助的一种社会保险制度。实行生育保险制度，对于保证生育女职工和婴儿的身体健康、促进优生优育，对妇女生育价值的认可，真正实现男女平等具有十分重大的意义。

劳动者享受社会保险待遇的条件和标准由法律、法规规定，其享受的社会保险金必须按时足额支付。同时，为保护劳动者的特殊情形下的权益，法律也做出了相应的说明。《中华人民共和国劳动法》第73条规定："劳动者在下列情形下，依法享受社会保险待遇：（一）退休；（二）患病、负伤；（三）因工伤残或者患职业病；（四）失业；（五）生育。劳动者死亡后，其遗属依法享受遗属津贴。"

2. 住房公积金

住房公积金是指国家机关、国有企业、城镇集体企业、外商投资企业、城镇私营企业及其他城镇企业、事业单位、民办非企业单位、社会团体及其在职职工缴存的长期住房储金。住房公积金是国家推行的一项住房保障制度，它实质上是劳动报酬的一部分，是归属职工个人所有的、专项用于解决职工住房问题的保障性资金。

3. 法定节假日

按照2013年国务院令644号颁布的《国务院关于修改〈全国年节及纪念日放假办法〉的决定》，全年法定节假日为11天。

4. 特殊情况下的工资支付

除属于社会保险，如病假工资或疾病救济费（疾病津贴）、产假工资（生育津贴）之外的特殊情况下的工资支付，如婚丧假工资、探亲假工资。

5. 其他情况补贴

上下班交通费补贴、洗理费、书报费等工资性津贴，以及工资总额外补贴项目，如计划生育独生子女补贴、冬季取暖补贴等。

除个人福利外，国家也积极发展社会福利事业，兴建公共福利设施，为劳动者休息、休养和疗养提供条件。法律法规也指出："用人单位应当创造条件，改善集体福利，提高劳动者的福利待遇。"这属于集体福利范畴，即福利为全国人民或全单位职工集体共享。

（三）法定福利特点

1. 强制性

社会保险是通过国家立法强制性实施的，在法律规定的范围内，用人单位都必须依法参加社会保险，按规定缴纳保险费。国家对无故迟缴或拒缴社会保险费的企业，要征收滞纳金或者追究其法律责任。在各险种中，工伤保险的强制性特征最为明显。

2. 保障性

社会保险的主要目的是为失去生活来源的劳动者提供基本的生活保证，符合国家法律规定的劳动者均可享受到国家所提供的各种社会保险待遇。社会保险的保障范围受经济发展水平所限，在一定时期只在法律规定的范围内实施。

3. 互济性

社会保险是运用社会力量进行风险分摊和相互补偿，保险分散风险的功能直接体现了它的互济性。随着覆盖面的扩大，社会化程度的提高，社会保险的互济性也越强。

4. 差别性

社会保险具有福利性，但在享受保险待遇上也体现一定的差别性。当劳动者同样出现年老、患病、死亡、失业、生育等风险时，由于个人的工龄、工资和缴纳的保险费用不同，其享受的保险待遇也会有差别。

5. 防范性

防范性是社会保险的一个基本特征。政府所征集的、企业和个人所缴纳的各种社会保险基金，是为了在劳动者遇到劳动风险时，有足够的物质基础来提供资助。

第三节　劳动保障监察

一、劳动保障监察体制

新中国成立以后，我国逐步建立了以劳动安全卫生监察为主的劳动监察制度体系。随着改革开放的深入和社会主义市场经济的发展，劳动监察制度逐步完善。1982年国务院发布了《锅炉压力容器安全监察暂行条例》和《矿山安全监察条例》，从而建立起了我国劳动安全方面的监察制度。

为适应社会主义市场经济发展的需要，我国各地劳动行政部门积极转变职能，借鉴国际劳动监察惯例，逐步探索开展了劳动监察工作。1993年原劳动部发布了《劳动监察规定》，对劳动安全监察以外其他方面劳动监察的一般规则做了规定，以行政规章的形式确认了全方位的劳动监察活动。1994年《劳动法》颁布，从劳动基本法的层面规定了劳动监察制度。同时，原劳动部发布了一系列与《劳动法》相配套的规章，建立起了一套比较完善的劳动监察制度。

2004年国务院发布了《劳动保障监察条例》，在总结经验的基础上，对劳动保障监察的主体、对象、范围和程序，监察机构和监察员的职责、法律责任等方面做出了明确规定，完善了我国的劳动监察制度。该条例是目前我国劳动监察工作的主要法律依据。与此同时，劳动保障监察机构及队伍的建设也取得了长足的发展。

2007年6月《劳动合同法》颁布，强化了劳动监察的职责，进一步确立了劳动监察的法律地位。在2008年国务院机构改革中，新组建的人力资源和社会保障部设立了劳动监察局，加强了政府依法监管人力资源市场、调整劳动关系、发展社会保险的职责，从中央政府层面完善了劳动保障监察组织体系建设，我国劳动保障监察进入了一个快速、健康的新的发展时期。我国劳动保障监察现有相关法规主要有《中华人民共和国劳动法》《中华人民共和国劳动合同法》《社会保险费征缴暂行条例》《劳动保障监察条例》《劳动和社会保障部关于实施〈劳动保障监察条例〉若干规定》以及劳动保障实体方面其他的一些法规和规章。

二、劳动保障监察实施

（一）劳动保障监察的概念

劳动保障监察是劳动保障行政机关依法对有劳动关系的用人单位、劳动者或其他社会组织遵守劳动保障法律法规的情况进行监督检查，发现和纠正违法行为，并对违法行为依法进行行政处理或行政处罚的行政执法活动。作为一种国家干预责任，劳动保障监察是维护劳动者权益的重要的强制性手段。

劳动保障监察着力保障和改善民生，以促进劳动关系和谐与社会稳定，提升人民群众的幸福指数为目标，是保证劳动保障法律法规贯彻落实、维护劳动者合法权益、促进劳动关系和谐稳定的一项重要行政执法工作。劳动保障监察部门通过日常巡视检查、举报投诉调查、书面审查、专项检查和大要案专查等执法方式，可以有效监测预警、预防化解企业的违法用工等损害劳动者权益问题，保障劳动者在职业介绍、劳动合同签订、工作时间、工资支付、社会保险、特殊劳动保护等方面权益的落实。

（二）劳动保障监察的属性

（1）法定性。劳动保障监察的规则都是直接由法律规定的，法律明确规定了劳动保障监察的主体、对象、范围、内容、依据、措施和程序。劳动保障监察的主体必须严格依据法律进行监察执法活动；接受监督检查的单位，根据《中华人民共和国劳动法》《社会保险费征缴暂行条例》等法律法规规定，包括企业、事业单位、国家机关、社会团体、民办非企业单位、城镇个体工商户。

（2）行政性。劳动保障监察是行使行政权力的具体行政行为，其行为效果受到行政法的约束。被监察主体对所做出的行政处理决定或行政处罚决定不服的，可以依法提请行政复议或行政诉讼。

（3）强制性。劳动保障监察是代表政府实施的，具有国家强制力，被监察主体不得拒绝，不能用协议等方式逃避；当处理、处罚决定得不到履行时，可以申请法院强制执行。

（4）专门性。劳动保障监察不同于一般的监督检查，劳动保障监察是由法定的专门机关为保证劳动保障法律、法规、规章的贯彻实施所进行的专门监督。

（三）劳动保障监察的内容

劳动保障监察的内容主要是国家法定的劳动标准和事项以及社会保险规定的执行情况。

（1）用人单位遵守录用和招聘职工规定的情况。

（2）用人单位遵守有关劳动合同规定的情况。

（3）用人单位遵守女职工和未成年工特殊劳动保护规定的情况。

（4）用人单位遵守工作时间和休息休假规定的情况。

（5）用人单位遵守工资支付规定的情况。

（6）用人单位制定的劳动规章制度情况。

（7）用人单位维护外派劳务人员合法权益的情况。

（8）用人单位遵守外国人在中国就业管理规定及台湾、香港和澳门居民在内地（大陆）就业管理规定的情况。

（9）遵守就业训练规定的情况。

（10）遵守职业培训实体管理规定的情况。

（11）遵守职业中介有关规定的情况。

（12）遵守职业技能鉴定、企业职工培训规定的情况。

（13）用人单位遵守社会保险规定的情况。

（14）法律、法规、规章规定的其他劳动保障监察事项。

扩展阅读

劳动合同工作地点约定不明单位异地调动是否合理
——佳丽公司诉姚某劳动合同案

【案件基本信息】

1. 裁判书字号

上海市第一中级人民法院（2019）沪01民终15760号民事判决书

2. 案由：劳动合同纠纷

3. 当事人

原告（上诉人）：佳丽公司

被告（被上诉人）：姚某

【基本案情】

2017年1月13日，姚某入职芝田公司，担任导购（营业员）一职，双方签有期限为2017年1月13日至2020年6月30日的劳动合同。

2018年3月1日，佳丽公司、姚某与芝田公司签订劳动合同主体变更协议，约定自2018年4月1日起，用人单位变更为佳丽公司，其他劳动合同条款保持不变。劳动合同第五条约定："姚某的工作地点为服从公司安排。"

2019年4月2日，佳丽公司通过钉钉工作群向姚某送达员工调岗通知书，通知自2019年4月12日起将姚某从长沙专柜导购岗位调往上海专柜导购岗位，调岗后岗位不变，基本工资由1800元调整到2050元，如超期未报到者，视为旷工。姚某当即向佳丽公司提出不接受该调动，佳丽公司后通过快递方式将该书面通知送达姚某，姚某于2019年4月7日签收。

2019年4月8日，佳丽公司从长沙友谊商城撤柜，姚某实际工作至该日。

2019年4月17日，佳丽公司通过快递向姚某寄送《因连续旷工超过三天解除劳动合同函》，称因姚某自2019年4月12日起未办理任何手续擅自离岗，已连续旷工超过三天，与姚某解除劳动合同。姚某于2019年4月20日收到该函。

佳丽公司与鸿强公司之间签有期限自2019年1月1日至同年8月31日的品牌托管经营合同，约定佳丽公司委托鸿强公司负责湖南省长沙市各大商场内佳丽公司专柜的品牌托管，主要包括店铺人员管理、货品管理等。

2019年4月8日，佳丽公司从长沙友谊商城撤柜，姚某将货物交由鸿强公司托管。

2019年5月9日，佳丽公司发函至鸿强公司要求将2019年4月8日撤柜后，所有商品及物料归还佳丽公司。同年5月15日，鸿强公司函复佳丽公司，货品物料在鸿强公司处，后又出具证明函称货品和物料均由长沙托管公司暂时保管，与店铺员工无关。

佳丽公司、姚某双方均确认姚某2019年3月实际应发工资为2997.43元、2019年4月应发工资为900.03元，佳丽公司已实际向姚某支付2019年3月至4月工资2508.62元。佳丽公司、姚某均确认计算赔偿金的基数为2897.01元。

2019年4月，姚某向长沙市劳动人事争议仲裁委员会申请仲裁，要求佳丽公司支付姚某2019年3月1日至同年4月8日期间的工资3990.5元、经济补偿11811元（含代通知金3374.81元）。后佳丽公司向该会提出仲裁反申请，要求姚某赔偿佳丽公司库存商品赔款39307元。该会裁决佳丽公司支付姚某工资差额1896.19元、经济补偿7242.53元，对佳丽公司、姚某的其他请求不予支持。

佳丽公司、姚某均不服上述仲裁裁决，提起诉讼。佳丽公司请求：（1）佳丽公司无须支付姚某工资差额1896.19元；（2）佳丽公司无须支付姚某经济赔偿7242.53元；（3）姚某赔偿佳丽公司库存商品赔偿款39307元。姚某请求：（1）佳丽公司支付姚某2019年3月1日至同年4月8日期间的工资差额1481元；（2）佳丽公司支付姚某违法解除劳动合同的赔偿金14485.05元。

【案件焦点】

（1）原告与被告的劳动合同中约定的工作地点是否有效；（2）原告是否可以单方变更工作地点；（3）原告异地变更被告的工作地点是否合理；（4）双方就工作地点变更未达成一致，被告拒绝去新的工作地点上班是否构成旷工。

【法院裁判要旨】

上海市闵行区人民法院经审理认为：关于工资差额，佳丽公司、姚某双方对应付工资与已付工资金额均无异议，按照法律规定，公司理应向劳动者及时足额支付劳动报酬。

关于商品赔偿款，佳丽公司与鸿强公司的托管合同约定了鸿强公司对货品有保管之责，撤柜后货品由鸿强公司暂为保管并无不当，佳丽公司应向鸿强公司主张返还货物，而非要求姚某承担并未实际发生的损失。

关于违法解除劳动合同赔偿金，佳丽公司、姚某双方约定的工作地点为服从公司安排，这并非明确的工作地点，佳丽公司在长沙的专柜撤柜后，将姚某调至上海专柜工作，但姚某仅为普通营业员，工作、生活均在长沙，在未与姚某进行协商的前提下，佳丽公司要求姚某至远离其经常居住地的上海工作，且未对姚某来沪后的工作生活进行妥善安排，故而佳丽公司调整姚某工作地点缺乏合理性。佳丽公司认为姚某未在公司规定的时间至上海专柜报到即为旷工明显不合理，据此解除与姚某之间的劳动合同之行为欠妥，故姚某要求佳丽公司支付其违法解除劳动合同赔偿金之请求合理，予以支持。

上海市闵行区人民法院依照《中华人民共和国劳动合同法》第二条第一款，第三十条第一款，第四十七条第一款、第三款，第四十八条，第八十七条之规定，判决如下：

一、佳丽公司于本判决生效之日起十日内支付姚某工资差额 1388.84 元；

二、佳丽公司于本判决生效之日起十日内支付姚某违法解除劳动合同赔偿金 14485.05 元；

三、驳回佳丽公司的其余诉讼请求。

二审法院同意一审法院裁判意见。

【法官后语】

由于缺乏法律的具体规定，实践中对如工作地点约定为服从公司安排是否有效、用人单位是否可以单方变更工作地点、用人单位异地变更劳动者的工作地点是否合理、双方就工作地点变更未达成一致后劳动者拒绝去新的工作地点上班是否构成旷工等相关问题的判断往往较为困难。现仅结合本案具体情况做一梳理。

1. 原告与被告的劳动合同中约定的工作地点效力的认定

现实情况下，很多单位为了用工便利，在劳动合同中约定的工作地点为全国或服从公司安排等，此类工作地点的约定过于宽泛，仅便利了用人单位，而忽视了对劳动者权利的保护。此种"约定"显然对劳动者的权利侵害极大，对此应结合实际用工岗位等情况综合判断，本案中应以劳动合同实际履行地为双方约定的工作地点。

2. 原告是否可以单方变更工作地点

如果用人单位变更劳动者的工作地点超出劳动合同约定的范围，属于变更劳动合同，劳动合同法规定用人单位变更劳动合同应当与劳动者协商一致，所以本案原告变更被告的工作地点应当与被告协商一致。

3. 判断原告异地变更被告的工作地点是否合理

关于异地调动是否合法未有法律规定，但笔者认为异地工作地点的调动不仅要符合用人单位生产经营的合理需要，还要对劳动者的实际利益没有造成太大影响。本案中的劳动者经常居住地、工作地点、家人子女所在地均为长沙，其工作岗位为普通营业员，基本工资也仅为当地最低工资标准，用人单位在未提供异地住房补贴、交通便利和合理薪酬等条件的情况下，将劳动者从长沙调动至上海，显然会对劳动者的实际利益造成巨大损害，明显不合理。

4. 双方就工作地点变更未达成一致，被告拒绝去新的工作地点上班，是否构成旷工本案中，在用人单位异地变更劳动者工作地点明显不合理的情况下，劳动者拒绝去新的工作地点上班，并不存在旷工的主观恶意，用人单位以此为由认定旷工，显然不合理。

综上，劳动法及劳动合同法范畴下对劳动者权利的保护和对用人单位自主经营权的保障，系审判人员应当考量的问题。若一味强调契约自由，势必会损害劳动者的基本权利；反之，一味强调保护弱势，又将影响企业经营，不利于经济发展。审理中，应根据具体案情，审慎裁判。

（编写人：上海市闵行区人民法院 钱明轩 顾姝姝）

扩展阅读

企业有权在合理范围内对劳动者进行调岗
——陈某诉某行彭水支行劳动合同案

【案件基本信息】

1. 裁判书字号

重庆市第四中级人民法院（2019）渝04民终950号民事判决书

2. 案由：劳动合同纠纷

3. 当事人

原告（上诉人）：陈某

被告（被上诉人）：某行彭水支行

【基本案情】

陈某于1979年12月1日入职某行彭水支行参加工作，双方于2002年9月30日签订了无固定期限的《劳动合同书》，约定陈某从事信贷管理主任岗位工作。2009年4月9日，某行彭水支行聘任陈某为支行中级独立审批人（享受部门正职待遇），在行长转授权范围内开展工作。2009年9月1日，陈某与某行彭水支行签订了无固定期限的某行重庆市分行劳动合同书，该合同约定陈某从事专业技术岗位工作，某行彭水支行可以根据工作需要和陈某的工作能力、身体状况等调整陈某的工作内容和工作地点。某行彭水支行现行有效的规章制度以及合同订立后新增、修改的规章制度为本合同附件，作为处理双方劳动争议的依据，双方应遵照执行。2013年4月24日，某行彭水支行根据《某行重庆分行领导干部聘任管理实施细则》规定解聘了陈某的中级独立审批人（部门正职级）职务。某行彭水支行于2015年8月13日聘任陈某为营业机构高级客户经理岗高级专员，于2018年2月9日解聘了陈某的营业机构高级客户经理岗高级专员职务。与此同时，对陈某工资进行了相应的调整并按月发放。

陈某于2019年3月27日向彭水县人事争议仲裁委员会提起劳动仲裁，认为《某行重庆分行领导干部聘任管理实施细则》针对的是领导干部，对陈某所在的工作岗位不具有约束力，某行彭水支行根据该规定调整其岗位违法，请求某行彭水支行支付其因岗位调整造成的工资等损失。某行彭水支行对此予以否认，认为陈某担任的中级独立审批人职务（享受部门正职待遇）系科、股级实职干部，属于上述规定的管理范围，其"调岗"符合法律规定。

【案件焦点】

某行彭水支行是否有权根据自身生产经营的需要对陈某的工作岗位进行调整。

【法院裁判要旨】

重庆市彭水苗族土家族自治县人民法院经审理认为：陈某、某行彭水支行双方基于平等自愿的原则签订了无固定期限劳动合同，合同约定了某行彭水支行有权根据工作需要及陈某的工作能力及身体状况等调整陈某的工作内容和地点。同时双方约定了陈某承诺认真学习并遵守某行彭水支行的各项规章制度。某行彭水支行根据陈某的实际年龄情况，按照合同的约定及相应的规章制度对陈某的岗位进行适当的调整，属于企业的自主经营权范围，具有正当性、合法性。而随着陈某岗位的变化，某行彭水支行理应对陈某的工资收入进行调整，住房公积金亦是随工资调整而调整。陈某诉称岗位及工资调整后，其绩效工资遭受损失，但没有提供充分的证据证明。

重庆市彭水苗族土家族自治县人民法院依照《中华人民共和国劳动争议调解仲裁法》第五条，《中华人民共和国劳动合同法》第三条第二款、第四条、第十一条之规定，作出如下判决：

驳回陈某的诉讼请求。

陈某不服一审判决，提起上诉。重庆市第四中级人民法院经审理认为：某行彭水支行依据双方签订的劳动合同及相关制度，对陈某进行调岗是自身经营所需，具有合法性、合理性。结合陈某在调岗后在新岗位履职数年的事实，可以认定某行彭水支行、陈某双方就劳动合同中的"工作内容"进行了有效变更。岗位变更后，某行彭水支行按照新的工作岗位向陈某支付工资待遇不违反合同约定亦没有对其造成损失。陈某要求某行彭水支行赔偿因调岗给其造成各类经济待遇损失，于法无据。

重庆市第四中级人民法院根据《中华人民共和国民事诉讼法》第一百七十条第一款第一项规定，判决如下：

驳回上诉，维持原判。

【法官后语】

本案处理的关键在于企业的自主经营权与劳动者权益保障之间的平衡。企业有根据自身经营需要调整劳动者的工作岗位的自主权，而劳动者有要求企业严格履行劳动合同，不得随意调岗调薪的合法权益。处理因企业调岗而产生的劳动争议案件，需要司法机关在个案处理中把握二者之间的平衡，既不能让企业滥用"调岗权"损害劳动者的合法权益，亦不能限制企业自主经营。具体到本案，关于企业"调岗权"与劳动者权益保护之间的平衡，主要考量以下几个方面。

1. 企业与劳动者是否就调岗形成合意

劳动关系的本质仍然属于契约关系，需要遵循意思自治的原则，企业与劳动者就调岗问题如协商一致，则双方都应当按照约定严格履行。本案中，根据某行彭水支行、陈某签订的劳动合同中关于彭水支行有权根据工作需要及陈某的工作能力及身体状况等调整陈某的工作内容和地点的约定，以及调岗后陈某在新的岗位上工作时间较长且未及时提出过异议的事实，可以认定某行彭水支行、陈某双方就劳动合同中的"工作岗位及工作内容"的变更达成了一致,某行彭水支行的调岗行为并未超出双方"合意"的范畴。

2. 企业调岗客观上是否损害了劳动者的权益

企业不得基于惩戒、报复、逼迫离职等不良动机滥用"调岗权",侵害劳动者的合法权益。在本案,陈某的主要诉求是某行彭水支行的调岗行为依据不足且造成其工资待遇减少,要求补足差额。如前所述,某行彭水支行调整陈某的工作岗位是基于双方合同约定和企业的规章制度进行的,而陈某的工资待遇随着岗位的变动在合理的幅度内进行调整不违反合同约定,亦不违反"薪随岗定"的基本原则。某行彭水支行的调岗行为并未损害陈某的权益,其要求某行彭水支行赔偿因调岗给其造成的各类经济待遇损失,于法无据。

3. 企业调岗是否为企业生产经营所必需

企业调岗因出于经营或业务发展需要,应当符合资源优化配置的市场规律,不得随意滥用。陈某1979年便进入某行彭水支行工作,2009年在原劳动合同基础上与某行彭水支行新签订无固定期限劳动合同,其工作稳定性已经得到保障,故从企业追求经济效益最大化的角度应容许某行彭水支行通过调岗的方式整合内部人力资源的配置。另外,某行彭水支行对陈某两次调岗均是因为陈某年龄偏大(陈某在第一次调岗时已年满50周岁),达到了相应岗位的年龄上限。而某行彭水支行设定的相应限制符合企业优化人力资源配置,追求经济效益最大化的经营的特点,该行为符合其经营发展需要。

(编写人:重庆市第四中级人民法院 王军峰 秦清华)

扩展阅读

《安全承诺书》能否成为用人单位要求劳动者赔偿的依据
——群星公司诉董某劳动争议案

【案件基本信息】

1. 裁判书字号

湖北省武汉市黄陂区人民法院(2019)鄂0116民初5811号民事判决书

2. 案由:劳动争议纠纷

3. 当事人

原告:群星公司

被告:董某

【基本案情】

董某原系群星公司的职工,2015年2月到群星公司工作,岗位司机,双方未签订书面的劳动合同,但在入职时董某与该公司签订的《安全承诺书》约定:其在日常工作中因违反有关规定而造成安全生产责任事故,其责任完全由本人承担。触犯法律法规或给公司造成经济损失,一切后果由个人自负。2017年2月27日,董某驾驶A车沿福银高速公路自东向西行驶,与前方由吕某驾驶的B车发生碰撞,造成A车驾驶员董某、乘车人屈某受伤及两车不同程度受损的道路交通事故。湖北省公安厅高速警察总队四支队十堰大队出具道路交通事故认定书，认定董某负此次事故全部责任，吕某、屈某不承担此次事故责任。董某具备驾驶相关车辆的资格，事故是董某驾驶机动车未与同车道行驶的前车保持足以采取紧急制动措施的安全距离所致。事故发生后，群星公司依法向受害人进行了赔偿。2019年6月18日，群星公司申请劳动仲裁，请求裁决董某赔偿群星公司车辆停运损失556612元。仲裁裁决驳回群星公司的仲裁请求。现群星公司认为，事故车辆停运183天，停运期间的损失540582元应由董某予以赔偿。董某认为，群星公司的诉讼请求没有事实和法律依据。董某在履职过程中没有严重失职行为，否则董某受伤不会被认定为工伤，群星公司所谓的停运损失由劳动者进行赔偿没有事实和法律依据，故请求法院依法驳回群星公司的诉讼请求。

【案件焦点】

劳动者签订《安全承诺书》是否能成为用人单位要求劳动者赔偿的依据。

【法院裁判要旨】

湖北省武汉市黄陂区人民法院经审理认为：劳动者和用人单位之间的关系并非平等的民事主体之间的关系，双方具有权利义务上的非对等性。劳动者执行职务时，用人单位既是劳动者职务行为的获益方，同时又可能是劳动者职务行为受损害方；劳动者履行职务行为受用人单位指派和管理，其履行职务行为并无独立的意志和利益；劳动者的工资与劳动者的职务行为对用人单位所创造的价值不平等；企业经营本身存在着经营风险；劳动者履行职务行为亦不是其单独的个体行为，而需要管理层和其他劳动者的配合。因此，在劳动者履行职务行为对用人单位造成损失时，不能简单地适用平等民事主体之间的过错责任原则。通常情况下，只有在劳动者在履行职务行为时存在故意或重大过失，给用人单位造成经济损失的情况下，且在劳动合同中约定损失的处理办法，劳动者才负赔偿责任。

群星公司应证明董某在履行职务行为时存在故意或重大过失以及在劳动合同中约定损失的处理方法。交通事故中的责任是发生交通事故的双方或多方之间的责任分配，劳动者在交通事故中的责任分配与劳动者在执行职务时是否存在故意或重大过失并无必然联系。虽然交通部门认定董某对交通事故负全责，但是交通事故责任方面的全责不能简单等同于董某在履行职务行为时存在故意或重大过失。即便董某对交通事故负全责，群星公司亦负有对董某管理不当之责任。关于群星公司的损失。群星公司主张车辆停运183天，但并无证据证实停运，且停运损失系群星公司自行按照公司的司机出车的费用计量方式计算，并无其他证据佐证或者鉴定结论定论，即使该损失存在，也系间接损失。《工资支付暂行规定》第十六条规定，因劳动者本人原因给用人单位造成经济损失的，用人单位可按照劳动合同的约定要求其赔偿经济损失。该损失在双方未签订书面劳动合同约定的前提下，不能按照《安全承诺书》不公平的约定转移该损失而由董某承担。综上，法院不能确信董某在履行职务行为时存在故意或重大过失。因此，群星公司要求董某赔偿其因交通事故造成的车辆停运损失无事实和法律依据，不予支持。

湖北省武汉市黄陂区人民法院依照《中华人民共和国民事诉讼法》第六十四条之规定，判决如下：

驳回群星公司的诉讼请求。

【法官后语】

随着市场经济的不断发展以及劳动双方法律意识的增强，用人单位要求劳动者承担赔偿责任的案件越来越多。在现实生活中，很多企业为了规避自身责任，在员工入职时就要求员工签订《安全承诺书》，承诺其在日常工作中因违反规定而造成安全生产责任事故，其责任完全由本人承担。《安全承诺书》能否作为用人单位要求劳动者赔偿的依据？

《安全承诺书》是不能作为用人单位要求劳动者过错赔偿的依据的。首先，从劳动者和用人单位的地位来看，用人单位与劳动者之间的权利义务关系并不对等，劳动者受用人单位的支配和命令，由用人单位向其支付劳动报酬。用人单位要求员工签订《安全承诺书》时，本身是处于一种强势地位，员工并非在完全自愿的情形下签订《安全承诺书》，用人单位利用自身强势地位，免除自己的法定责任，排除劳动者权利的，违反了法律法规的强制性规定，应认定该《安全承诺书》无效或部分无效。其次，企业经营本身就存在风险，劳动者仅仅通过自身劳动从用人单位获取一定报酬，用人单位通过签订《安全承诺书》来转移经营风险，使劳动者承担的风险远远超出其获取的劳动报酬，对劳动者是显失公平的。最后，《安全承诺书》多为格式条款，其中有很多的免责条款，而格式条款加重对方责任、排除对方主要权利的，该条款无效。

劳动者过错赔偿是指劳动者在劳动过程中出现过错，使用人单位的财产受到损失，劳动者对其过错造成的损害承担民事赔偿。劳动者虽为弱势群体，但为了平衡用人单位和劳动者之间的利益，相关法律也规定了劳动者过错赔偿责任。《中华人民共和国劳动法》第三条规定，劳动者应当完成劳动任务，提高职业技能，执行劳动安全卫生规程，遵守劳动纪律和职业道德。第一百零二条规定，劳动者违反本法规定的条件接触劳动合同或违反劳动合同中约定的保密事项，对用人单位造成经济损失的，应当依法承担赔偿责任。根据《工资支付暂行规定》第十六条规定，因劳动者本人原因给用人单位造成经济损失的，用人单位可按照劳动合同的约定要求其赔偿经济损失。但劳动者过错赔偿责任应区别于民事侵权归责原则，在法律、法规缺乏明文规定的情况下，对劳动者的赔偿责任应严格限制。用人单位应举证证明劳动者履行职务行为时存在故意或重大过失，在给用人单位造成经济损失的情况下，且在劳动合同中约定损失的处理方法，劳动者才负赔偿责任。否则，用人单位不应要求员工承担赔偿责任。结合本案，董某因交通事故造成车辆受损，给用人单位造成了一定的经济损失。根据《交通事故认定书》，董某承担全部责任。但交通事故中的责任是发生交通事故的双方或多方之间的责任分配，劳动者在交通事故中的责任分配与劳动者在执行职务时是否存在故意或重大过失并无必然联系，用人单位不能证明董某在履行职务行为时存在故意或者重大过失，因此用人单位要求董某承担过错赔偿责任的诉请，不应得到支持。

用人单位要求劳动者签订《安全承诺书》，并以此作为要求劳动者承担过错赔偿责任的依据，是不符合相关法律法规的规定的。用人单位防范安全事故应加强对公司安全规章制度的制定，完善安全措施，加强对员工安全教育和培训，提高员工的安全意识。仅凭一纸《安全承诺书》不能规避和免除自身法定责任，不应得到支持。

（编写人：湖北省武汉市黄陂区人民法院 陈师师）

扩展阅读

劳动者服务期未满提前离职应赔偿相应培训费用
——叶某诉海湾公司劳动争议案

【案件基本信息】

1. 裁判书字号

北京市第三中级人民法院（2019）京03民终2846号民事判决书

2. 案由：劳动争议纠纷

3. 当事人

原告（反诉被告、上诉人）：叶某

被告（反诉原告、被上诉人）：海湾公司

【基本案情】

叶某（乙方）原系海湾公司（甲方）职工，双方签订了期限为2013年11月4日至2016年11月4日的劳动合同，约定叶某为生产维修部门工程师，该劳动合同第五十一条约定："本合同履行期间，乙方参加甲方出资的培训，甲乙双方需按照甲方培训管理制度的要求另行签订培训协议，乙方应严格遵守甲方培训管理制度，履行培训协议的约定，否则，乙方应按照培训协议的约定向甲方支付违约金，给甲方造成损失的，还需承担赔偿责任。"

2014年9月至2014年10月，海湾公司安排叶某参加了在美国萨凡纳的G650机型培训并顺利结业。此次培训，海湾公司共支出培训费100360美元、差旅费82553.24元。双方对此次培训签订了《培训确认单》，但未签订培训合同。

2017年4月27日，叶某因个人原因提出辞职，双方于2017年5月22日解除劳动关系。

2018年5月15日，海湾公司提起仲裁申请，要求叶某赔偿培训费损失561258.6元。仲裁裁决叶某支付海湾公司培训费损失327401元。叶某与海湾公司均不服仲裁裁决，诉至法院。

叶某主张海湾公司安排其至美国培训是为满足商业发展需要及对放行人员的法定要求，履行作为维修单位的法定义务，在其晋升为生产领班之前进行的岗前培训非专业技术培训，该培训具有基础性、必要性及常规性特征，并不属于《劳动合同法》第二十二条规定的专业技术培训，且双方从未签订培训协议，未对培训费用和服务期限、违约责任作出约定，其不应承担赔偿培训费的责任。

海湾公司则主张其公司对生产领班岗位从未有参加G650机型培训的要求，叶某参加的培训非岗前培训，而是提升其专业技能的专项技术培训，且其公司的规章制度对服务期、培训费的返还及折算方法等均有明确规定，叶某清楚知道培训管理制度要求的5年服务期及培训费返还折算方法，若培训结束之日起服务满3年离职的，应当赔偿80%的培训费。另，叶某已经收到其公司发送的培训费结算明细邮件，该邮件亦列明了培训费金额、赔偿折算方法及应当返还的培训费数额，叶某在与其公司沟通离职事宜时并未对培训费返还及金额提出异议，反而表示其下家亚洲商务航空有限公司同意支付该笔培训费。

【案件焦点】

（1）本案所涉及的培训是岗前培训还是专业技术培训；（2）未签订培训协议的情况下，服务期满提前离职应否赔偿培训费损失。

【法院裁判要旨】

北京市顺义区人民法院经审理认为：岗前培训指的是员工在已经具备该岗位所要求的专业技能的情况下，用人单位在员工上岗前对其安排的涉及企业文化、规章制度、岗位职责、岗位技能等简单、必要的培训。根据查明的事实，叶某参加的培训对应特定机型的维修、放行等，如果不参加相应机型的培训，所持有的执照上将没有该类机型的培训记录，将不具备该类机型的维修、放行等资格。显然，叶某所参加的机型培训非岗前培训，而是能够提升其专业技能、扩大其执业范围的专业技术培训。

叶某虽主张未与海湾公司签订培训协议，双方不存在服务期及培训费赔偿的约定，但叶某参加学习了海湾公司制定的《人力资源政策手册》中有关服务期及培训费的规定，叶某对海湾公司关于服务期及培训费的规定是知悉的。根据规定，叶某的服务期应为培训结束后满5年。叶某于2014年9月8日至2014年10月31日期间接受了海湾公司安排的专业技术培训，于2017年4月27日因个人原因提出辞职致使双方劳动关系于2017年5月22日解除，属于在服务期届满前离职。叶某的提前离职，对海湾公司造成的损失是显而易见的：首先，海湾公司失去了叶某这名具有维修、放行G650机型资质的员工；其次，叶某离职后，海湾公司不得不另行安排员工参加G650机型的培训。叶某提前离职的行为不仅违反了海湾公司关于服务期的规定，也违反了诚实信用原则，其应对因此给海湾公司造成的培训费损失承担赔偿责任。具体赔偿数额，应结合海湾公司关于服务期的规定、叶某参加培训产生的费用、叶某参加培训的时间及离职时间等予以确定。

北京市顺义区人民法院依照《中华人民共和国劳动合同法》第三条、第二十二条以及《中华人民共和国劳动合同法实施条例》第十六条之规定，判决如下：

一、叶某支付海湾公司培训费损失339094元，于本判决生效之日起七日内执行；

二、驳回叶某的诉讼请求；

三、驳回海湾公司的其他诉讼请求。

二审法院同意一审法院裁判意见。

【法官后语】

本案的争议焦点在于叶某与海湾公司未签订专门培训协议约定服务期及培训费赔偿的情况下，海湾公司能否依照规章制度中关于服务期、培训费的规定要求叶某赔偿培训费损失。

《中华人民共和国劳动合同法》第二十二条规定，用人单位为劳动者提供专项培训费用，对其进行专业技术培训的，可以与该劳动者订立协议，约定服务期。劳动者违反服务期约定的,应当按照约定向用人单位支付违约金。违约金的数额不得超过用人单位提供的培训费用。用人单位要求劳动者支付的违约金不得超过服务期尚未履行部分所应分摊的培训费用。

结合本案,海湾公司为叶某安排了专业技术培训,但双方未按照劳动合同的约定签订专门的培训协议,叶某也正是以此为由主张双方不存在服务期及培训费赔偿的约定。但事实上,叶某签字的《培训确认单》中载明"作为培训费的对价,培训学员需承诺自培训结束之日起为公司履行相应的服务年限,具体服务期年限及违约金支付应根据培训合同相关规定执行",叶某参加学习的海湾公司的规章制度中也对服务期及培训费赔偿作出了明确规定,故叶某对参加培训后应履行相应的服务期是明知的。虽然双方未签订专门的培训协议,但在海湾公司对服务期及培训费赔偿作出规定且叶某亦明知的情况下,足以视为双方已经对服务期达成过合意,对违反服务期的后果有相应的预期,基于诚实信用原则和公平原则,叶某应当为其提前离职的行为承担赔偿责任。

实践中,用人单位为提高生产效率和市场竞争力,必然存在安排劳动者进行专业技术培训提升技能的情况,而劳动者通过培训也增进了技能、提升了职业竞争力。为避免劳动者借助用人单位的出资培训,在提升职业竞争力后随时离职,造成用人单位损失的情况发生,赋予用人单位对劳动者的服务期限及服务期未满离职应承担责任进行约定的权利,符合诚实信用原则和公平原则,这也正是《中华人民共和国劳动合同法》第二十二条的立法本意。鉴于实践中用人单位与劳动者在约定服务期限时形式的多样性,不应局限于《中华人民共和国劳动合同法》第二十二条中所体现的"协议"形式,即使双方未签订相应的协议,在能够证明劳动者对服务期限是明知的情况下,依据诚实信用原则,可以确认双方存在服务期限的约定。具体培训费的损失,可以结合双方的约定、用人单位的支出、劳动者的受益、服务期限等因素,依据公平原则作出认定。

(编写人:北京市顺义区人民法院 张锐)

课后习题

一、单选题

1. 劳动年龄段是指( )。

A. 男女 18～60 周岁　　　　　　　　B. 男 18～60 周岁,女 18～50 周岁

C. 男 16～60 周岁,女 16～50 周岁　　D. 男女 18～50 周岁

2. 人力资源社会保障系统全国统一咨询服务设有专用电话号码,主要用于人力资源和社会保障政策业务咨询、政务公开、投诉举报、社保账户查询等服务。该电话号码是( )。

A.12333　　　　　B.12306　　　　　C.12366　　　　　D.12315

3. 劳动法的首要原则是( )。

A. 保障劳动者的劳动权　　　　　　B. 物质帮助权

C. 报酬权限　　　　　　　　　　　D. 休息休假权

4. （　　）是劳动权的核心。

A. 择业权和劳动报酬权　　　　　　B. 就业权和择业权

C. 休息休假权和劳动保护权　　　　D. 劳动保护权

5. 职业培训权是对劳动者权益和权能的（　　），包括人身权益和财产权益、法定权利和约定权益。

A. 基本保护　　　B. 优先保护　　　C. 全面保护　　　D. 部分保护

6. （　　）在国家的法律体系中具有最高法律效力。

A. 劳动法律　　　　　　　　　　　B. 宪法

C. 国务院劳动行政法规　　　　　　D. 劳动规章

7. （　　）是劳动法最主要的表现形式。

A. 劳动法律　　　　　　　　　　　B. 宪法

C. 国务院劳动行政法规　　　　　　D. 劳动规章

8. （　　）是当前我国调整劳动关系的主要依据。

A. 劳动法律　　　　　　　　　　　B. 宪法

C. 国务院劳动行政法规　　　　　　D. 劳动规章

9. 人力资源和社会保障部发布的规范性文件称为（　　）。

A. 劳动法律　　　　　　　　　　　B. 宪法

C. 国务院劳动行政法规　　　　　　D. 劳动规章

10. （　　）在于保障劳动者的物质帮助权，其功能是使劳动者在年老、患病、工伤、失业和生育等情况下能够获得帮助和补偿。

A. 促进就业法律制度　　　　　　　B. 劳动标准制度

C. 职业培训制度　　　　　　　　　D. 社会保险和福利制度

11. 劳动法监督检查的（　　）既包括《劳动法》各项规定的实施状况，也包括劳动法律部门各项劳动法律规范的实施状况。

A. 内容　　　B. 目的　　　C. 客体　　　D. 方式

二、简答题

什么是劳动合同？它有哪些特点？